各擅風騷

——民國人和事

陳正茂 著

自序

感謝登山兄的美意，一再鼓勵筆者將過去發表的拙文集結成冊，於是繼《醒獅精神——青年黨人物群像》的付梓後，又有了本書《各擅風騷——民國人和事》的出版。本書介紹之人物，遠的有二十多年前的舊作；近則這一、兩年的作品，其中主要發表於《傳記文學》的〈民國人物小傳〉，內容或嫌制式刻板，缺乏生動活潑之趣，這是因為循該刊撰述體例的緣故。

舉凡這些人物與史事，有聲名顯赫者，像吳稚暉、章太炎、胡適等；也有寂寥無聞者，若巴玉藻、施洋、張儻生、艾偉、車向忱、陳宗進、王兆槐等。有政黨領袖或政治人物的曾琦、左舜生、李璜、雷震、王仲裕、張子揚、陳紹賢等；亦有文學界、學術界與教育界的菁英，如周揚、張恨水、李劼人、柔石、沙學浚、倪超、魏時珍、沈雲龍、傅正等；及其他傑出秀異之士，似勞君展、梁容若、劉延濤等。彼輩事功，無論顯或隱，在民國史上，他們於其領域內，都是「各擅風騷」的人物。

至於若干史事的撰寫，泰半與青年黨人物或事件有關，此乃因筆者長期研究青年黨的關係，故「三句話

不離開青年黨」。昔阮毅成常寫故鄉杭州事，被戲稱為「三句話不離本『杭』」，今筆者恐怕也有此毛病也。當中值得一提的是，最後三篇悼念文章，分別是筆者追思先師沈雲龍與青年黨主席李璜的憶舊之作，此二老對筆者的提攜獎掖之恩，讓筆者永銘心版。

在集結成冊的過程中，每於更深人靜的午夜，整理爬梳，看著文章，依稀想見當年的青澀歲月，然時間倏忽已歷二十餘載，昔日風華正茂的青春，如今已是鬢髮微霜的中年，馬齒徒增，些許慨歎。感謝登山兄與秀威資訊股份有限公司，讓這些散見於各期刊雜誌的舊作能成書出版，此書對筆者最大的意義，或許是為自己過往的筆耕歲月，留下深刻的印記吧。

陳正茂序於台北士林

民國98年1月

目錄

談吳稚暉與章太炎之交惡

一、前言

　　政治學者常言：政黨之起因，係基於一群擁有相同之政治信仰者，為謀其政治權力，遂其政治理想而相結合的團體。職是之故，一個政黨的形成，只是政見相同者的結合，而非性格相同、感情相投者的團體。所以，雖然同隸屬於一個政黨下，但是成員間或基於個人思想、或基於權益之爭、或基於名利之奪，亦常常有內部不和的現象。

　　中國歷代的黨爭，說穿了不就是士子們個人的意氣之爭嗎？東漢之清議、唐之牛李、宋之新舊、明之東林均是如此。晚清末年的保皇與革命兩黨，內部亦常有內訌之事發生。吳稚暉曾言：「去年一年（指1907年），中國黨人之可笑，誠可笑矣，始則保皇黨之葉恩、歐榘甲、劉士驥、劉章軒等，與康有為、梁啟超大衝突，最後則滿洲黨人那桐、鐵良、鳳山與端方又大衝突。」

1

章太炎

　　可笑的是，吳稚暉雖然對於黨爭或個人之爭十分厭惡，但本人卻「觸上他那隻臭筆，做了一個賣友賊，刻入別人千秋的文集裏」。此話吳氏所指為何？即其本人與章太炎一段交惡的事。

　　吳稚暉與章太炎，同是黨中先進、同盟會的中堅，一個才高學博，宿有「章瘋子」之稱；一位幽默詼諧，語驚世人。他們的交惡，對後世的影響，雖不及章太炎與中山先生交惡的影響來得大，但也非同小可。

　　誠如已故史家吳相湘所言：「這一件事，更使章吳之間之歧見益加擴大，後來事實發現，這不僅使這兩人私交破裂勢成水火，並且幾乎影響國民革命大計。」由於吳章二氏交惡影響之大，吾人不禁要問，在民國前3年的《新世紀》第115號中，吳氏尚且說：「黨派內訌，亦至平常事，各舉其所不合意。互相是正，亦不阿其同黨之一義也，惟若作鄙俚之聲口，專注意於銀錢。劾為徐勤等之布告。吾願奉勸黨人，萬勿弄此筆墨也。」

　　然何以吳氏本人仍不免動肝火和章氏大打出手，對簿公堂呢？果真章太炎顛倒事實，含血噴人，使吳氏忍無可忍，而需反唇相譏；抑或是吳氏本人真有告密之醜行，而怕章氏揭露以致於急於掩飾。吾人細看其二人之辯解，便可略見端倪。

二、交惡之遠因——中國教育會與愛國學社之爭

　　語云：「冰凍三尺，非一日之寒」，坊間一般論述吳章交惡的這段史實，十之八、九皆歸之於「蘇報案」的發生，以為章太炎之被捕入獄，是吳稚暉向當時清廷特派到上海的道員俞明震告的密，而伏下兩人交惡之因。當然，「蘇報案」及章太炎的被捕，確實是二氏交惡的主因，但在「蘇報案」及章氏未捕前，雙方早已肇下交惡的遠因。此即吳、章二氏在「中國教育會」與「愛國學社」的嫌隙所致，現分別以雙方的四點衝突略敘於下：

衝突一：「愛國學社」隸屬之爭

　　馮自由在《革命逸史》一書曾言：「愛國學社之組織，本為南洋公學退學生所策動，頗以主人翁自居，對於中國教育會之指導，間存漠視，章炳麟等乃主張漸加以制裁之說，吳敬恆則左袒退學生，意見各殊，會與學社之爭潮遂起。雖經黃宗仰多方調處，卒難復合。癸卯五月二十四日愛國學社忽以社員名義，登載『敬謝教育會』之意見書於蘇報，表示與教育會脫離關係；至閏五月初一日黃宗仰亦以中國教育會會長名義揭『賀愛國學社之獨立』一文於蘇報以答之；由是教育會會員之任教職者遂多謝去，內潮方急。」

吳稚暉

關於「愛國學社」成立之事，不得不說南洋公學退學風潮。南洋公學原係官立學校，一向禁止學生談論時政，閱讀新書新報，這些舉動早已引起學生不滿，其後又因學生與教習郭鎮瀛不睦，由細故事，遂引發退學風潮。退學後，由於無力自組學社，乃推代表請求於中國教育會，會中特開會議，決定接受退學生之請求，予以經濟及教員之贊助，並舉蔡元培為總理，吳稚暉為學監。

由於吳稚暉早在光緒24年（1898）即任教於南洋公學，與學生淵源密切，故當發生「愛國學社」隸屬之爭時，吳氏很自然的站在同情的立場，而與章太炎發生齟齬。

衝突二：中國教育會選舉會長之爭

中國教育會成立於光緒28年（1902）底，是由蔡元培、黃宗仰、蔣觀雲、王季同等人發起於上海。發起緣由，據蔣維喬在〈中國教育會之回憶〉文中說到：

當民元前十年壬寅，正值義和團亂後，清廷亦知興學之不容緩，明令各省開辦學堂。而國中志士，鑒於清廷之辱國喪師，非先從事革命不可，但清廷禁綱嚴密，革命二字，士人不敢出諸口，從事進行，更難著手。是年三月（指光緒28年），上海新黨蔡子民（元培）、蔣觀雲（智由）、林少泉（獬）、葉浩吾（瀚）、王小徐（季同）、汪允宗（德淵）、烏目山僧宗仰等集議發起中國教育會。表面辦理教育，暗中鼓吹革命。議既定，即馳函各地同志赴滬，開成立大會。

由蔣氏回憶觀之，「中國教育會」表面上是以辦教育為宗旨，實際上則是傳播革命的搖籃。其後吳稚暉、章太炎均在「中國教育會」任職。但因兩人心中早有芥蒂，所以在選舉會長一事上，又有了更激烈的衝突。此事蔣維喬在〈中國教育會之回憶〉也提到，蔣氏說：

其後在民元前九年春季，中國教育會開會，重行選舉，稚暉暗示各社員，舉宗仰為會長，其意以會中缺乏經費，若選宗仰，則可以藉其力，向哈同羅迦陵方面，捐助鉅款。會員多不以為然，以為宗仰是方外人，以長教育會，不甚適宜，宗仰卒當選為會長。

這其中的「會員多不以為然」，其實就是指章太炎等人，會長之爭，使得吳章的衝突益形尖銳化。

衝突三：校具問題之爭

先前會長選舉之爭，已使得吳章兩人弄得非常不愉快，雙方均有意尋隙報復對方。恰於此時，又因區區校具之爭，使得交惡情況更形白熱化，根據蔣維喬的回憶説：

> 中國教育會，接受南洋退學生之請求，辦理愛國學社，社員全體，加入教育會，會與社，二而一，一而二，原無畛域之分，但學社開辦之初，會中籌措經費，會員任義務教職，確受社員之愛戴，至本年（指光緒29年）以來，會中經濟，已形竭蹶，除義務教職員以外，未有大宗款項，資助學社，在社員眼光中，似乎中國教育會，反藉學社收入之學費以生存。社員之偏激者，即對教育會有後言。而教育領袖諸君，吳稚暉則陰袒社員，章太炎則堅決主張，不與學社合作。……某日，開評議會。議及教育會與學社分合事，稚暉恃其滑稽態度，出語尖刻，偏袒學社方面，太炎當眾，拍桌大罵云：「稚暉，你要陰謀篡奪，效宋江之所為，有我在此，汝做不到。」稚暉向來口若懸河，當者輒靡，但對太炎之瘋頭瘋腦，不得不讓步，默然無語。從此每遇集會，若有太炎在座，稚暉必避席。

蔣氏的這段話，雖然後來被吳稚暉反駁成「西八鄉裡上城」根據他人傳來的讕言，未有其事。但也可以由此反證那時吳章二人，已經交惡至勢同水火的地步。據吳氏自己的回憶是：

斯日，夜八時，要開評議會……余亦當然出席，溥泉即出一紙傳觀，所說的，便是確定主體。於是雙方發言，或說會是主體，社是附屬品，或說號召皆用社，會是附屬品。余恃其滑稽態度，久久無言。心念此時房錢已欠兩月，外款不再有，官場刻刻捕人，尚爭主屬，真是可笑。大約尚存數百元之校具，即為可爭之目的物。各人支吾已久，余不耐，即出其尖刻之語曰：「大家爭什麼，其內容不過一副校具而已。」語甫畢，蔡先生變其向來和平之態度，鄙余言之無聊，即忿然曰：「何至於此呢！」立即起去曰：「我本要上德國留學去，我辭去會事社事。」語罷，即出。余卻頗懷慚，遂各散。

吳稚暉先生揮毫神情

吳稚暉與蔡元培合影

誠然如是，那時不管「中國教育會」或「愛國學社」，經費均已到山窮水盡的地步，而雙方又為「附屬誰」在爭執，故吳氏才說，所爭者只不過一副校具的話，不料卻引來章太炎與蔡元培的不快。

衝突四：對學生態度看法異同之爭

其實吳章的爭執，最大的衝突點，還是在於太炎對學生頗為不滿，而學生對太炎的倚老賣老作風也不以為然，因此太炎疑是稚暉從中搞鬼，暗中挑撥。由於「愛國學社」的成員，絕大部分均是南洋公學的退學生，而稚暉以前又在南洋公學執教，因此章以為，吳氏與社員因這層淵源而沆瀣一氣。然吳氏以為自己所持態度是「凡皇帝與百姓打官司，我幫百姓。長老與卑幼打官司，我幫卑幼」，是以對太炎以會員資格與胡敦復等社員衝突，吳氏常責太炎犯了以大欺小之嫌，雙方關係因此已瀕臨破裂邊緣。

上述四點衝突，便是導致吳章交惡的遠因，不幸的是這個遠因，旋即形成了另一個導火線，而使其交惡事實迅速檯面化，此即「蘇報案」之發生。

三、交惡之近因──「蘇報案」的發生及章氏之被捕入獄

在論述近因之前，吾人有必要將《蘇報》成立經緯，作個簡單介紹。《蘇報》原係在駐滬日總署註冊成立的報紙，由胡璋主持，其妻日僑生駒悅出面登記，創刊於光緒22年（1896），以鄒弢為主筆。那時的《蘇報》，實際上是日政府在上海的機關報，在這樣的經營下，內容當然乏善可陳。光緒24年（1898），《蘇報》轉讓給湖南衡山的陳範。

陳氏原為江西鉛山知縣，因教案落職，移居上海，由於恨官場之貪污腐敗，很想藉報紙為喉舌，主持清議，挽救危局。時值《蘇報》欲售，遂由其出資購得，當時館址設在漢口路20號，內容則逐漸前進，初由變法而保皇，繼由保皇而革命，乃至和「愛國學社」發生密切關係。光緒28年10月，《蘇報》增闢「學界風潮」一欄，所載文章大受東南學界矚目。

其後陳範又相繼加入「中國教育會」及「愛國學社」，《蘇報》自此成了革命黨的機關報。光緒29年（1903）5月1日，《蘇報》延聘章行嚴為主筆，行嚴就任後，《蘇報》作風丕變，相繼刊登反清言論，如〈讀某報〉、〈駁革命駁議〉等義正辭嚴之文，措辭激昂膾炙人口。當時上海已為革命志士集合之地，自《蘇報》改革編制，昌言革命以後，大家耳目為之一新，影響所及，潛移默化大有功效。

時蜀人鄒容，甫自日返國，因憤清政府之喪權辱國，著有《革命軍》

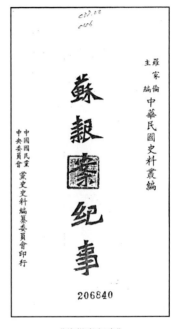

《蘇報案紀事》

一書，風靡於革命黨人間。光緒29年6月9日，《蘇報》刊登〈讀革命軍〉與〈介紹革命軍〉二文，該二文均對《革命軍》一書推崇備至。同時，章太炎又因康有為發表〈南海先生最近政見書〉之作，抨擊革命，而著〈駁康有為政見書〉，痛加駁斥，書中文字，《蘇報》亦予以選錄。

其後《蘇報》的言論尺度更加激烈，陸續登載章太炎的〈客帝篇〉和〈駁康有為書〉。內中文字有「革命之宣告，殆已為全國所之公認，如鐵案之不可移」等語。一時革命的旗幟鮮明，革命志士更是歡喜若狂，清吏卻震駭不已，捕房傳訊，偵探密誘，更為之絡繹不絕。

本來「張園」說會的舉行，早已招清廷之疑忌，及至《蘇報》的大張旗鼓，清廷更為之寢食難安。當時上海風聲鶴唳，即有官方拿人的傳說，只格於工部局不允執行，故事情只得暫且擱置。後以兩江總督魏光燾因四川鄒容所作《革命軍》一書，章太炎為之序，肆無忌憚之語更甚於前，乃飭滬道袁樹勛一併查禁密拿，並採南洋法律顧問擔文（Drummoud）之計，以政府名義控訴於會審公廨，意在依法辦理，使工部局方面不得不出票拘人。而為謹慎起見，又特派候補道俞明震來滬，會同袁樹勛辦理此案，並囑令：「設法妥商，使外人允我查拿，不致使其遠颺」云云。

於是轟動一時的「蘇報案」遂急轉直下，光緒29年6月26日，俞明震到達上海，向領事交涉簽票，領事初堅持不允，繼泛論曰：「如果租界之案在租界審辦，尚可酌行」，滬道袁樹勛聽得此話，就抓牢不肯放鬆，表示只須租界實行審辦，就無問題。領事不便改其主張，

於是許定在租界審辦之約，拘票經領袖領事簽署，於同月29日，由會審公廨交巡捕房執行。

《蘇報》館和「愛國學社」所在地，都在上海公共租界範圍內，租界的法權，久遭外人攘奪，故每當中國官廳欲在租界內拘提人犯時，拘票必須經領袖領事副署，並由工部局巡捕房協助，方可實行，這就是當時俞明震和滬道袁樹勛必須向領事苦口交涉的原因。

當清廷協同工部局開始查拿時，捉人消息更見確實緊急，各人紛紛覓地暫避風頭。「六月二十九日上午，有警探多人到《蘇報》館，拘票上寫陳範、陳夢坡（按：係同一人）、程吉甫、章炳麟、鄒容、錢寶仁、龍積之等七個名氏。一見賬房程吉甫，便問：『你是程吉甫麼？』回說：『是的』，即被鎖上帶走。下午，又有巡捕來問：『陳範在麼？』是陳範自己回答的說：『不在』，巡捕也就揚長自去。第二天，章炳麟正在愛國學社賬房裡，警探又拿了拘票，指名挨次查問。章氏回道：『餘人俱不在，要拿章炳麟就是我。』來人便將他上了手銬，拿去。隨後，警探又於女學報館捕去陳範的兒子仲彝，以及辦事員錢寶仁。當天夜裡，龍澤厚自動到案。鄒容本由張繼將他藏在虹口一位西教士的家裡。聽到章氏被捕消息，也於七月一日到巡捕房自首。」此即「蘇報案」整個捉人的經過，及章氏被捕之始末。

四、交惡之經過及論戰──告密事件和鄒容之入獄

「蘇報案」之發生，固然是章太炎和章士釗等人，在《蘇報》發表激烈文字所致，然其中吳與清廷接觸，亦有若干嫌疑。事情起因於

「蘇報案」爆發前五日（6月24日），吳應留日歸國學生俞大純之約往訪。至則大純之父明震曾出與吳說，且告以係奉兩江總督命，自南京來滬查辦「蘇報案」，吳亦名列查辦中。言談間，勸吳轉告章太炎等人，改變其言論態度，且示意吳等「最好到外國去留學，可幫助國家改新」云云。

巧合的是，就在吳俞會晤時，當晚《蘇報》社賬房即被逮捕。翌日，章太炎亦在「愛國學社」被捕。7月1日，鄒容等亦往巡捕房自首投案，著名的「蘇報案」就此擴大了。3日，吳往巡捕房探視章太炎、鄒容等，雙方隔著鐵柵相見，心情自然大不相同，章等見吳自由自在而內忿，吳則以彼等可逃而不逃，逃又自首，「以坐牢為榮」。由於彼此的心結愈深，糾纏愈大，吳章之間的歧見，已成破裂而無可彌縫了。

光緒32年（1906），章氏出獄後，東渡日本，主持《民報》編輯工作，翌年（1907）3月25日，章氏在《革命評

《民報》

論》第10號，刊登其所撰之〈鄒容傳〉。其中關於「蘇報案」之回憶有云：

> 會虜遣江蘇候補道俞明震檢察革命黨事，將逮捕愛國學社教習吳朓。朓故惎容，炳麟，又幸脫禍，直詣明震自歸，且以《革命軍》進明震；緩朓，朓逸。遂名捕容、炳麟。

對「蘇報案」發生之初，吳與俞明震晤面一事，極盡攻訐與不諒解。吳見此文，自然憤慨，也於《新世紀》第28號封面刊頭下，以〈外來廣告〉標題，刊出致章炳麟書以質疑：

> 枚叔先生執事：去年恆來巴黎。見君所作慰丹傳，登諸第十號革命評論者。中間以恆舊名，敘述恆與俞君相晤事。……恆與俞君相晤，恆親告於君。君與恆現皆存世，非如慰丹之既沒，豈當由君黑白者。當時方儗東歸，欲當面就問。今因事滯留，東歸無定，故先函問左右。如慰丹傳所云，有所原本，請將出諸何人之口，入於君耳，明白見告，恆即向其人交涉。如為想當然語，亦請見復，說明為想當然。……

章氏見報，立即於《民報》第19號，刊出復吳敬恆書：

> 稚暉足下……昨得手書，以革命評論所述足下與俞明震交涉事，來相詰問。案僕入獄數日，足下來視，自述見俞明震

屈膝請安及賜麵事。又述俞明震語，謂奉上官條教，來捕足下⋯⋯時慰丹在傍問曰：「何以有我與章先生？」，足下既面色青黃，囁嚅不語，須臾引去。僕出獄後見汪君允中，允中曰：「前與俞明震賭骨牌為戲，微及蘇報案事，明震亦於邑，有自悔狀。」僕是日亦往東京，不復多語。至最後，足下獻策事，則張魯望言之，魯望語不知得自傳聞，抑親聞諸俞明震者。但僕參以足下之屈膝請安，與聞慰丹語而面色青黃，及允中所謂明震自悔者，有以知魯望之言實也。

旋吳又於《新世紀》第44號撰文駁斥如下：

鄒容

枚叔足下：復我之書已讀悉。又在第十九號民報中重讀之。書中答俞事。除「張魯望言

之」一語外，皆想當然之詞，可不辨。僕今但聞張魯望君，果有其人否？何以屢詢留歐同人，無知之者。新從東方來之人，亦不之知。請再明示，並請問明張君，彼又聞諸何人……獻策謂有張君言之矣。歸告又何人言？並希告我。

章氏再於《民報》第22號反擊：

稚暉足下：前得手書，造次作復。今見足下復以此函登諸新世紀中，故復詳疏本末以報。……足下詰僕云：「張魯望君果有其人否，何以屢詢留歐同人，無知之者，新從東方來之人，亦不之知。」今告足下，張魯望乃一幕友，前歲來此遊歷，與僕相見而說其事。至其語所從來，僕何必問。度金陵皆已知之。足下雖以死抵讕，賜麵請安之事，卒不可諱。且足下既見明震，而火票未發之前，未有一言見告，非表裡為奸，豈有坐視同黨之危，而不先警報者。及巡捕抵門，他人猶未知明震與美領事磋商事狀，足下已先言之，非足下與明震通情之證乎？非足下獻策之證乎？僕輩入獄以後，足下來視，自道其情，當是時，足下亦謂僕輩必死，以此自鳴得意，故直吐隱情而無所諱……文辭記載，自有詳略，但說慰丹入獄，義不負心可也。縱自述簡邀事，於僕何損，而當深諱其文也。愛國學社先進諸生，念於社事，抵慰丹之門，拋磚罵詈云：「章某已入獄，爾不入獄為無恥。」此非足下教之乎？僕於此事，蓋亦未及詳載也。

詳閱此文後，吳復於《新世紀》第63號駁辯：

> 枚叔足下：……哀哉章炳麟之末路。慰丹傳中語，僕本謂足
> 下有想當然之自由，足下不自足，輒更造偽證，重為罪孽
> ……足下又劈空謂愛國學社諸君，抵慰丹之門，拋磚罵詈，
> 其詞則曰：『章某已入獄，爾不入獄為無恥』，且加上引語
> 之括號，如此漫空之鬼話，雖平日至親愛於足下者，亦為之
> 縐眉太息，抵書不欲觀。

如此三次往還的反駁辯論，到最後雙方均已流於意氣之爭，漫
罵之辭，不絕於耳。如章太炎於陽8月13日的信有：「足下在盛宣懷
部下作奴最久，非沈××之比較？轉而執贄康門，非需次金陵之比
歟？……以足下世為洋奴，得見幸於康有為，宛爾稱公羊弟子，猶不
失脫籍自新之道。」如其「稚暉足下：足下惽忘乎？醒醉乎？夢語
乎？病熱乎？耄荒乎？為女伎所蠱惑，因而喪其神守乎？……」全信
幾乎皆是漫罵污穢之辭，看了不禁令人氣沮，以堂堂國學大師和西學
先進，居然如此，直如潑婦罵街，醜婦互詆矣！

同時，章太炎對於《新世紀》倡導萬國新語及〈編造中國新語凡
例〉，亦加以駁斥。吳也不甘示弱發表了〈書排滿平議後〉、〈書駁
中國用萬國新語後〉，批判章氏論點之非。章旋撰〈規新世紀〉刊載
於《民報》第24號，雙方論戰旗鼓相當，勢均力敵。兩人均為革命黨

要員，雙方刊物，亦原為同盟會的宣傳革命刊物，如今互訐惡鬥，無論如何總是不幸的。

以上筆者之所以很詳細的把吳章二氏三次往還的書信詳加引述，目的就是要明白雙方交惡的主因何在？歸納的結果，摒除了無謂的漫罵之辭外，雙方最主要的爭論有二：

第一、章氏以為「蘇報案」之所以發生，及自己和鄒容之被捕，乃係吳稚暉密告俞明震所致，而吳氏則以為此係純粹「莫須有」之事，完全是章氏想當然爾之辭。

筆者在此不想以吳氏自己的辯白來證明，因為如此可能淪為主觀或為己辯白洗雪之嫌，而用比較客觀之第三者以為評論。首先是章士釗於民國13年1月11日，在《民國日報》中刊登了一篇自己的文章〈農治述意〉，來答覆吳氏的詰問，內中有言：

《新世紀》第一號封面

> 吳章交惡，為革命黨中一大不幸事。至今迹仍未泯，不幸尤

甚。……先是癸卯夏間，上海黨事甚急，江蘇候補道俞明震，奉檄來治斯獄，名捕吾家兄弟，先生及蔡子民諸人，而不及劍。蓋俞是時總辦江南陸師學堂，劍先一年習軍旅於是，以英年能文，為彼激賞。後雖離校而言革命，彼此情意未衰。故當時以革命黨而與俞明震有通款之嫌者，應先屬劍。而吾兄顧疑先生以為己與威丹被捕，乃由先生出駁康有為書，及革命軍，上俞告密。微論先生忠亮，不為此事。而是時二書已流布江湖間，並非奇謀陰計，何待有人密陳，俞始曉治。吾兄身在獄中，張琴飲醪，不無悶損。言偶不檢，本可相原。先生曠達，早未介意。不謂吾兄不檢之文字，弟子輯錄章氏叢書，未即削去，致先生疑其故相舃狗，意大不甘。

以行嚴和章太炎是莫逆之交，此文仍不免有替太炎求情之隱意，適足以證明章氏所言有不檢誇大之實。再來，蔡元培給吳稚暉的信，亦可間接直證章氏所言之非。光緒33年（1907），蔡氏在德國的延那（Jana）曾撰〈讀章氏所作鄒容傳〉一文。仗義為吳剖白，謂章、鄒之入獄，絕非吳氏所陷害，乃章氏之神經作用，並列舉當時事實為證。此文蔡氏託為他人之筆，先寄吳氏，徵詢其意見，並附函解釋云：

久欲駁章氏鄒容傳語，而苦無暇。頃始勉強脫稿，然亦甚不愜意也。所以託為他人之筆者，因弟此時方專意就學，無暇與人打筆墨官司。而章君方開暇，思作文而苦無題目，彼見

駁論，必又有駁駁論之文。應之則無暇，不應之，則人將
以為理短而不敢辨矣。然使純是假託之名，則又將不足以
取信於人，故於後半篇仍出弟名，未知如此辨法，先生以
為然否？

蔡氏後又有一信給吳氏，現特錄於下以作旁證：

手示及枚叔函均謹悉，先生第二次答枚叔函，弟讀之甚愜
心，卻並無可已不已之觀念，蓋彼既捏造故實，誠如來函所
云，不宜聽其胡傳，且彼既載之於民報，既不為之辨，則亦
不能不聲明不屑與辨之意，以告旁人也，先生與彼各書措詞
極有界限，固由理直氣壯，無所有其橫生支節，亦緣心地乾
淨與彼霄壤故也，彼此次之函真無聊之極，乃至不敢涉張魯
望一字，雖強作虛憍之面目，由第一書第二書以至此書次第
觀之，則彼末次之書業已自認其罪狀矣……。

　　吾人於此之所以不厭其詳的舉章行嚴和蔡元培二氏之書信為例，
主要的，不是針對吳章二氏中之任何一人，而只是想經由第三者之看
法，作一判斷孰是孰非。

　　依筆者淺見，章之看法，想當然爾之說居多，蓋其因：其一、
為張魯望其人，章氏始終含糊其詞，交待不清。其二、吳氏於獄中探
望章氏諸人語，除鄒容死之外，其餘之人未見有贊同章氏之說者。其
三、綜觀章氏所示之三函，文中內容多語其他不相干之事，而做人身

攻擊，正事倒反少之，此舉可能如蔡氏所說：「心虛之人，有點理虧詞絀矣」。

然吳氏以學社要人而免此難，章氏心中自有所疑、有所不平，亦情可原諒。且因吳章二氏在「中國教育會」與「愛國學社」中早已有隙，兼以吳氏見俞明震事，先前未有所聞，當然更使章氏因不平而起疑、因起疑而聯想到告密之舉，亦人之常情矣。

且事也巧合，吳氏見俞後之翌日，巡房即來捕人，更使人疑上加疑！遺憾的是，章氏不該於出獄後，利用《民報》為私人辯護之工具。棄革命宣傳於不顧，攻吳氏於前，詆中山先生於後，同盟會之團結因此而散，後日之分裂亦伏於此，此太炎之過，亦革命黨之損失歟。

第二：章氏以為鄒容之入獄，為吳氏暗中唆使「愛國學社」同仁，語激鄒氏：「章某已入獄，爾不入獄為無恥」。而吳氏則以為，此乃太炎召鄒氏入獄，與他毫不相干，此更是極其矛盾之事。蓋太炎在《民報》22號中，覆吳氏函已云：

> 革命軍為慰丹所著，僕實序之，事相牽係，不比不行。僕既入獄，非有慰丹為之證明，則革命軍之罪案，將并於我，是故以大義相招，期與分任。而慰丹亦以大義來赴。使慰丹不為僕事，亦豈欲自入陷阱者……。

既然章氏自己已自明其招鄒氏事，何以又言其來首乃吳氏及「愛國學社」之同仁所為。且當時藏匿鄒氏之張溥泉亦有言曰：

太炎被逮，余與威丹（按：即慰丹）居新聞路某里。太炎以書招威丹，威丹慷慨赴義，余亦不能留，且願成兄弟之美。威丹於晚間到四馬路老巡捕房。英人捕頭問曰：汝來何為？威丹答曰：我是鄒容。英捕頭曰：汝是個小孩子。威丹曰：我就是滿清政府要捕拿作革命軍的鄒容。遂被收入獄中。

馮自由在其《革命逸史》中亦言：「炳麟自獄中作函告容，令自行投到。當晚鄒容乃自首。」從上述諸人之證，吳氏及「愛國學社」實無語激鄒氏之舉。可能因鄒氏瘐死獄中，太炎有此心虛，欲轉禍假人爾。至於其罵吳氏「康有為門下之小吏、盛宣懷校內之洋奴」云；甚至謂：「昔聞康子有日月二侍者，怪而問其黨徒。則曰，林旭者，吾師之內嬖也。吳胐者，吾師之外嬖。」等等無稽之談，因純屬漫罵讕言，故不詳論。

馮自由著，《革命逸史》
第一集書影

五、結論——對日後革命的影響

吳章交惡之經過，上文已論述甚詳，筆者本無意於此謂誰是誰非。唯根據當時之事實及日後二人之表現，似乎吳氏所言為真，章氏為假矣。吳章交惡從表面上觀之，好像只是他們二者之私人恩怨，其實不然。這場交惡之後遺症，對以後之革命大業頗有影響，茲舉三點略述於下：

第一、促成爾後孫章衝突之擴大

章之為人，恃才傲物，領袖慾極強，且其人不易與人共處，彼亦嘗以瘋子自居自樂。然而其又熱衷於功名利祿，觀之以後其與陶成章和中山先生交惡之經過，其情形和同吳氏交惡幾同出一轍。因區區之款而引起，且又想當然爾以為中山先生之私吞，迄於民國元年，章氏猶為此事而致書王揖唐云：

> 揖唐中將左右，行期已迫，不及待民國第二年也。元日恐有一番發表，如稚暉輩決意辭勳，彼自無政府黨，亦未嘗艱難困苦。弟則不為此矯情於譽之事。蓋賞功論罪，政理所先。圖一己之名，使他人亦不得不相牽而去，此乃於道德強人，失政治之理，負志士之心，必不為也。但二等勳位，弟必不受。中山但有鼓吹，而授大勳。吾雖庸懦，鼓吹之功，必賢於中山遠矣。

太炎之所以始終不肯和中山先生合作，即因前此金錢事，而在

《民報》撰文大肆抨擊中山先生。中山先生基於攸關清譽，亦假巴黎吳氏之《新世紀》以為反駁。章和吳本交惡於前，現又因吳支持中山先生，更使其與中山先生積不能容矣！

第二、對革命宣傳之影響

吳章二氏交惡的情形，吾人實不能單純的以二人之爭視之，原因係此二人均為革命黨之重要幹部，亦皆擁有一份宣傳報紙為喉舌。其所發表的文字，對革命黨形象當有一定的殺傷力。尤其是自從章氏欲用《民報》來抨擊中山先生及其他領袖時，因遭到黨內同志之反對，且免其編輯職務，並拒絕其投稿時，更引起章氏之怒。

宣統元年（1909）2月，汪兆銘將《民報》復刊，章曾作書致美洲、南洋各處之檢舉函，指24期以後之《民報》為偽，其對革命的影響與破壞至深且鉅。汪對此事曾有如下之記載：

> 宣統二年庚戌正月，汪精衛入北京，謀炸攝政王，瀕行，留書中山先生告別，有謂「丁未春夏之間，太炎輩在東京所以排擊破壞，無所不至矣！洎閩滇粵軍起，東京同志躍然奔赴，未嘗以太炎等之言而有所介介於中，即太炎等等亦自息其喙。惟太炎等最後之手段，無過於發布詆毀之函，前時因有人彌縫其間，此等最後之手段忍而未發。今則不然，彼等最後之手段已出矣！其排擊破壞之能力，當無有更甚於此者矣！」。

由汪氏此書，可以想見章氏之睚眥必報之心及其手段之可怕了。

第三、對民初政局之影響

前已提及，章氏是個非常熱衷名位權勢之人，其早期曾有為名利而欲投效張之洞或端方之舉，且有「誓言決不革命，決不與聞政治。且言中國革命，決難成功。若贈以巨金，則彼往印度為僧」等語。復次，章於被捕之後，供出同黨姓名，可見章之人格有損矣。然章又不甘寂寞，其與吳、孫、胡、汪諸人齟齬，意始終不懌。

民國成立，章首創「中華民國聯合會」，以為分化同盟會之始，繼又與江浙立憲黨人張謇、湯壽潛、趙鳳昌等組織「統一黨」，後又與湖北同盟會員，擁黎元洪所組之「民社」合併，改稱「共和黨」，以與國民黨相抗衡。最後且欲投靠袁世凱，可見其反覆無常之個性，及間接阻礙民國建立之舉，著實令人慨嘆。

「革命領袖間個人衝突，是造成黨內分裂的主要原因」，而章氏均是這些內訌的主角。先有吳章之交惡，分散了革命宣傳的力量，後有孫章之不合，更給民初政局帶來不少的紛擾。吾人在此並無意批評章太炎是始作俑者，但因章之囿於成見，使其對於革命大業的貢獻，確有「過大於功」之嫌。筆者在此之所以要論述吳章交惡之目的，正是要突顯，人往往會因一己之私怨而影響大局，且此種影響之嚴重性，又常常是當事者所始料未及的。撫今追昔，吾人當記取歷史教訓，而明「牽一髮而動全身」之理呀？

記晚清末年的《醒獅》月刊

一、《醒獅》之創刊及內容

　　《醒獅月刊》創刊於光緒31年（1905）9月，時值同盟會成立不久，東京革命浪潮風起雲湧之際，月刊前後共出5期。該刊在日本東京印刷，由東京中國留學生會館發行，國內發行則為上海四馬路教育館，國粹學報社等地經銷。它係革命黨重要刊物之一，月刊內容有論說、軍事、教育、政法、學術、化學、醫學、音樂、談叢、文苑、小說、時評、雜錄等樣目包羅萬象。編輯兼發行人為李曇，主要撰稿人有朱髯俠、柳亞子、馬君武、李叔同、宋教仁、高旭、王建善等革命份子。

　　翻開《醒獅》第1期第1頁，首先映入眼簾的，就是一首氣勢磅礴的詩，詩曰：

　　　美哉黃帝子孫之祖國兮可愛兮，
　　　北盡黑龍西跨天山東南至海兮，
　　　皆我歷代先民之所經營拓開兮，

如獅子兮奮迅震猛雄視宇內兮。
誅暴君兮除盜臣兮彼為獅害兮，
方自由兮獨立博愛兮書于旂兮，
唯此地球之廣漠兮尚有所屆兮，
我黃帝子孫之祖國其大無畏兮。

　　雄壯、激昂、振奮人心！《醒獅》
沒有一般雜誌貫有的發刊詞或本刊例言
之類的東西，然而這首詩實質上卻起了
發刊詞的作用。它鮮明地表達了《醒
獅》的宗旨：愛國、民主、革命。強烈
的愛國主義思想，是貫串《醒獅》的一
根主線。也因如此，愛國主義思想的闡
揚，成了《醒獅》內容的第一特色。首
先《醒獅》強調愛國主義思想是一個國
家立國的根本，有之則昌，無之則亡，
國家的興廢存亡，不在疆土之大小、人
民之多寡、主權之強弱，而在愛國心之
有無。

《醒獅》月刊封面

　　該刊並以日俄戰爭為例，日之勝
於俄，不在軍方而在愛國意識之同仇敵
愾。同樣的，明之亡於清，也不在明之
武力不如清，而在於有范文程、吳三桂

之流甘為漢奸，為虎作倀。此其中之道理，不言可喻，端在愛國心之有無耳。除此之外，《醒獅》尚認為，愛國主義思想不僅表現在外患時挺身而出，抗擊外敵，捍衛國家和民族的利益而已，更須具體的表現在日常事功上。所謂既醒之中國人者，必須是能自我犧牲的人也；如犧牲其身以鑽研科學，輸入知識焉；犧牲其身以誅殺盜賊，砲彈自焚焉；犧牲其身以盡瘁教育，作成人才焉。要之，醒之途萬、報國之途萬，但須各盡吾人一份子之職責，殫精竭力，死而後已。如此，國家才有希望。反之，若整天高唱愛國調子，不腳踏實地去幹，亦是枉然無用。

愛國主義思想的作用既是如此重要，那麼向人們進行愛國教育當是迫切急務了。職是之故，《醒獅》指出，愛國心者，縱使本於天性，發乎自然，要亦有道以養成之也。關於此項，《醒獅》認為要培養中國人的愛國主義精神，宜從下列三點著手：（一）普及國民教育；（二）養成高尚人格；（三）培養國家思想。只有落實這三點，國民才會有民族意識、民族氣節；也才會以國家民族的利益優先，共盡其國民之天職。

民族意識既有之，愛國思想便油然而生，形之於外的，便是首先表現於反對列強的侵略。《醒獅》的一個顯著特點，是它對日本侵略者的深刻揭露。當時，日本是個新崛起的帝國主義國家，它一面不斷地對中國發動武裝侵略，又一方面裝出一副假惺惺同情中國的樣子，鼓吹「同種同文」的論調，以迷惑欺騙中國人民，暗中則對中國百般滲透，以達到獨吞中國的野心。《醒獅》第3期，達時的〈夫己氏之支那觀〉一文，便對此進行了有力的揭露和抨擊。

在近代中國，愛國主義思想還有一個很重要的內容，那就是學習西方，在這一方面，《醒獅》用了大量的篇幅介紹西方的科學知識。舉凡西方的物理、化學、醫學、美學、教育等，《醒獅》均不遺餘力的刊佈，藉以喚起國人學習西方的熱情。

二、愛國民主為其特色

鮮明的民主主義色彩，是《醒獅》的另一個重要特點，在第1期的《醒獅》月刊上即闡明，醒獅之中國，其政體應是實行帝民之主義，以土地歸國有，而眾公享之，無私人壟斷之弊，君官宜公舉，數年而易，一如法美之制。這裡提出的帝民主義，實際上就是民主主義。而土地國有政策，欲在中國發展資本主義，又想避免壟斷弊病的想法，又與孫中山的民主主義不謀而合。至於其政治上主張行法美的民主制度，明顯地是對當時封建清朝及立憲派主張的君主立憲制度斷然的否定。

在提出政治民主的同時，《醒獅》還獨特地提出了宗教民主的問題。《醒獅》指出國民必有宗教，宗教者，進化之伴侶也。然此宗教非宗教家之宗教，而是以國家為至尊無上，以代上帝的新中國宗教，而且一切教義，務歸簡單，且可隨人類之知識，經教會若干議員之許可，可得改良。這種經過改造之宗教，已不是原來意義上的宗教，而是一個對國民進行愛國和民主教育的教育機構了。

激烈的反滿革命宣傳，是醒獅內容的第三特點，《醒獅》的創刊原本就因反滿而生，如同當時很多革命派的報刊一樣，《醒獅》也以大量憤激的筆墨，口誅筆伐，揭露清朝統治者壓迫中國人民的罪

行，它不承認清朝的統治，拒絕採用清皇帝年號紀年法，而採用黃帝紀年。在《醒獅》內容中，其「嗚呼哀哉，蚩尤作虐」、「妖霧是造」、「珠申賤種」、「盜竊大寶」等諷刺謾罵文字屢見不鮮。不僅如此，對清廷當時種種的腐敗措施，《醒獅》往往均能即時予以披露批評，如攻擊清廷之假立憲，藉悼鄒容而斥責清廷之殘暴。甚且用文藝形式筆法，發表歷史小說〈仇史〉，對清廷加以撻伐，把反滿情緒帶至最高潮。總之，《醒獅》在反滿宣傳上，對革命運動是起了不小的作用。

三、前後《醒獅》互相輝映

基於晚清民族主義的高漲，革命氣焰的澎湃，反滿的浪潮逐漸昇高，在形勢、背景有力的推動下，《醒獅》甫經問世，便頗受到國內外廣大革命志士的歡迎。據《醒獅》第2期的告白說，第1期出版後，數日間書即告罄，而詢購函件又陸續不絕，因此為應廣大讀者需求，旋即重版。此外，《醒獅》與當時影響最大的革命黨刊物《民報》亦有聯繫，《民報》晚《醒獅》兩個月創刊，創刊後，《醒獅》就即時登載了《民報》創刊號的目錄，《醒獅》的撰述人如宋教仁等，同時也是《民報》的撰稿者，由此可見這兩份革命雜誌關係之密切。

現在一般讀者，一看到「醒獅」二字，立即的反應，可能會認為是「國家主義派」，民國13年雙十節青年黨的機關報《醒獅週報》。殊不知早在19年前，晚清末季，中國便已有另一份《醒獅月刊》的創刊。巧合的是，不知有意或無意，青年黨《醒獅週報》的立論內容，與晚清的《醒獅月刊》有諸多雷同之處，這點是筆者在比較兩份雜誌

時，深覺有趣且饒富意味的地方。總
之，《醒獅》月刊雖然前後只發行了5
期，時間雖短，但其喚醒國魂，作獅子
吼的精神，確實為清末革命志士灌入
一股清流赤誠，為日後的辛亥革命提供
了心理武裝與勝利的基礎；也為後來的
《醒獅週報》開啟了先河。

青年黨《醒獅週報》封面

論清末川省的保路運動

一、前言

　　晚清末年，四川的保路運動，雖是一地域性的保路護權運動，但它對辛亥革命以及清廷的覆亡，都有著決定性的影響。此影響之象徵意義，如英國史學家卡耳（Edward. H.Carr）在《什麼是歷史》一書中所言：「整個歷史過程，是歷史定律經過偶然事件的一種折射。借用一句生物學術語，我們可以說，歷史定律的實現，是藉著偶然事件的自然淘汰。」當然，筆者並非強調，保路運動是一偶然事件，相反的，筆者認為保路運動的發生，是有其前因與出發的動力。但是如果我們以保路運動，對辛亥革命直接或間接的助益言，則保路運動確實是有其偶發性的爆炸效果。因此，我們可以說，保路運動對民國的肇建及引發辛亥年武昌起義的成功，是有其歷史上的貢獻。

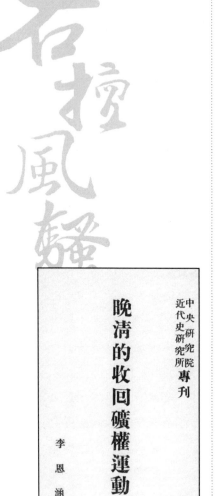

《晚清的收回礦權運動》封面

二、保路運動的起因

　　基本上，清末川省的保路運動，係肇因於清末的「鐵路國有」政策。而導致清廷會有此措施，遠因為晚清的收回礦權運動。李恩涵在《晚清的收回礦權運動》一書中，曾把清季新式開礦事業的發展，分成三個階段，而其中的第三階段，即為各省進行的收回礦權運動。李氏說：「我國官紳對於列強競奪我國礦權的反動，其目的：一方面是在保全本國尚存的礦權，清除或避免外資在華礦權所發生的諸項弊害；另方面則在挽回既失的礦權，以振興我國自辦的礦業，加速我國近代化、工業化的進行。」

　　接著，李氏又申述收回礦權運動所代表的意義，他說：「各省收回礦權運動，如與同時期內，有關各省普遍進行的收回鐵路利權運動，綜合起來看，實為一相當具有深入民間的民族主義運動，而且具有十分濃厚的排外性。」是以，這種由民間商辦的收回路權運動，

雖有其民族自覺的愛國性，然因客觀環境的欠佳，此種純粹由民間所發起的收回路礦權運動，基本上，效果並不彰。

之所以會如此，原因是股本籌集困難、管理效率低下，組織又不健全及建築的速度，非常之慢，有時甚至長期不能開工。此情況，朝廷其實亦知曉，所以在光緒34年的上諭也提到：「鐵路為交通大政。紳商集股，請設各公司，奏辦多年，多無起色，坐失大利，尤礙交通」。因此，由於商辦鐵路的成績不佳，乃促使清廷改變其鐵路政策──即由商辦再改為國有。

宣統3年4月7日，給事中石長信奏請〈亟定鐵路幹線為國有〉的奏摺，便道出其中端倪：「溯自我國興造各省鐵路，其病在事前並未謀定後動。如有一定方針，使率土有所率從，自無擾亂紛歧之弊。夫鐵路者，為縮地之良法，國與民所利賴。然利賴之中，有輕重緩急之分，幹路、枝路之別。其縱橫直貫一省或數省而遠達邊防者為幹路；自一府一縣，接上幹路者為枝路，枝路、幹路互相為用，如百川之匯江河。今為國計民生兼籌並顧，惟有明定幹路為國有，枝路為民有之一定辦法，明白曉諭，使天下人民，咸知國家鐵路政策之所在。此後上下有所遵循，不致再如從前之群議龐雜，茫無主宰。」

由此奏摺看來，「鐵路國有」政策的初衷並無不妥，同一奏摺中，石長信又云：「至川漢集款，皆屬取諸田間，其款確有一千餘萬。紳士樹黨，各懷意見。上年始由宜昌開工，至歸州以東。此五百里工程，尚不及十分之二、三，不知何年方能告竣。而施典章擅將川路租股之所入倒帳，竟至數百萬之多。此又川、粵漢鐵路之潰敗延誤，亟宜查辦者一也。」

對於當時商辦鐵路的諸多弊端，負責全國鐵路建設的郵傳部，自然要加以改革，而改革之法，即鐵路由商辦改歸國有。不僅如此，為幫助湘、鄂兩省籌款築路，減輕人民的負擔，郵傳部認為，可借外資以為鐵路建設的必要。基此考量，才有了宣統3年4月11日，清廷宣布幹路收歸國有的政策，其文如下：

> 郵傳部奏「遵議給事中石長信奏鐵路亟宜明定幹路、枝路辦法」一摺，所籌辦法，尚屬妥協。中國幅員廣闊，邊疆遼遠，袤延數萬里，程途動需數閱月之久。朝廷每念邊防，輒勞宵旰，欲資控禦，惟有速造鐵路之一策。況憲政之諮謀，軍務之徵調，土產之運輸，胥賴交通便利，大局始有轉機。熟籌再四，國家必得有縱橫四境諸大幹路，方足以資行政而握中央之樞……用特明白曉諭，昭示天下，幹路均歸國有，定為政策。所有宣統三年以前各省分設公司集股商辦之幹路，延誤已久，應即由國家收回，趕緊興築。除枝路仍准商民量力酌行外，其從前批准幹路各案，一律取消。

由上文可知，平情而言，整個「鐵路國有」政策，其實並無太大的缺失與欠妥之處，然則何以會引起軒然大波，且影響以後如此之鉅，其中緣由頗值一探。

三、川省人民的抗路風潮

當年清廷宣布「鐵路國有」政策實施後，旋即引起川、粵、湘、

鄂四省人民的激烈反對，其中尤以川省
反對最烈。川省的抗路風潮，約可分
為兩個時期：宣統3年4月11日，國有
上諭頒布後，到7月15日，為和平爭路
時期；7月15日以後，則為武裝爭路時
期。至於川省民眾抗路行動何以如此激
烈，原因有四：

　　第一、償還辦法不公：清廷採納
郵傳部大臣盛宣懷的建議，發佈「鐵路
國有」上諭，其辦法為：「粵漢路每股
暫發還六成，其餘四成發給國家無息
股票，路成獲利之日，准在本路餘款項
下，分十年攤還。川路因籌股較多，清
廷不願償付現金，規定現存之七百餘萬
兩，悉數更換國家保利股票，五年後分
十五年還本。其宜昌段已用之四百餘萬
兩，如法辦理。至經辦人施典章虧倒之
三百餘萬兩，則不聞不問。」

　　宣統3年4月22日，郵傳部與英、
法、德、美四國銀行團代表，簽訂6百
萬鎊借款合同，趕築粵漢、川漢鐵路。
並以川、粵、湘、鄂四省釐金、鹽稅作
抵押，於是引起四省的保路運動。四川

盛宣懷

於四省中受虧最鉅，故反對也最為激烈。其實自國有政策宣布後，至7月15日武裝暴動前，川省人民爭路風潮，最初還尚緩和，祇要求政府發還現款即可，後因要求未遂，情況才日趨激烈。未幾，在成都及其他各地，逐漸有罷市停課，不完捐稅，不納丁糧，甚至提出自保商権書的請願訴求與運動。

第二、執行措施的不合法：晚清末年，由於受到西方思潮的衝擊，國內士紳階級之民智已大為提昇，此由清末諮議局和資政院議員們的表現可見端倪。四川雖處內陸，然多少仍受這股西潮的影響──即強調尊重法律、制度與人權的重要性。舉例而言，在川省抗路初起時，士紳鄧孝可即撰〈川路今後處分議〉一文，披載於報端，文中說到：「今政府借款既未求協贊於資政院，其蔑視國民、蔑視法律太甚」。

其後在〈賣國郵傳部！賣國奴盛宣懷！〉文中，鄧又再次重提政府依法行事的重要性，其言曰：「盛之巧飾，必曰：有國家鐵路股票在，何得罪吾違旨損民？則問吾人所受此項國家路票，有『商法』上、『公司律』中種種權利乎？如謂為有，則此次借款合同中何所容我國人股東權利之餘地？如曰無也，則盛宣懷固為我國範圍以外人。若郵傳部則固我國統一權下之郵傳部，人民固我大中國之人民也。盛宣懷自可置身化外，郵傳部則胡能置身其路票於化外，而不受我『商法』之範圍？我人民非化外，人民何能擯之於商律、法律之外？」由上可知，清之舉止措施，不合乎法律程序，亦使川人難以折服之因。

第三、處置行動的失當：當時川省反對「鐵路國有」運動的領導人物中，有鐵路公司股東會會長顏楷，副會長張瀾，諮議局議長蒲殿俊與副議長羅綸，以及其他士紳。這一批人都是知識份子，同時也是

立憲派的代表者，他們在川省有其一定的地位和影響力，也廣受百姓的愛戴。然清廷並不理會川民感受，7月15日，川督趙爾豐，因受盛宣懷與端方等人壓力，居然逮捕這批士紳領袖，消息甫經披露，川省民眾不滿政府的情緒旋即爆發，且一發不可收拾。而川省的保路運動，也從此由和平抗爭到武裝的衝突鬥爭，造成此種轉折，箇中原因，不得不歸咎於清廷及地方政府官員措施之失當。

端方

劉岱教授於〈川路風潮──武昌起義前的一把革命火炬〉文中即談到：「在辛亥年，與四川保路運動有直接關係的清廷官吏中，護都王人文和前四川總督岑春煊是能夠了解中國傳統上官紳之間的政治關係和政治藝術的人。他們與四川士紳的關係比較融洽，也受到四川紳民的愛戴。因此，他們也是當時最能平息川路風潮的清廷官吏。但是王人文既未獲得川督的職位於先，而又因彈劾盛宣懷而獲罪清廷於後。王人文的被迫離川，一方面可說是四川紳民失去

了一個可以信賴的政府官吏，另一方面也可說是清廷失去了一個能夠及時安撫四川路潮的力量。岑春煊後來雖臨危受命，但事實上為時已遲，而且由於政治上其他的因素，岑春煊始終也未能入川」，此可謂清廷處理川事的一大敗筆。

第四、革命與立憲之推波助瀾：當四川保路運動初始之際，川省的革命黨人，旋即與立憲派合作，並加入該派所領導的保路運動。其後，立憲派因請願運動屢遭挫敗而轉趨革命，雙方勢力乃趨合流。如川省立憲派首腦蒲殿俊，在請願不遂出京前，即痛心的對湖南議員粟戡說：「國內政治已無可為，政府已彰明較著不要人民了。吾人欲救中國，捨革命無他法。我川人已有相當準備，望聯絡各省，共策進行」。忿恨之情，溢於言表，由此亦可想見其對政府的失望。職係之故，在川省立憲派和革命黨合作的情況下，終於加速了武昌起義的爆發和清廷的覆亡。

四、保路運動發展的經過

基本上，就因上述清廷舉措的失當，使得原本有望平息的事件，卻因此而擴大。在「鐵路國有」上諭初期，其實川省不僅不希望亂事蔓延，甚且有贊成的傾向，只要清廷發還現金，補償其損失即可。然清不作此圖，反變本加厲逮捕其領導人，且誣彼等為主使者，終使亂事擴大而無平息之可能了。

關於此事，吾人可以《蜀報》的言論為例說明之，為了爭路問題，立憲黨人蒲殿俊一派，原先並沒有與清廷決裂的意思，蒲派的鄧孝可，在《蜀報》上發表的文字，似可代表彼輩的意向。鄧氏一再認

為，只要政府把川漢鐵路四年來用去的款子，以及在上海損失的股本，一併用現金償還，四川人還是可以勉強同意「鐵路國有」的。詎料清廷計不及此，沒有接納此一建議，爭路風潮遂不可免。

於是鄧孝可在其主持的《蜀報》，痛詆郵傳部，其〈賣國郵傳部！賣國奴盛宣懷！〉文中謂：「今直將路完全賣給外人外，更以兩湖財政作抵。自信川人非無人性，非屬野蠻之血性男子，今可以起矣！」又說：「有生物以來無此理，有日月以來無此黑暗，有人類以來無此野蠻，而今乃有盛宣懷如此橫蠻以壓迫我四川人。」其批判盛宣懷之言論，可謂代表川紳之心聲。保路活動既起，茲概述其經過情形如下：

宣統3年4月7日，給事中石長信奏稱，鐵路幹線應歸國有，支線商辦。11日，清從郵傳部大臣盛宣懷奏，宣示鐵路政策，聲明幹路均收歸國有，枝路仍准商辦，唯從前批准幹路各案一律取消，如有抵抗，即照違制論。17日，川漢鐵路公司駐宜昌總理李稷勳電請總公司，如鐵路收歸國有，應以現銀償還用款。隔天18日，川漢鐵路董事局電郵傳部，要求請將川漢鐵路仍歸商辦。

為全權處理川路事宜，宣統3年4月20日，清廷任命端方以侍郎候補，授為督辦粵漢、川漢鐵路大臣。而22日，郵傳部大臣盛宣懷立即與英、法、德、美四國銀行團，訂定粵漢、川漢鐵路借款合同，共1000萬鎊。24日，郵傳部命停止川、湘兩省鐵路租股，其已收之款，由郵傳部督辦鐵路大臣會同該省撫妥擬辦法，並查辦四川鐵路公司虧倒鉅款情形。因停止鐵路租股，川紳損失過鉅，29日，川漢鐵路公司呈請四川總督代為電奏，請朝廷收回「鐵路國有」成命。

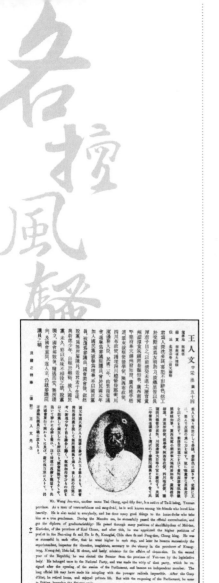

王人文

5月6日，署四川總督王人文奏，報告四川諮議局意見，強調朝廷若一意孤行的要將鐵路改為國有，情況將不可預料，故懇請暫緩接收。王人文之奏，被朝廷視為替川民講話，遭到嚴行申飭。21日，清仍宣布川漢、粵漢鐵路收回詳細辦法，不為川民請願所動。至此，四川鐵路公司股東會議決定，反對國有，成立「保路同志會」，不惜抗爭到底。23日，署理川督的王人文，亦覺得川漢、粵漢鐵路借款合同，喪權辱國損失太大，認為內亂外患事機已迫，奏請朝廷將盛宣懷治罪，然後提出修改以救危亡。

6月7日，盛宣懷恐川事擴大，急電端方，促新任川督趙爾豐赴職，勿再令川省滋生事端。11日，川省士紳聯合致電盛宣懷，同聲反對借款喪權。21日，盛宣懷與川漢鐵路駐宜昌經理李稷勳酌商，以現存租股認辦宜昌秭歸段鐵路，並委李稷勳主持。26日，王人文代四川紳民羅綸等奏，眾意咸以收路國有辦法，朝廷對待川民，純用威力

鎮壓，似為不妥，請裁察，結果詔切責之。28日，新任川督趙爾豐函覆王人文，附和王之意見，亦覺「鐵路國有」之不當，斥盛宣懷乖謬。

宣統3年閏6月6日，朝廷聽聞川人對於路事，將於本月初十開會，懼事端擴大，命趙爾豐兼程前進，多派員弁，實力彈壓，儻敢違抗者，即將倡首數人嚴拏懲辦。7日，端方亦致電趙爾豐，授意對川人爭路，請從嚴干涉，力拒非理要求。11日，川漢鐵路公司召開特別股東會議，主張廢除借款合同以保路權，趙爾豐致詞時，仍勸大家情緒冷靜，力求適當解決辦法。

趙爾豐

然見朝廷並無退讓跡象，16日，四川鐵路公司股東會，決議請趙爾豐代奏，糾劾盛宣懷與李稷勳盜權。但清依舊不動如山，29日，川人在得知朝廷仍用李稷勳總理路事消息後，群情開始激憤。7月1日，四川鐵路公司股東大會及「保路同志會」，相繼舉行示威活動，倡導商店罷市，學堂停課，停納捐稅。趙爾豐見情況惡化中，於7月4日

緊急致電內閣，請將修路一事交資政院評議，以圖轉圜，若朝廷始終堅持，則禍亂不知所屆。

6日，端方見趙爾豐與王人文如出一轍替川民請命，速電內閣嚴劾趙爾豐，並主張先派重臣赴川查辦，再行簡派川督。7日，清廷以川民相率要求，終於有點動作，命郵傳部督辦粵漢、川漢鐵路大臣，將川路款虧損部分，妥速清理，明示辦法，以釋群疑。另一方面，湖廣總督瑞澂則電盛宣懷，允派湖北軍隊入川，同時嚴旨責成趙爾豐速辦川人。

面對情勢詭譎，13日，川路股東大會召開，發布川人自保商權書。而趙爾豐在朝廷壓力下，為保祿位也電奏當局，表明效忠，謂如川人抗拒，勢必勤辦，態度強硬，一反先前所為。在川人不屈服的形勢下，15日，趙爾豐展開行動，誘捕諮議局議長蒲殿俊、羅綸，保路會會長鄧孝可，股東會會長顏楷、張瀾，鐵路公司主席董事彭芬及江三乘、葉秉誠、胡嶸、王新銘等，為整個川路事件帶到最高潮。

綜合上述經過，整體看來，四川保路運動確係被逼而成的。起初川人並無意擴大事端，只緣於清廷措施失當，不符人民所望，一心祇想用軍事手段解決。殊不知此舉反而激發了革命派與立憲派的攜手合作，從而促進了武昌起義，加速清室的覆亡，這恐怕是川路風潮結果所始料未及的。

五、結論

如果吾人純就「鐵路國有」的政策面而言，檢視當年地方紳商辦理川、粵漢鐵路的虧損、遲緩和混亂的實際狀況來說，辛亥年清政

府決定將川漢、粵漢鐵路幹線的收歸國有，不僅沒錯，反而是明智之舉。但若從保路運動的思想背景觀察，則層次上又有所不同。基本上，川人與清政府的「鐵路國有」政策之爭，其實並非僅是侷限於投資的股款問題，其底層的背後，還存在著兩個更為重要的晚清思潮──此即民族意識的覺醒與憲政思想的崛起。

很顯然的，四川的路潮，於短短的兩個月間，在思想層面的發酵上，已由鐵路收歸國有的問題，提昇到維護憲政的層次上。在抗爭的過程中，終於讓川紳的立憲派領袖感受到，這次衝突的真正底蘊，根本是當時中國政治上，君主專制與強調尊重法制人權的民主制度之

保路同志會至川署請願圖

爭。當然，此一發展，也並非偶然之事，這原是立憲派士紳的政治思想，保路運動只是促使其更具體化而已。

如果從此角度觀之，則晚清時期，中國民族意識的覺醒，可說是推動歷史進程的一股龐大力量。而這股民族危亡的憂患意識，不僅使得四川保路運動的性質變得更為複雜，而且更使其變成一個充滿激昂情緒的全民救國運動。吾人只有對晚清時代的這股民族憂患意識，有明確的認識時，我們才可以真正了解到，何以川路風潮運動中，會將「保路」與「保國」兩件事連在一起的真實意義。

記民八的「巴黎通信社」

民國8年7月1日，少年中國學會（以下簡稱「少中」）的正式成立，無疑是五四時代最具特色與影響力的一個社團。「少中」是網羅當時全國知識份子的菁英，揭櫫「本科學之精神，為社會之活動，以創造少年中國」。是以學會成立後，首要之務即是從事社會活動，以為救國建國之張本。社會活動的範圍包含甚廣，通信社的發展亦為其中之一，其實早在「少中」發起前，民國7年，部分留日學生如曾琦、張夢九等人，便已在東京組織「華瀛通信社」，用來抵制日本操縱東亞輿論之陰謀。由於曾、張諸人均是爾後「少中」會員，所以在民國7年6月30日「少中」發起後，成立組織通信社乃成為學會積極拓展的要項之一。其中尤以「巴黎通信社」辦的最好，也是最有貢獻成就的一個。

「少中」成立後，會員們為求學識的更加精進，紛紛出國留學。法國是當時學生心目中理想的留學環境，其原因：一則為李石

曾、張靜江、吳稚暉、齊竺山等人提
倡「勤工儉學」故；再則為法國學費
低廉、求學較易、教育觀念也較適宜
中國人的心理。民國8年3月，「少
中」會友李璜到了法國，時值巴黎和會
開幕一個半月（此和會於民國8年1月18日
開幕）。

其後周無（太玄）亦從上海來到巴
黎，雙方晤談，知悉國內同胞希望中國
代表團能在這次會議上，阻止日本帝國
主義對中國的侵略勒索，爭得自己的合
法權益，人們心急如焚，翹首期盼著巴
黎的消息。因此認為機不可失，宜積極
成立通信機關，將最新、最正確的訊息
傳達國內。是故在兩人的合作及「華法
教育會」倡導者李石曾的支持下，「巴
黎通信社」很快的在該年的3月分正式
成立了。關於巴黎通信社在法成立的經
緯，主要當事人李璜和周無，日後曾有
如下的回憶，李璜說：

　　　1919年3月5日到了法國，正是
　　巴黎凡爾賽和約開幕一個半

周太玄

月，因為它與我國收回山東權益以及國人希望藉之取消不平
等條約關係很大，本於愛國之情，我便大為分心。適凡爾賽
和約開到三月底間，周太玄兄自上海來到巴黎，言京滬各報
紙需要巴黎和會內幕消息甚急；他來的時候，慕韓囑他為上
海新聞報與申報長期通信。願按月酬報通訊稿費。王光祈來
信也稱北京各報需要和會消息。太玄本是窮學生，此次敢於
冒險前來，就要靠此事以維持留學生活。但太玄的法文程度
太有限，無法讀報，因之要求我讀報與他聽，他錄下來，加
以編纂，用油印印出數份，寄與京滬各報，大受歡迎。於
是我與太玄兩人所辦的「巴黎通信社」，每週發稿一次，
特別注重巴黎和會的一切動態，因之便成為引起國內是年
「五四」運動的發生源頭之一。

周無的回憶，中間雖有若干出入，然大體上也是如此，他說：

由於1919年初歐亞的交通已經恢復，少中會員紛紛赴法、德
留學，並從事一些國際社會活動。在這一年2月，中法交通恢
復後的第一隻船載著第一批留學生到法國去，其中有李璜。
乘第二隻船的留學生於3月初到巴黎，其中有周無。從4月
起，便是留法勤工儉學生大批赴法的最活躍時期的開始。同
時巴黎和會將於五月在巴黎召開（按：日期有誤，應為1月18日召
開），亞非被壓迫的民族國家，在受殖民壓迫以外更受到戰
爭的摧殘，一旦戰爭結束都要想掙斷枷鎖爭取獨立，所以在

這幾個月中，他們的代表都聚集到巴黎，準備向巴黎和會請願並進行其他一切有關活動。

周無的回憶，除日期有待斟酌外，其到法國留學的目的，除受勤工儉學運動影響外，顯然更與巴黎和會的召開不無關係。至於其成立巴黎通信社一事，更是巴黎和會召開下的產物。周無說：

> 全國人民都希望通過這次和會能阻止日本帝國主義對我國的侵略；尤其切盼能收回由日本佔領的青島膠州灣。在這種蓬勃的形勢和熱烈的願望之下，少中的發起人和一部分會員在京滬討論會務時，便自然地把重點放在巴黎，決定要配合這一形勢展開具體活動，發揮奮鬥實踐的精神。當時確定把重心放在通信組織和聯絡工作上。原來想同時在日本東京設『華瀛通訊社』、在美國設『紐約通訊社』、巴黎設『巴黎通訊社』，但因日美兩地會員既然不多而形勢要求又不如巴黎的有利和緊迫，所以便決定把力量都投在這方面。

由上述周無的回憶，可以想像當初「少中」會員的苦心孤詣及氣魄之大，「少中」不僅要成立巴黎通信社，而且想在世界各個主要都會均成立通信社，最終目標甚且想完成一個有系統的全球通信網。唯因人力及情勢的演變，才先成立巴黎通信社。巴黎通信社的一切具體辦法和準備工作，根據周無的回憶，說是自己在赴法船中即先擬好的。在赴法途中和到了巴黎，曾得到有關方面的贊助，如在香港的吳

玉章，已先到法的李石曾及與周無同船的伍朝樞和鄭毓秀等人。

通信社成立後，從三月底便開始向國內各報館發稿，主要的報紙如北京《晨報》、《國民公報》、上海《時事新報》、《中華新報》、《民國日報》、《神州日報》等均有刊載，銷路甚佳，「少中」會友陳淯且曾擬在京設事務所以代為收款。這情況顯示由於國內報紙關於國際事件的通訊報導，自來便完全為英、日、美等國的通信社所把持壟斷，所以均熱烈希望能有自己的通信社供稿；其次因為「少中」籌備方面負責的人，預先宣傳聯絡，所以一開始供稿，京滬各大報紙便無不採用。更有預想不到的收穫是，由於通信社的稿費是一筆可靠的收入，不少由勤工儉學赴法的會員，便藉這筆錢能很快的成行。也因此，巴黎通信社由最初的兩人工作，不過三、四個月時間增加到五人。其他的協助者尚不算，但其中參加實際工作的大都是「少中」會員。

綜上所言，吾人可以推論，巴黎通信社的成立，乃因巴黎和會的召開而應運誕生。職是之故，其最大貢獻亦在此。周無曾說：由於中國代表團所提出的取消「二十一條」和列強在華特權的要求被帝國主義國家否決，全國人民義憤填膺，情勢一觸即發。「巴黎和約」又同意日本侵奪我國山東的權益，顢頇的北洋政府代表團甚至準備簽字。巴黎通信社得此消息，便連夜奔走籌款，超過英、美、日通信社，第一個把這一消息電傳國內各報館，報紙一披露，群情激憤。不久，便爆發了五四運動，北洋政府被迫拒絕簽字。

此事影響之深且鉅，不言而喻，難怪周無沾沾自喜引為平生慰事，並稱此乃巴黎通信社事業的頂點。此外，通信社的另一主事者李

顧維鈞著國際法院法官禮服所攝

璜也於日後回憶道:「因為上海新聞報要搶先發表巴黎和會重要消息,並來特約為通電訊,匯來預付的電費,於是又逼得我非去凡爾賽宮親自採訪不可。為此我與南方代表王正廷見面,並經由王正廷之便與英國首相路德喬治、法國總理克勒滿梭晤談。4月20日左右,中國代表團已明白了英法兩國用意,要承認日本承受德國在我山東的一切權益,爭之無效。

6月28日,凡爾賽和約全體簽字,前一日,巴黎通信社還和好幾位學生分頭去會晤中國代表團代表顧維鈞、施肇基、魏宸組、王正廷等。惟有首席代表陸徵祥沒有出來見我們,我們雖得允諾,不去參加簽字,猶怕陸徵祥私自潛往簽署,於是包圍其住處,欲飽以老拳,後因陸並未前往簽約而作罷。」由上可知,巴黎通信社不僅以新聞稿提供國內正確消息,其成員還以實際行動欲阻止中國代表團簽署巴黎和約,僅憑這點,巴黎通信社的貢獻,就值得吾人予以正面肯定了。

除此之外，還有兩件事，巴黎通信社亦出力不少。一是民國10年的「使館請願風潮」，事情起因，源於該年蔡元培、李石曾、吳稚暉等人所發起的留法勤工儉學運動，適逢法國面臨經濟危機，許多工廠停工，致使許多學生「勤工無門」，唯賴「華法教育會」每天所發5法郎維持費度日。這時蔡元培到法國，不但沒有為勤工帶來好消息，反而一再發表聲明，斷絕與勤工生的一切經濟關係，令學生大起恐慌。國內北洋政府回電亦謂：「現時國庫奇絀，在法學生無錢無工者，惟有將其分別遣送回國，並責成公使館辦理」。這個消息對絕望之學生宛如晴天霹靂，遂激起學生於2月28日聚集大隊至公使館請願風潮。

當此時機緊迫之際，旅法的國際和平促進會、北大留法同學會、中國化學研究社、「少中」巴黎分會、巴黎通信社、旅歐週刊社等6團體出面調停，於2月26日派代表兩人前往公使館，向陳籙公使要求臨時維持辦法，最後雖未遂所願，但巴黎通信社亦積極參與焉。

二為同年6月的「拒款運動」，民國10年6月，北洋政府特派專使朱啟鈐、財政次長吳鼎昌到巴黎，表面上是代表總統徐世昌，接受巴黎大學的榮譽法學博士學位，實際上的使命，是向法國借款3到5億法郎，名義是救災，其實是購買軍火等用途。借款條件以全國印花稅、驗契稅作抵押；以滇渝鐵路建築權、全國實業購料權作交換。消息披露後，旅法學生與僑胞莫不慷慨激昂。華工會、中國留法學生聯合會、國際和平促進會、亞東問題研究會、巴黎通信社、旅歐週刊社等6個團體遂成立「拒款委員會」，從事拒款的各項努力。最後經過兩個多月的奮鬥抗爭，終告勝利，此其中，巴黎通信社社員曾琦出力不少。

隨著時移境遷，巴黎通信社雖然做了不少事，但巴黎和會結束後，便開始走下坡。首先是發電不能繼續；其次是通信的稿子逐漸不為國內各報紙所重視，除了上海《新聞報》收稿尚有匯稿費外，其他京滬各報紙便只收稿而不兌稿費來。因為自五四運動以後，各報已將視線轉移至國內和遠東事件，對於歐美的任何消息漸不重視。所以巴黎通信社不但未能如當初想像的發展，反而衰退得很快。此外，還有另一原因，就是那時「少中」巴黎分會的會員，除少數一、二人外，其他都為個人前途打算，讀書的讀書；學法文的學法文，在人力、財力的缺乏下，巴黎通信社乃趨於式微，終告陷於停頓。

　　但無論如何，誠如左舜生所言：「巴黎通信社稿件的內容，我覺得很好，每次能詳細介紹旅歐華工和留法儉學的消息，實在有益國人海外發展的事業不小」。確實，巴黎通信社不僅報導有關巴黎和會最新消息於國內，對國內新聞之提供，裨益不小，且是中國民間歐美通信社之嚆矢。今年適值五四運動90周年紀念，回顧五四愛國運動的導火線，乃肇因於巴黎和約之不公，而當初阻止中國代表團簽署巴黎和約之一的巴黎通信社，早已為國人所遺忘。草此文，一則紀念五四運動90周年；再則勾起國人對巴黎通信社的回憶。

「少年中國學會」大事記

清末民初，是中國新思想、新文化孕育、啟蒙、發芽的重要時期，由於受到西方列強的欺凌，晚清以降，自「強學會」始，民間學術團體，有如雨後春筍般的蓬勃發展，其數目不在千百之下。此種企圖以組織學會、團體力量以達救國目的之結社方式，迄於五四時代幾臻於高峰。在這千百個學會中，少年中國學會（以下簡稱「少中」）無疑的是其中最具特色與影響力的一個，因為它不僅是五四時期歷史最久，會員最多、分布最廣的一個學會；且是象徵五四悲劇精神，分化意識最明顯的一個社團。

它發起於民國7年6月30日，經過一年的醞釀與籌備，於民國8年7月1日正式成立。從發起至民國14年底的無疾而終，總共存在了7年又10天。時間雖然不長，但所經過的卻是中國一個新政治孕育的時期，同時也是一個大變動的時期。如所周知，五四的前後數年，可說是中國新舊社會嬗遞中，思想最分

歧、衝突最為劇烈尖銳的時代，在外來各種思想的猛烈衝擊下，傳統的一切文化制度逐漸解體，取而代之的是經由文學革命所帶來的一連串改革運動。

在此改革的風潮中，一群懷抱崇高理想純潔有為的青年，提出了「本科學之精神，為社會之活動，以創造少年中國」的宗旨。對當時暮氣沈沈的中國社會，灌注了一股新生的力量，它就是──「少中」。現且將這個在五四時期虎虎生風的社團，其經緯始末，以大事記的方式作一介紹。一則紀念「少中」成立90周年；再則勾起逐漸為人所淡忘的五四精神。

民國 7 年（1918）

3月10日：曾琦、張尚齡、易家鉞等人於日本商議組織「華瀛通信社」以抗日本之輿論壟斷。

3月27日：「華瀛通信社」正式成立。

5月4日：曾琦、張尚齡等人，因反對「中日軍事密約」，而參加「留日學生救國團」罷學歸國。

6月30日：陳淯、張尚齡、周無、曾琦、雷寶菁、王光祈等6人，于北京順治門外嶽雲別墅張文達祠，商議發起「少年中國學會」（簡稱「少中」）。

7月7日：曾琦擬發起「全國學生愛國會」。

7月14日：王光祈、周無、曾琦聚會，商議組織「少中」，並討論章程。

7月21日：邀李大釗入會。

11月中旬：李大釗開始在「少中」裡頭，宣傳俄國革命的偉大意義。

12月14日：發起人之一雷寶菁於東京病逝，年僅19歲。

民國 8 年（1919）

1月16日：刊布會員曾琦《國體與青年》一書。

1月23日：北京會員周無、王光祈等人與上海會員於上海吳淞同濟學校，開吳淞會議。

3月1日：〈少年中國學會會務報告〉創刊。

3月：李璜、周無等在巴黎設「巴黎通信社」，報導有關巴黎和會最新消息，對國內新聞之提供，裨益不少。

3月27日：「北京大學平民教育講演團」成立，發起人之鄧中夏、康白情均為「少中」會員。團員中之許德珩、陳劍翛、周炳琳、孟壽椿、易克嶷、楊鍾健、朱自清後來亦先後加入「少中」。

王光祈

「少年中國學會」成都分會出版物《星期日》週刊

《少年中國學會週年紀念冊》書影

5月4日：「五四運動」爆發，有不少五四青年，如易克嶷、許德珩、康白情等，日後均加入「少中」。

6月13日：由王光祈、曾琦、袁同禮3人代表「少中」，與清華學校仁友會開第一次懇親大會。

6月15日：成都分會成立，有會員李劼人、彭雲生、穆濟波、胡少襄、孫少荊、李哲生、李小舫、何魯之、周曉和等9人。

6月29日：東京會員田漢、沈懋德、易家鉞等3人，於東京府下戶冢町大字諏訪173松山庄，召開談話會。

7月1日：北京總會假北京回回營陳濟宅，召開正式成立大會，《少年中國月刊》創刊。

7月13日：成都分會《星期日週刊》正式發行，由孫少荊任經理，李劼人任編輯。

7月15日：《少年中國月刊》正式發行，銷路達5千份。

7月：毛澤東在長沙辦《湘江評論》。

8月15日：公佈選舉結果，曾琦、

左舜生、宗白華、王光祈、雷寶華為評議員；易克嶷、黃日葵為候補評議員，另選王光祈為執行部主任，陳淯為副主任。

8月25日：上海會員餞別會，歡送曾琦赴法留學。

9月：徐彥之在濟南創「齊魯通信社」。

10月9日：北京總會王光祈、鄧中夏、孟壽椿、黃日葵等17人，假北京嵩祝寺8號開會，討論組織學術談話會等事宜。執行部正式成立，新加入會員鄧康、張崧年、趙崇鼎、陳道衡4人。

10月11日：新加入會員有謝循初、惲代英、阮真、楊賢江、蔣錫昌、王克仁、沈澤民、王德熙、方東美、余家菊、梁紹文等11人。

10月25日：執行部主任王光祈前往武昌、南京、上海、濟南、天津各處接洽會務，訂立《少年世界》合同。

11月1日：「少中」南京分會成立，會員有左舜生、黃仲蘇、黃懺華、沈澤民、蔣錫昌、楊賢江、阮真、趙叔愚、謝循初等人。

《少年中國》月刊

11月：周無主編《旅歐週刊》。

12月1日：《少年社會》雜誌創刊，由南京高等師範學校的學生主編。

12月14日：王光祈與李大釗、蔡元培、陳獨秀、胡適等發起「工讀互助團」。

12月：新加入會員張聞天。劉泗英在日本創辦「東京通信社」。

民國 9 年（1920）

1月1日：《少年世界月刊》創刊，由南京分會編輯。

1月：新加入會員芮學曾、毛澤東。

2月：惲代英學北京「工讀互助團」，在武昌橫街成立「利群書社」。

3月3日：北京會員孟壽椿、徐彥之等多人，於中央公園「來今雨軒」開歡迎會，歡迎南京會員王德熙，並聽取其報告分會會務。

3月13日：北京會員於北大圖書館開常會，組織叢書編譯部和整頓《少年中國月刊》編輯部。

4月1日：王光祈赴德留學，《少年社會》雜誌由週刊改為半月刊。

4月10日：北京會員惲代英等11人於「來今雨軒」開常會，籌備名人講演大會和組織學術談話會。

5月8日：北京會員常會，擬增加常會次數，每隔一星期開會一次及增加名人講演次數，每月一次。

5月22日：北京會員常會，籌備《少年中國月刊》周年紀念號。

6月6日：北京會員陳淯假北京中央公園「來今雨軒」開歡迎會，歡迎來京考察教育的南京分會會員蔣錫昌，並建議《少年世界》編輯部遷往巴黎。

6月19日：北京會員常會，籌備周年紀念大會。

6月：新加入會員惲震、王崇植、吳保豐3人。

7月1日：北京會員袁守和、黃日葵、康白情、孟壽椿、雷寶華、李大釗、周炳琳、鄧中夏、張崧年、陳淯等人，於北京順治門外嶽雲別墅開周年紀念大會，報告一年會務，宣布學會會員人數，選舉評議員，討論會務與修改學會規約。南京分會會員黃仲蘇、謝循初、王克仁、阮真、李儒勉、趙叔愚、劉衡如、楊賢江、方東美、邰爽秋等10人，於南京胡家花園，召開「少中」周年紀念大會，討論會務及整頓《少年世界月刊》。

7月18日：南京會員黃仲蘇等，召開歡迎會，歡迎武昌會員陳啟天、惲震；上海會員吳保豐等人，來南京入高師暑期學校求學。

7月21日：北京會員常會，發表評議員選舉結果，修改規約提議。

7月：新加入會員周佛海。

8月1日：南京會員及來賓3百餘人開歡迎會，討論小學教育問題。

8月14日：北京會員開茶話會，歡迎上海會員沈怡及北京會員徐彥之，並議決16日參加天津「覺悟社」在北京陶然亭舉辦的茶話會。

8月16日：少年中國學會北京總會、天津覺悟社、北京人道社、曙光社、青年互助團等5個團體，共同召開茶話會。會中鄧穎超報告覺悟社的組織和經過，周恩來演說，李大釗代表「少中」致答辭，提議各團體有標明主義之必要。

五四時期刊物《曙光》

8月18日：少年中國學會、覺悟社、曙光社、青年互助團、人道社等5個團體代表，召開聯絡籌備會，議決共同成立「改造聯合」，草擬組織大綱。

8月19日：北京會員茶話會，李大釗建議學會「對內對外」，似應有標明主義之必要。

8月28日：北京會員常會，審查「改造聯合」約章草案。

8月：上海通信社、紐約通信社同時成立。

8月：新加入會員張明綱、高尚德2人。

9月6日：北京會員茶話會，通過「改造聯合約章」，陳淯建議編輯簡明小冊叢書。

9月18日：北京會員常會，改組月刊編輯部，公推蘇演存為編輯主任，黃日葵為副主任。改組執行部，公推陳淯為執行部主任，鄧中夏為副主任。

9月：新加入會員陳政。

10月17日：巴黎會員李劼人、

李璜、曾琦、周無、許德珩等人,於巴黎召開星期談話會(學術談話會),胡助談「理化學之革命」。

10月25日:北京會員常會,籌備延請名人演講,整頓月刊廣告。

10月:新加入會員湯騰漢。

11月28日:北京全體會員及應邀來賓10餘人,於北大第一院第二教室,召開學術談話會。李大釗演講「自然與人生」、鄧中夏提出討論「羅素‧勃拉克與中國婚姻問題」。

12月17日:北京會員歡迎會,歡迎會員朱鐸民自南洋歸來。

12月19日:北京會員及聽眾數百人,舉行講演大會,邀請陸志韋、劉伯明講演宗教問題。

12月:《少年世界月刊》停刊。

12月:新加入會員楊效春。

民國 10 年(1921)

1月16日:北京會員常會,歡迎南京分會趙叔愚來京。

1月:謝循初、黃仲蘇在美國伊利諾州創設「中美書報代售處」,為有條理的介紹美國書報,以便國人作系統的學術研究。

1月:梁紹文在武漢創辦《武漢星期評論》。

1月12日:南京分會召開歡迎會,歡迎北京會員蘇演存至滬寧,並討論會務,議決編輯會員所有圖書目錄,印行會員通信錄。

1月27日:北京會員臨時會,議決准蘇演存辭《少年中國月刊》編輯,並薦左舜生擔任;另因執行部正副主任陳淯、鄧中夏均有事在身,乃公推陳仲瑜暫時代理執行部主任之職。

2月19日：北京會員年會，討論鄧中夏所提出學會採取何種主義問題。

2月：陳淯、劉泗英在四川辦《新蜀報》。

3月13日：北京會員改選會，執行部主任鄧中夏，因赴保定任省立高師國文教師，決議改推蘇甲榮任執行部主任；評議部推左舜生任評議部通信員。

3月27日：上海會員楊賢江、沈澤民、張聞天、惲震、吳保豐、王崇植、左舜生等，召開上海分會醞釀會。南京會員召開7月10日南京大會籌備會，討論南京大會籌備事宜，並發出籌備通知。巴黎分會成立，選舉職員，周無當選分會書記，陳登恪當選通信員。

4月8日：北京會員談話會，王德熙自請退會。

4月：《少年世界》停刊後，又於此月出一期增刊〈日本號〉。

5月10日：北京會員臨時會，以會員易家鉞於《京報》辱罵女高師蘇梅，吐詞淫穢，乃議決由執行部批准其在此以前提出申請退會要求。

少年中國學會部分會員合影

　　5月31日：北京會員留別會，餞別赴德留學會員沈怡、赴美留學會員孟壽椿。

　　6月17日：北京會員談話會，討論學會應否採用某種主義。

　　6月30日：南京大會預備會，討論大會費用、開會時間、地址、議事日程。

　　6月：新加入會員楊鍾健、沈昌、鄢祥禔。

　　7月1-4日：於南京鶴鳴寺、玄武湖、清涼山掃葉樓、高師梅庵等地，召開南京大會（第二次年會），主要議題為討論學會宗旨及主義問題、政治問題及會外其他活動問題、宗教信仰問題等。

　　7月23日：中國共產黨於上海正式成立，參加成立大會的有「少中」會員毛澤東、劉仁靜、周佛海等人。

　　8月10日：上海會員聚餐會，歡送方東美、沈怡、王崇植、惲震赴美、德留學。

　　9月10日：學會第三屆評議會選出。

　　9月14日：北京會員談話會，宣布第三屆評議員選舉結果，推舉楊鍾健為執行部主任、陳仲瑜為副主任。

　　9月15日：少年中國學會「教育研究會」正式成立，提出簡約草案，以謀中國教育之改進為鵠的。

　　9月20日：執行部通知，有諸多會員未繳會費及填寫「終身志業表」，上列者截至10月3日為止。

　　9月：「少中」留德學生王光祈、魏嗣鑾、張尚齡、宗白華、孫少荊等人發起「中德文化研究會」，以介紹研究中德兩國文化為宗旨。

　　10月9日：北京會員談話會，商討整頓月刊問題。

10月16日：北京會員常會，張崧年來信出會事，鄧中夏擬少年中國學會「社會主義研究會」。

10月20日：北京會員常會，議決整頓月刊、會費、出版「會員通訊錄」，商討組織「社會主義研究會」，由鄧中夏負責組織工作，並由黃日葵統籌組織「文學研究會」；另外尚議決「會員終身志業調查表」，限期於11月15日交齊，12月出版，過期不候。

11月13日：北京會員常會，宣布「社會主義研究會」、「文學研究會」不日即可成立。

11月16日：北京會員常會，楊鍾健報告會務，「會員終身志業調查表」已付印。

11月：新加入會員朱自清。

民國 11 年（1922）

2月1日：發出通電響應「非宗教同盟」。

2月：新加入會員金觀海、曹芻。

3月1日：《少年中國月刊》發表〈少年中國學會問題號〉專刊，討論政治活動與社會活動之爭。

5月：「少年中國學會會員通訊錄」編印。

6月1日：北京同人李大釗等人發表〈為革命的德莫克拉西〉（民主主義）一文，影響甚大。

7月2-3日：「少中」杭州大會召開（第三次年會），主席左舜生報告一年來的會務，討論政治活動問題。

7月：新加入會員郝坤巽。

民國 12 年（1923）

1月28日：曾琦擬發起中國青年黨，以推倒軍閥，改良社會，振興國家，促進大同為宗旨。

3月：李思純自請出會，王德熙因任四川知事，與學會宗旨不符，亦自請出會，評議部已通過。

5月：推定楊鍾健為執行部主任，劉雲漢為副主任。新加入會員侯紹裘。

6月25日：會員陳淯病故於重慶。

6月：新加入會員楊亮功、須愷。

8月6日：「少中」會友康白情、孟壽椿、康紀鴻於美國發起「新中國黨」。

9月30日：惲代英、鄧中夏、楊賢江、劉仁靜等人，在上海左舜生宅召開會務問題談話會，主張凡會員用個人名義為一切政治活動有絕對之自由；左舜生提議學會規約未正式修改前，須產生一臨時辦法以維持會務。楊鍾健、曹芻、李儒勉、楊效春、倪文宙、陳啟天等人，假南京鶴鳴寺召開會務問題談話會，會上議決學會對於會員個人不違背學會信條的各種活動和意見不加干涉；會員個人或少數人不得用學會全體名義參加任何活動；學會對於國家根本問題欲表示意見或參加活動時，須經合法手續，預得全體會員多數之同意。

10月13日：曾琦擬歸國，鼓吹國家主義，並欲發行雜誌，取名為《醒獅報》，蓋取其喚醒睡獅，作獅子吼二義也。

10月14日：蘇州大會召開（第四次年會），決定學會今後方針為「求中華民族獨立，到青年中間去」，並決定進行綱領9條，發表

余家菊

「蘇州大會宣言」，時值曹錕賄選，學會發表宣言，加以譴責，並議決總會由北京遷往南京。

10月：余家菊、李璜合著《國家主義的教育》一書出版。

11月1日：南京分會第三次集會召開，除了歡迎新會員舒新城、吳俊升，並討論北京總會遷往南京以後會務應如何進行。曹芻提議南京同人須標揭新國家主義為教育上努力之目標，全體通過。並推定陳啟天、吳俊升研究「新國家主義的定義」，俟下次會議時宣讀修改。

11月16日：舒新城、楊效春、曹芻擬本會建築會所創辦學校計劃書。

11月23日：曾琦與胡國偉等人商量組黨事，定名為「中國青年黨」，宗旨則定為「以外抗強權，力爭中華民國之獨立與自由，內除國賊，建設全民福利的國家為宗旨」。

11月：新加入會員汪奠基、舒新城、吳俊升。

12月2日：召開南京總會第三次常會，宣讀並通過〈何謂新國家主義〉一

文，並議決出版《少年中國月刊》〈國家主義〉特號。中國青年黨正式成立於巴黎，內中主要領袖有曾琦、何魯之、李璜等「少中」會友多人。

民國 13 年（1924）

3月：第五屆執行部正副主任，已由評議部推定陳啟天、李儒勉兩君擔任。新加入會員張鴻漸、任啟珊2人。

5月：《少年中國月刊》停刊。

6月：王光祈發表《少年中國運動》一書，由上海中華書局出版；惲代英則在上海發行《中國青年》週刊。

7月7-8日：召開南京大會（第五次年會），討論「蘇州大會宣言」，修改蘇州大會議決的9條綱領，並責成左舜生草擬「南京大會宣言」。

10月10日：「少中」會友曾琦等人，於上海發行《醒獅週報》。

民國 14 年（1925）

3月：陳啟天等人發表《國家主義論文集》一書。

7月17-20日：召開南京大會（第六次年會），執行部主任楊效春報告一年會務，討論「本會對于外患與內亂交逼之中國應採取何種方針」案。通過此次大會宣言草案；討論學會改組問題，決議成立改組委員會，並散發「改組委員會調查表」。此次年會為「少中」最後一次的送終年會，此後「少中」亦無疾而終。

由上述「少中」這段大事記歷史，可以使我們具體地、生動地見到五四以來，中國青年思想及活動的一個側影。由「少中」的組合及

分化過程，可以看到它們的複雜性與矛盾性，進而反映著這一時期，中國社會所顯現的複雜性與內在的矛盾。「少中」的寂滅，實可象徵「五四」時代的結束；「少中」的分裂，對民國政局的影響更是無與倫比，中共、中青的成立，都與學會的分裂有著或多或少的關係。「少中」原本為一偏重友誼與學術的團體，只因時代政治的動盪而致解體，此乃未可避免的歷史悲劇。但會友間尚友輔仁共勵上進的親切情誼，於國家民族的貢獻，觀之民國以來，恐無第二個團體可與比擬。

陳啟天

談「少中」與中共之建黨

共產主義在中國所激蕩的洪流，是二〇年代中國政治史上的一件大事。由於五四運動所掀起的狂濤，基於反帝國主義的民族情結，知識份子在五四時期所彰顯的思想取向是浪漫而欠理性的。俄國革命的成功，正給了貧乏、苦悶的中國思想界帶來一劑強心針；兼以俄國的甘言誘惑，眾多知識份子在這耀眼絢麗的「大觀園」中迷失了。具體的例子，可由民國10年「少中」的分裂看出端倪。本文之作，即試圖由此觀點來拉開共產主義及共產黨在中國政治舞台初試鶯啼之序幕。

五四時代的知識份子，由於深受社會達爾文主義的影響，所以對任何主義的東漸，都一味的以唯新是驚。他們並不把西方文化視作是一個複雜的有機體，反而以為可以依己身所需，任意擷取，俯拾即是。這種天真的想法，除了反映自己思想的真空外，主要表現在一種幻想的意識情結裡頭。

傅斯年曾批評此種文化是只有摹倣，沒有發明。所以，西方自18世紀長期發展出來的自由、平等、民主、科學等文化價值，在「拿來主義」的影響下，未經審慎批判，便如潮水般的湧入中國，且成為新知識份子間狂熱信仰的宗教。至於這些西方思想的根源如何？是否適用於中國？那就全然不在他們的考慮之列。

　　五四以降，伴隨列強的再度出賣中國，使不少中國知識份子，由對列強的不滿心理演變成對西方思想的疏離。而正當此際，一連串悅耳動人的美麗口號，自遙遠的俄國傳到中國來了。共產主義是

民國10年5月31日，為沈怡赴德，孟壽椿赴美，「少中」北京同人攝於香廠美芳相館。前排由左而右：蘇演存、沈君怡、孟壽椿、劉仁靜；後排由左而右：黃日葵、高君宇、陳愚生、李大釗、章一民、鄧中夏。

被壓迫民族者的救星；俄國是中國最真實的朋友；俄國願意放棄帝俄時代在華的一切特權；俄國人民堅決的站在中國反侵略、反帝國主義這一邊。

這些由加拉罕（Leo KaraKhan）發出的對華宣言，不僅博得了中國人的心，也激盪了中國人對共產主義的幻想。民國9年冬至10年春，由第三國際所派的代表魏金斯基（Voitinsky）來到中國，經由北大俄文教授鮑立維的介紹，認識了當時同是北大教授的李大釗。然後再由李大釗的引薦，到上海找到了陳獨秀，共謀組織成立中國共產黨，而李本人，正是「少中」會員，且是7個發起人之一。

先是，在魏金斯基來華以前，「十月革命」以後，李即已醉心於共產主義的宣揚與傳播，曾發表〈庶民的勝利〉與〈布爾雪維克的勝利〉二文於《新青年》。對俄國革命、馬列主義表示了衷心的讚揚與嚮往。其後又於北京組織了「社會主義研究會」和「馬克斯主義研究會」。思圖集合一些有信仰和有能力研究社會主義的同志，互相研究並傳播社會主義的思想，以及團結一批具有初步共產主義思想的知識份子如瞿秋白、鄧中夏等人，來積極從事馬克斯主義的研究工作。

職是之故，為達其目的，「少中」的原有組織，就是其最好的目標。民國8、9年間，李在「少中」內，便已時常宣傳國際共產主義，當時受其蠱惑而日後加入共黨的「少中」會員不少，如毛澤東、鄧中夏、張聞天、黃日葵、劉仁靜、張崧年、楊賢江、惲代英、趙世炎、鄭伯奇、高君宇、沈澤民、侯紹裘等人。

這些人不僅是中共初期的主力幹部，且是造成共產運動蓬勃發展的活躍份子。民國10年7月23日，在上海舉行的共產黨第1次全國代表

年輕時代的毛澤東

大會,出席大會代表共有**13**人,代表**7**個地方黨的組織和**57**個黨員。出席代表名單如下:上海代表——李漢俊、李達;北京代表——張國燾、劉仁靜(*少中*);廣東代表——陳公博、包惠僧;武漢代表——董必武、陳潭秋;長沙代表——何叔衡、毛澤東(*少中*);濟南代表——王燼美、鄧恩銘;留日代表——周佛海(*少中*)。

由這紙名單看來,「少中」對早期中共的催生實不無影響,**13**人代表中,「少中」會員便占了**3**位,將近四分之一,假若再加上「南陳北李」的李大釗,則吾人更可大膽的說,影響日後政局極巨的中國共產黨之成立,「少中」實具有絕對性推波助瀾之功。而這也如鄭學稼所說的:「少年中國學會的分化,是二十年代中國知識界的一件大事。因為它給才成立的中共以好的幹部和同路人」的道理。

吾人此時追溯這段歷史,不禁擲筆興嘆,誠如Richard C. kagan所言:「部分熱血知識青年在二十年代投入了

共產黨，以為馬克斯主義可以解決中國的問題！這是中國近代史上最大的悲劇——悲劇不僅及於理想幻滅的他們，更降浩劫於億萬無辜的中國人身上」。撫今追昔，存在於今日那些對共產主義的幻想者，能不捫心自省嗎？

少年中國學會的分裂
與五四時代知識份子

一、分裂之背景

「少中」是少年中國學會的簡稱，這個學會發起於民國7年6月30日，正式成立於民國8年7月1日，它是五四時期歷史最久、會員最多、分布最廣的一個學會。其發起之因，肇始於「留日學生救國團」的反對「中日共同軍事協定」；其成立則來自一群年輕有為的青年，在對國內腐敗政局、舊有人物失望之餘，目睹國步維艱，列強侵逼日亟，基於拯救國家，改造社會的心理，所共謀成立的一個團體。

它的宗旨為「本科學之精神，為社會之活動，以創造少年中國」。揆其宗旨，我們可以知道其理想之高與立意之善。然不幸的是，時移勢推，由於客觀環境的變化，共產革命的震撼，國內政局的黑暗，使當初這批相約不參與彼時污濁政治，而主張以社會活動救國的純潔青年，在救國心切下，其短暫薄弱的共識，乃產生了分歧。

民國10年，「少中」的南京年會已現其分裂端倪，此後愈演愈烈；有主張從事政治救國者（如共產主義份子），有強調以社會活動救國者（如國家主義份子），也有要求堅守學術救國立場者（如王光祈、方東美等人），不一而足。凡此種種內部的鬥爭，不僅使「少中」產生分裂，也伏下以後中共、中青分道揚鑣的種子。「少中」的分化，不僅是己身政、社之爭的分裂，其所象徵的意義，實可含蓋整個五四時代，知識份子在愛國熱望、救國心切下所顯示出的分裂性格與悲劇心理。

二、思想意識的混淆

歷史是流動的，每一件歷史大事的發生，都可能帶來無限的影響與發展。民國8年的五四運動，是中國近代青年運動史上一項石破天驚的壯舉。它有如一支火種，點燃了民族的火燄，繼續不斷地向國家告警，中國要免於滅亡的命運，只有「外抗強權，內除國賊」，只有在經濟上、社會上、政治上做徹底的改革，國家才有希望。

民國8年曾琦（前排左1）與「少中」友人合影於上海

　　而此種改革的基本架構，唯一之道，只有從思想根本做起。一般而言，五四時代的新知識份子領袖們，他們在意識的改革上，多半具有一種不肯妥協的態度。也因如此，他們在試圖藉思想文化以解決問題的方法上亦顯得混淆不清。雖然說在五四事件後的幾個月，大家要求創造新中國、渴求以新思想代替舊傳統的目的同一，但這種表面的一致旋即被思想的分歧所搗碎。

　　換言之，在新知識份子間興起的聯合精神是短暫的、不鞏固的。其所以能暫時的一致，是因為他們在面臨一個共同對敵的情況下才能如此。因此，除了同心協力於重估傳統和提倡新學外，他們之間的見解顯然從頭就不一致。那時傳入中國的種種西方觀念都非常分歧，當

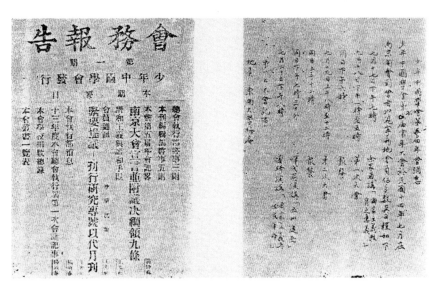

少年中國學會《會務報告》與〈年會消息〉

傳統的中國思想制度出現動搖的時候，各式各樣的西方思潮，如民主主義、科學主義、自由主義、實驗主義、人道主義、無政府主義、社會主義等，都在思想的自由市場中競賽，蔚為一股百家爭鳴、百花齊放的壯觀景象。

且當時的中國問題又極端複雜，新改革份子為了要解決這些問題，非關心實驗政治和爭端不可，但當他們把注意力由對傳統制度的共同敵視，轉移到尋求積極解答的時候，他們就面臨了如何選擇各式各樣的社會哲學或社會型式的困擾。因此，在民國8年以後，新知識份子之間的不和日增，先是思想上的分歧，後來成為行動上的分裂，隨後幾年整個運動的方向就四分五裂了。

三、「少中」象徵之意義

作為五四時代社團會員最多、分布最廣、名聲最著的「少中」，便是給此一悲劇的歷史圖畫作最佳的註腳。「少中」的離合多少反映了五四的盛衰；「少中」的動向多少透示了五四的功過；而「少中」在理想與現實的衝突下掙扎追求，乃至分裂解體的情形，更可以呈現出五四時代知識份子共同遭遇的悲劇命運。

這個命運象徵著中國一代知識份子為探求救國救民之真理，所走過的艱難曲折的路程，也是作為一個中國秀異份子，處在國家與人民間之悲劇地位。誠如宗白華所說的：「研究少年中國學會這一段歷史，可以具體地、生動地見到五四以來青年思想及活動方面的一個側影，見到它們的複雜性與矛盾性，反映著這一時期中國社會的複雜性和內在的矛盾。」

四、悲劇性格之剖析

「五四」距今已屆90年了，時間的流逝，近一個世紀的滄桑歲月，使「五四」成了歷史，也使「少中」成了歷史。這90年來，學者專家對「五四」的功過評價始終紛擾不一，讚為文化復興者有之，謗為洪水猛獸者亦有。實則欲對五四時代有個明晰的析論，先決條件必須了解五四時代文化知識份子的分裂性格。殷海光曾對此現象有所剖析，他說：「文化份子的性格一分裂，觀念的變化愈來愈快，觀念的變化愈來愈快，心靈的失落可能愈來愈厲害。這時，重新調整性格並且整合生活方式也愈來愈困難；但也愈來愈重要。我們試看中國文化在這一段轉形期所經歷的調整性格之痛苦，以及為求思想出路所受苦悶與掙扎，就可明瞭這類實情。在這種情形裏，大家的心靈毫無防禦地暴露在各種各色的『主義』說詞之下，很少知識份子不是『狂想曲』的俘虜，而『革命去』則是自我徬徨的崇高解救。」

殷海光的評論，反映在「少中」的分裂上，更可看出五四時代中國知識份子受各種新思想、新潮流影響下的那種荒涼抑鬱急於求解脫的心態。

從李璜先生想到「少年中國學會」

最近在報章上看到一篇訪問青年黨主席李璜的報導，內心感慨激動不已。以一個93歲高齡的老人，尚須為其一生所獻身執著的政黨，排難解紛，宵旰勤勞。其苦心孤詣與改革魄力，實讓後輩的我們肅然起敬，景仰不已。李璜先生的節操，不僅基於傳統中國知識份子「知其不可而為之」的風骨，且是發揮少年中國學會「奮鬥、實踐、堅忍、儉樸」四大信條之最佳寫照。

大家都知道，李璜先生為青年黨內德高望重的領袖，也是全黨一致愛戴擁護的主席。但也許很少人知道，李璜先生曾經是民初一個重要學會──「少年中國學會」的一員猛將。茲因筆者碩士論文為〈少年中國學會之研究〉，近睹李璜先生老而彌堅，不屈不撓之意志，實發揮「少中」精神之典型。因有所感，乃草此文，藉以追述此一逐漸為人所遺忘的學會。

五四時代是一個浪漫的啟蒙時代，五四精神最強烈的一面，在於其對中國的過去全部而徹底的否定。在那段「五四時代」中，反傳統的吼聲響徹雲霄，新思潮的狂飆掀起了滔天巨浪；年輕的一代追求解放，要求再生。他們不顧一切，超越了藩籬，衝決了網羅，強勁而具有浪漫色彩的衝動，搖撼了兩千多年因襲文化傳統的根基。這種具有浪漫色彩的衝動，在當時確曾為中國帶來一番破壞性的新氣象，但同時也為其後社會文化的發展，帶來了許多嚴重的問題。「少中」就是在這樣一股的五四浪潮中，於民國8年7月1日正式成立。論及它的成立，固然說是受留日學生反對中日軍事秘約而起，但民初政局的混濁，政客之無恥，亦為其肇始之因。

關於這點，「少中」會員黃仲蘇曾有詳細的論述，他說：「民初以降，一般青年在此期間，至為徬徨。對老前輩既感失望，於舊制度亦表疑慮，在煩悶、痛苦中，知識青年們由深刻的反省，領悟到救國的道理，亦即是凡事必

李璜（右）與「少中」同人合影於法國

先從己入手，唯是單獨奮鬥，各自為戰，無補時艱，且殊危險，所以必需集合同志，組織團體，共同努力於學術之研究，革新思想，改造生活，明定目標，訂立信條，相互督策，方克有濟，此乃『少中』發起之動機也。」

動機既已明確，但如何實踐其理想呢？我們由其學會宗旨「本科學之精神，為社會之活動，以創造少年中國」的中心思想可以看出，其是以科學思想為指導，以社會活動為手段，以達到創造少年中國為目的。學會的這個宗旨，顯然含有新文化運動提出的民主、科學的精神，這在當時是頗具進步意義的。

它激動著青年們衝決封建倫理的羈絆，接受西方的先進思想，掃除愚昧落後，掌握科學文化，推翻古老腐朽的舊社會，建立青春年少的新中國。可是學會甫經成立，便隱含著分裂的種子，先是發起的7個人之中，其思想就分為三派，李大釗、陳漁傾向蘇俄，贊成共產；王光祈、周無則較偏於無政府主義；曾琦、雷寶菁和張尚齡則主張國家主義。

其次「少中」並非一個綱紀嚴整、組織縝密、規律周詳、服從某一領袖、遵守某一主義的團體。相反的，它是一個追求光明、崇尚思想自由、不受拘束，所持信仰亦不一致的學會。職是之故，學會自成立以來，於會員間談話及通訊中，關於是否參加政治活動一問題，討論辯駁至為熱烈，然終以環境惡劣，刺激過強，見仁見智，信仰各異，思想的衝突日益加劇，漸漸而趨於白熱化。

民國10年南京年會後，「少中」內部左右兩派的鬥爭，發生了根本的變化。就內容而言，以前主要是爭論學會要不要確定主義，要不

要從事政治活動的問題，以後則淪為馬克斯主義同國家主義的論戰。就性質來講，如果說先前僅是屬於革命與改良兩條路線之爭的話，那麼爾後便形成了革命與反革命的敵對鬥爭了。

探討這段史實，我們可以說，雖然標榜著科學精神與社會活動，但是「少中」在發展與分裂過程中，顯然從一開始就脫離不了政治，甚至可以說是以政治始（抗日愛國留學生的結合）；以政治終（因政治主張與信仰的不同而解體）。然其所象徵的意義則清楚地說明了五四運動以來，中國知識份子受各種新思想、新潮流的衝擊和反應，也標示著知識份子在蛻變時代中，所走的不同道路，及對中國未來前途的關切和努力。

「少中」雖然寂滅了，但在其短短的7年又10天的生命中，這個虎虎生風的學會，確實是五四時代最輝煌燦爛的社團。它原本是一個偏重友誼與學術的團體，只因為時代政治的衝擊而解體，這實在是件頗為無奈之事。

少年中國學會會員終身志業調查表

　　儘管如此，存在於「少中」會友間以文會友、以友輔仁、共勵上進的親切情誼，卻不因學會的瓦解而消失。除少數會員因政治立場的不同而分道揚鑣外，多數會友個人人格的完整，動機的純潔，仍是保持著當年會友的風範。觀乎在台的「少中」會友，每年仍時相往返，聚會暢談，珍惜彼此之真摯友情，在這一點上，民國以還，似乎還沒有一個團體能比得上它。

　　撫今追昔，這個距今已屆70年的學會，因物換星移，而逐漸湮沒於人們的腦際。但近睹「少中」健將——李璜先生的老當益壯，其豪情仍不減當年，不由得使筆者想到李璜先生的精神，實是昔日「少中」精神的典型發揮。遂草此文，一為勾起人們對「少中」的回憶，再者亦以此文向李璜先生致誠摯的敬意。

少年中國學會會員通訊錄

曾琦與五四運動

民國8年的五四運動，在中國近代青年運動史上，無疑是一項石破天驚的壯舉。它的起因，導源於抵抗列強的欺凌，尤以日本的侵略為最；它的影響，促成國人民族意識真正的覺醒。至於它真正的催生者，我們不得不從「留日學生救國團」說起。民國7年，日本寺內內閣乘歐戰方酣，列強無暇東顧之際，與段祺瑞政府密締「中日軍事協定」，藉促「二十一條」之實施。事洩，引起中國留日學生大譁，群情激憤，誓死反對，而日本警方，更是蠻橫無理，大肆逮捕反日學生，情勢對立，沸騰至頂點。時曾琦正肄業於日本中央大學，目睹暴日凌虐，政府顢頇腐敗，基於知識份子憂國憂民的熾熱血忱，乃毅然登高一呼，糾集留日學生數千人，作集體抗爭，罷學歸國，向政府請願廢約。

關於此段史實之經緯，曾琦在其〈戊午日記〉（民國7年5月4日條）曾有如下記載：

曾琦

「晨偕眉生、若飛訪湯濟武君，詢其近日對中日交涉所得消息如何，並勸其關於留學生倡議全體歸國事，宜有所主張，免致青年失學，無所歸宿……予於茲事固亦主張回國，惟所斷斷者，回國後之辦法如何耳。」隔日（民國7年5月5日條）曾琦又感慨記曰：「晚赴三崎町吉田屋四川同鄉會議事，因警察禁止，乃赴青年會開會，予被舉為代表，八鐘散會，……是日湖南及貴州同鄉會，均因開會討論歸國事，被日警禁止，且將代表拘去，嗚呼！國未亡而身已不自由，島夷橫肆，可勝歎哉！」憂國之殷，哀痛之深，由此兩則日記觀之，可謂表露無遺。

由於曾琦之深謀遠慮，回國後之具體辦法，乃在上海首先成立「留日學生救國團」，推舉王兆榮為幹事長，張有桐、阮湘為副幹事長，實際的領導人物乃為曾琦。在留日學生決定罷學歸國時，曾琦對此事曾明確的表明態度說：「予當時所以毅然輟學歸國，尚非僅為一時之外交問題，而實重在重振中原之

士流，以期外抗強權，內除國賊，故留日學生救國團發起之初，予即立主歸國運動之目標，宜特別注重於學界；一則以學生連絡學生，其勢順而易。二則以純潔無染之青年，容易激發其良知也。」

　　曾琦的主張，足以反映當時歸國學生的目的，而綜觀返國後的留日學生，在整個活動過程中，也不出曾琦所主張的範圍。歸國的學生，除一部分逕返原籍外，大多數即以京津與上海兩地為中心，展開排日救國運動。民國7年5月13日，留日學生一支先發隊抵達天津，設立救國團天津支部，發刊排日文告，痛陳親日之危險。除文字宣傳外，尚組織「國貨販賣部」，實行抵制日貨的具體行動。15日，救國團入京，首先向學界活動，北京大學學生易克嶷等起而響應。

　　20日晚，北京各校學生假北京大學組織救亡會，留日學生代表曾菘會演說，說明歸國目的，希望學界一致行動。在赴京請願的行列中，曾琦是其中的重要成員之一，其對此事的推動與影響也最大。民國12年曾琦在〈悼王希天君并勗留日學生救國團同志〉一文中說到：

　　　　王君較予先抵都門，曾與歸國同志親謁段氏，聞其剛愎自用之言，乃知廢約之無望。及予入京時，政府已令警廳驅逐歸國留學生，不許逗留都門。予乃與王君等組織留日學生救國團支部於天津。時法領事亦受當局之運動，不容吾人居法租界。予等乃租會所於意租界，日發排日文告，痛論親日之危險……當時吾人除為文字之宣傳外，並組織國貨販賣部，以實行抵制日貨。……予向未習勞之事，亦隨眾持貨販賣於市，執途人而告以排日愛國之義，初不問其能解與否。如是

運動久之，覺國人之麻木如故，而廢約更無希望。予等乃決意解散支部，分途活動，並約天津各界人士為最後之話別。……予雖效唐衢之痛哭，而終難動北人之觀聽，於是憤然離津赴滬……。

救國團在津雖然無功而返，但曾琦仍不氣餒，南下至滬主持《救國日報》筆政，企圖搖桿救國。其時上海學界沈寂尤甚於北京，曾琦鼓吹逾年，迄無影響，憂憤成疾，臥病在床，及至5月4日北京學生焚曹擊章之事發生，曾琦說其乃不禁躍然而興，病霍然而癒。

翌日即束裝北上，沿途見各商店大書「歡迎學生救國」，知民氣已大振。及抵京，但見警廳煌煌告示，禁止講演，學界寂然無聲，予殊大失所望。當往北大詢學生會代表，該會定期請予講演，為京警所阻，乃改至清華學校開會，予以新聞記者資格往報告「五四運動」之影響。略謂現在全國各地反響甚烈，而北京為運動之發源地，反淡然視之，大背運動之初衷云云。彼時予之友人如李大釗、康白情等等，皆不以予之主張為然，勸我勿主再動，以全北大命脈，予大鄙之……。予在清華演說畢，主席朱一鶚君即提議恢復遊街講演案，經眾通過，明日續出演講。演講者第一日被捕三百餘人，第二日被捕五百餘人，第三日被捕千餘人，然而民眾愈激愈厲，懦者至此亦變為勇夫。……方等三日午後集會時，忽接上海罷市之電，北京政府懼於民氣之盛，又見近畿軍隊

因受良心之驅策，多不與學生為難，恐或發生變故，遂罷免曹、陸、章職，以息眾憤，於是「五四」運動乃告一段落。

由上述之文，可知五四期間，無論北方或南方，民氣銷沈至極點，人心簡直到了麻木不仁的地步。曾琦等人自日輟學歸國，奔走呼號了近一年，發動了兩千餘人的盛大遊行，震動全國，可謂是學生運動之濫觴。

羅家倫

到民國8年五四運動發生，曾琦趕赴北上，唯北京反倒死氣沉寂，甚至連陳獨秀、李大釗、康白情等均主張退縮，曾琦大為鄙視，面加斥責。後經過他的激烈鼓動，民氣方張，卒使北洋政府屈服。對此事，曾琦日後仍耿耿於懷，民國23年，其致書羅家倫猶謂：「自民八與兄判袂以來，忽忽逾十稔矣。猶憶五四運動發生之初，弟代表留日救國團北上。援助兄等繼續奮鬥，（當時陳、李俱有退縮之意，兄當猶記其事。）未幾而有六三之役，被捕者逾千

人。弟承兄導往北大第三院共致慰問之忱，於軍警密布之中，發慷慨激昂之論，此景此情，恍如昨日。當時士氣既盛，民氣亦強，由六三所引起之全國罷市、罷課、罷工事件，直足以寒國賊之膽，而奪強權之魄。」

　　由以上曾琦自述看來，可知其對國事關切之殷、對「五四」參與之誠、對學生自動自發的愛國行動，是抱持何等的壯烈情懷。留日學生的排日運動，雖然受到挫折，但是曾琦並不灰心，矢志不渝，繼續致力於反日、反帝的救國運動。經此教訓後，曾琦深深體認到必須組織堅固的團體，始能發揮力量。因此，曾琦加速發展民7剛發起的「少年中國學會」。8年7月1日，「少中」在曾琦、王光祈、張夢

五四運動北京學生的示威遊行

九、陳愚生、周太玄等人的催生下正式誕生。冀本科學精神，從事社會活動以救國，促使當時全國青年士風為之一變。10月間，全國學生召開「學生救國會」籌備大會，學生組織之全國化由是發端。五四運動時，學界的力量之所以能震撼全國，並非偶然，曾琦所主導的「留日學生救國團」及「少年中國學會」實開其先鋒，奠其初基。其對五四運動的意義，不僅有促成之功，且有其不可磨滅的歷史成就，而這也正是曾琦對五四運動最大的貢獻與影響。

如果吾人將五四運動解釋為民國8年5月4日，北京學生所發動的愛國運動，最後擴展到全國各階層的一項政治事件的話。則曾琦毫無疑問，是有其不朽的貢獻與影響。「五四」所主張的「內除國賊，外抗強權」口號，不僅代表五四時期，關心國是者的普遍心聲，且成為民國12年，曾琦、李璜等在巴黎創組中國青年黨，提倡國家主義的基本口號。對此，曾琦亦言，五四運動之起因，本為反對曹章陸賣國親日，固猶是「內除國賊，外抗強權」之「國家主義運動」也。

從〈旅歐日記〉數則看曾慕韓的愚公精神

光陰荏苒，時光飛逝，曾慕韓（琦）先生病逝美京華盛頓至今已屆58年了。58年的物換星移，滄海桑田，世變之鉅，令人目不暇給；尤以近些年來，不管是國家、社會均有了相當重大的轉變。但是儘管時空變化如此之遽，有些人物、真理、讜論是不會被遺忘或淘汰的。慕韓先生便是這樣的一位人物，而其生前所執著的真理，所發抒之讜論，更是經得起時代的考驗而歷久彌新。慕韓先生一生苦心孤詣，艱苦卓絕，為黨、為國、為理想、為真理犧牲奮鬥，真可謂鞠躬盡瘁，死而後已。由其別號為愚公，黨號為移山，更可深知其意仿「愚公移山」之精神，其「千萬人吾往矣」之堅定意志，委實令人感佩不已。茲引其〈旅歐日記〉數則以為證：

民國12年4月2日：「予謂今日之中國，弱而不能自拯，欲求救國之人物，最上者為有熱心之人，不得已而思其次，則為有野心之人，蓋有野心者，然後可與言將來之計

劃，若今之朝野士夫，但爭目前祿位，不知計劃將來，是直陳叔寶毫無心肝而已，安得為有野心哉？」

民國12年12月2日，青年黨在毫無任何奧援的情況下，於巴黎成立，憑藉的力量是什麼？就是慕韓所言的，一群有熱心，有旺盛企圖心知識份子的結合。這群書生既無共產黨的俄援，也無國民黨的勢力，唯一僅有的，就是如慕韓詩中所吟「書生報國無他道，祇把毛錐當寶刀」。比起彼時國內政客之翻雲覆雨，爭權奪利，兩相比較，真有霄壤之別呢？

民國12年4月26日：「今日中國之大患，在於善人謙退，惡人橫行，欲救其弊，首在團結善類，成為有力之政黨，進而干預國事，在野則主持清議，疾惡如仇，在朝則整飭綱紀，除惡務盡，蓋除暴所以安良，姑息所以養奸，婦人之仁，所宜戒也。」

論語說：「舉直錯諸枉，則民服；舉枉錯諸直，則民不服」。自古以來，軍國政務之經理，首重人才，而人才之

曾琦〈旅歐日記〉

用，又以才德為本。善類謀國者，國家長治久安；敗類謀國者，國毀家亡，此乃歷史之鐵則。民初軍閥專政，內戰連年，空有民國之名，而無民國之實，揆其因，乃執國柄者非善類也。慕韓生性耿介，自不能容此狀況，故思團結善類，成一政黨，干預國事，圖謀有為矣，其除惡務盡之決心，更可為操持國政者垂鑒。

民國12年5月15日：「予深信欲救今日之中國，惟有結少數之同志以作先驅，博多數之同情以為後盾，蓋無少數之同志，不足以資倡率，無多數之同情，亦難以圖建設，苟能二者並重，未有不獲成功者也。」

回顧青年黨歷史，誠如斯言。青年黨創黨之初，結盟之人並不多，但其開先路，作先鋒之精神，確能喚起廣大知識青年之共鳴。中國最早的反共運動，即是青年黨首揭大纛的，當時雖受國、共迫害，但終因其不畏不懼，不僅博得全民之同情，國民黨且亦起而清黨矣！

民國12年7月28日：「予昨日通信，謂我國今日，欲求自立，有二要義：第一為普及國民教育發達國家觀念；第二為普及軍事教育，養成自衛能力；並勸國人，勿以苟安為和平，以卑怯為禮讓；勿好高論而忽實際，重天命而輕人事，不知國人能以予言為然否？」

閱此言論，一片老成謀國之心，溢於言表，真可使人頑廉懦立。尤以對國人心理之針砭，確有一針見血之見，此讜論真理，不僅言之於當時，且可「放諸四海而皆準」。

民國12年8月13日：「予以為黨非不可組織，惟（一）須有明瞭之性質，（二）須有獨到之主張，（三）須有光明之態度，（四）須有精確之計劃。」

當我們的國家，目前正邁入民主政治的過程中時，國內現在政黨林立，尤以民主進步黨已有在野監督制衡的力量。但試問有那一個政黨符合了慕韓的標準，臺灣的民主政治之所以上不了軌道，政黨的品質不佳係為原因之一。倘朝野兩黨，或每個政黨均有慕韓此種理念，何愁民主政治不能落實紮根呢？

民國12年9月19日：「念生平早喪父母，既無父母之愛，諸姊夭亡，長兄逝世，雖有二兄、六弟尚存，而各在一方，感情亦莫由融洽，妻子則結婚十年，同居不過三月，愛情無從濃厚，朋友則既多凋喪，復漸分離，孑然一身，勢成孤立，情之所寄，獨在國家，而國復傾危至此，悲哉！」

感懷身世，蒿目時艱，公爾忘私，飄零異國，念茲在茲，依舊是魂牽夢繫的故國。走筆至此，對慕韓之情操，不禁擲筆三嘆，感慨不已。

由上述數則慕韓之〈旅歐日記〉看來，慕韓之所以為慕韓，就是有一片救國救民的真誠，他誠誠懇懇的，老

民國12年曾琦留歐時攝影

老實實的，數十年如一日的為其理想而奮鬥不已。值此國內政黨品質惡化，朝野兩黨紛爭不休之際，慕韓在民國39年所提的「超黨派救亡運動」實更有其時代的象徵意義。慕韓雖已故去58年，但我們相信其執著之理想、真理，將萬古常新，永垂不朽。且讓我們以其自勵詩：「矢精誠以戰群魔，漫誇精衛能填海，效愚忠而撐末運，且看愚公竟挾山」，作為對他老人家最深的懷念。

中國最早的反共團體

——中國青年黨

一、青年黨最早之對中共正面作戰

民國16年4月12日，國民政府下令清黨以來，國共兩黨的殊死鬥爭，一直是主宰著中國政治命運發展的主流。其實遠在清黨以前，國民黨內部早已實施一連串防共、清共的行動。如民國15年5月15日國民黨2屆2中全會在廣州召開，當時的黃埔軍校校長蔣介石，便以中央常務委員身份提出「整理黨務案」，限制共產黨在國民黨內的一切陰謀活動，壓抑了共產黨員在國民黨內肆無忌憚的氣焰。

更早一點的，如民國14年11月23日，「西山會議派」的反共，亦給共產黨狠狠的一擊。國民黨這一切的反共措施，不僅象徵著「容共」政策的宣告結束，也拉開了爾後兩黨長期鬥爭的序幕。因此現在一般人，鑑於國共兩黨的長期對抗，遂以為國民黨是最早持反共大纛的。

殊不知早在國民黨反共之前，中國青年黨早已是反共的先鋒者，中國青年黨的反共，最早可追溯到民國10年「少年中國學會」的鬥爭。本文之作，重點即擺在民國12、3年，「少中」內部國家主義份子與共產主義份子之間的鬥爭情形，藉以瞭解中國青年黨最早的反共決心與行動。

二、國家主義與共產主義之爭

民國12、3年間，是中國政治史上一個關鍵時刻，帝國主義的侵略日亟，國內政局的混亂如故，隨著共產黨的成立，反共的青年黨亦於民國12年12月2日成立於巴黎。這兩個一成立即敵對的政黨之成員，很諷刺，也是很遺憾的，都是原先「少中」的骨幹份子。其中屬於共產黨的有惲代英、楊賢江、沈澤民、鄧中夏、毛澤東、高君宇、黃日葵、張聞天、侯紹裘、趙世炎、劉仁靜、李大釗等人；屬於青年黨的有曾琦、左舜生、李璜、陳啟天、余家菊等人。

曾琦（中）與劉厚（右）
合影於法國（民國12年）

　　由於均是屬於兩黨的領袖菁英，且又都是各持己見，各行其是的知識份子，使得分裂後的「少中」鬥爭的更白熱化了。這期間不僅是國家主義與共產主義之爭，且是共產黨與青年黨的暗中較勁。當時兩派鬥爭之激烈，可由方東美、吳俊升、左舜生、陳啟天等人的回憶見其一斑。方東美回憶其時的情形說：

> 民國十三年冬，李幼椿及余各乘武昌師大寒暑假之便赴滬訪舜生，一日，舜生約集少中同人在滬者於其寓，意在協商如何重振少年中國學會之旗鼓。孰料醒獅與猛虎相值，初時尚作客氣姿態。辯論政策問題，隨即野性發作，各自張牙舞爪，直欲攫取對方皮肉骨髓吞噬之以為快。

　　是日兩派參加者，共產主義派的有惲代英、張聞天、沈澤民、楊賢江諸人；國家主義派則有曾琦、李璜、陳啟天、張尚齡等人。兩派爭至激烈時，方東美說：「拳不停揮，口沫四濺，各以殺頭相威脅，當時如有手槍，恐已血流成河矣。」身為該天會議主人的左舜生也於事後回憶道：「雙方辯論一整天而無結果，深夜臨別時共產黨人鄧中夏在門外向我握手說：『好，舜生，我們以後在疆場相見吧！』」

　　由此可見，共產主義派敵視國家主義派之深，已完全不顧「少中」情誼，為達目的，不擇手段的猙獰面目也展現無遺。關於這點，共產黨自己亦不諱言，惲代英曾致函柳亞子說到：「少年中國學會開會時，醒獅派諸君用種種方法貫徹彼等之目的……我輩不過姑與相

持，能拉若干分子過來，便拉若干分子
過來也。」競爭之激烈，不言可喻。

　　而陽翰笙在《回憶惲代英》一書
中，也大言不慚的吹噓說：「當時國
家主義派和我們爭奪青年，在上海、
南京一帶活動很屬害，我們和他們的鬥
爭非常激烈，我們做了大量準備。凡是
曾琦、李璜、余家菊、左舜生常去活動
的地方，我們也在那裡作好布置，和他
們唱對台戲。他們的人一講完，我們就
立即有人接上去講，針鋒相對，逐條批
駁。」其對立之勢，殆無通融之地矣。

三、歷久彌堅的反共精神

　　就當時兩派爭論的焦點看來，分
歧點大概有三，一是國家主義以國家為
前提，共產主義以階級為前提；二是國
家主義主張物心並重，共產主義主張唯
物史觀；三是國家主義主張本國政治革
命，共產主義主張世界經濟革命。國家
主義批評共產黨受蘇俄及第三國際的指
揮，不是純粹的中國政黨，其加入國民
黨，是陰謀赤化國民黨，有違政黨道

少年中國學會在台會友合影

德，更何況馬克思的理論，共產主義須
在工業發達後的國家始能實行，而中國
工業尚未發達，顯然沒有具備實行共產
的前提條件。

　　共產主義派則指責國家主義者為反
動、反革命的小資產階級份子，惡意的
污蔑社會主義，醜化共產黨，反對中國
人民反帝、反封建的革命鬥爭。由於雙
方的南轅北轍，兩黨的勢同水火，遂使
原先為親密的會友，如今成勢不兩立的
政敵，再也無集合的可能。中國青年黨
從此走上這條艱辛漫長的反共道路，直
至今日，這個立場仍絲毫未有改變。

李大釗

發揚青年黨的「打拼」精神

60年來，在臺灣的中國青年黨，始終處於一個紛爭不休，分裂對立的局面，今天不管青年黨是因為國民黨的分化而至如此；或是黨內派系擺不平而至如此。總之，給人家的感覺就是窩囊、不爭氣的「政治花瓶」。站在青年黨諍友的立場，對青年黨因循泄沓、自甘墮落、不求長進的心態，筆者深覺痛心，也深感遺憾。

試問，今天有多少青年黨員知道青年黨在大陸的光輝歷史；有幾許青年黨員知悉前輩在那個時代，赤手空拳，書生打天下的艱辛。恕我直言，恐怕不多吧！今天我不是要青年黨員繼續陶醉於既往的光榮史實，也不是要青年黨員效昔日創黨前輩的流血抗爭。我要的不多，我只是希望青年黨員不要忘了自己的理想、抱負；不要忘了前輩的「知其不可為，而為之」的書生本色。

本來，緬懷歷史方可以知戒慎；踵繼前賢適足以揚精神。青年黨的精神是什麼呢？

不是「愛國、民主、反共」，那是口號；不是國家主義，那是主張、理想。那麼，到底青年黨的精神為何？說穿了只是通通俗俗，平平常常的兩個字「打拼」。對！「打拼」，要打拼才會贏，我說這句話，絕對不是受時下流行歌曲的影響，也不是趕時髦，而是千真萬確的，有何為證？筆者在研究青年黨歷史時，發現了不少可供為證的地方，現舉數例證之：

　　李璜在《學鈍室回憶錄》曾記到，民國12年5月，山東臨城發生孫美瑤土匪劫車綁票事件，茲事體大，因為在這件綁票案中，有20幾名外國人，一時震驚世界。西方輿論激昂，列強共管中國鐵路以為報復之說甚囂塵上。旅法學生得此惡耗，群情激憤，中青創黨者曾琦，此時正自德返法，知此消息，乃決心先行發起「旅法各團體救國聯合會」（以下簡稱「救聯會」）。

　　主張海外僑胞團結，共起救國，倡導全國民眾，推倒北洋軍閥，實現全民政治。7月15日，「救聯會」於「巴黎社會博物館」召開成立大會，到會者有4百人之多。由於當初成立「救聯會」時，為了考慮到旅法各團體、學社的團結一致；及「救聯會」本身的廓然大公，所以也邀請彼時在法的共產黨人參加。

　　開會當天，首由負責人曾琦宣佈開會，並闡明宗旨為反對列強共管中國鐵路，歷數北洋軍閥與政客之喪權辱國，不足以擔當國事。必須全民奮起，共謀救國，而救國之道，唯有以「內除國賊，外抗強權」為不二法門，故欲聯合海內外同胞一致從事革命建國運動，只有循此方針，才有可為。曾琦說畢，眾皆無異議鼓掌通過。主席何魯之正要宣佈散會時；中共見會眾如此之多，情緒如此熱烈，思圖藉此機

會宣傳共產主義。乃由女共產黨員劉清揚跑上主席台，大談其國際共產主義，說什麼「中國革命是世界革命的一部份」，非聯合蘇俄，不足以言革命救國等謬論。一講便是半個鐘頭，全體會眾莫名其妙，大感不耐，噓聲四起；主席何魯之請她停止時，會場中忽起喊打之聲，一時石頭擲向台上亂拋，會場秩序大亂。亂軍中有兩位維持秩序的湖南籍學生被打傷，一為李不韙；一為周楚善，此兩人後皆成為反共最力的中青鬥士。

　　上述有關中青與共產黨的武力抗爭，在早期的中青黨史中屢見不鮮。民國12年的雙十節，曾琦等人與周恩來曾有劍拔弩張的對峙。13年2月，「救聯會」召開理監事聯席會議，共產黨周恩來、徐特立等人又聯合代表前往搗亂，共黨份子因欲修改宗旨「內除國賊、外抗強權」不果，借題發揮，雙方一言不合又大打出手，霎時桌椅橫飛，鮮血四射。

曾琦與李不韙合影於日本
（民國16年）

一個月後，旅法「勤工儉學總會」召開常年大會，共產黨想要爭取領導權，但職員中多偏向青年黨。選舉結果，共產黨圖逞大慾未遂，又擲椅子、打散選票、甚且短棒加身，中青黨員李不韙不幸被擊中頭部，血流滿面。其後因雙方對立日僵，不僅在會場上唇槍舌戰，你來我往，混戰交鋒；且形之於文的，是《先聲週報》與《赤光半月刊》的筆戰抨擊；表之於武的，是雙方各持手槍威脅，訓練射擊同志。中青初期最幹練的黨員王建陌，就因為學射不慎，在寓中玩槍走火而犧牲性命的，由此可見雙方武力抗爭之激烈於一般。

《先聲週報》手寫稿一角

　　中青的武力抗爭，確實就是一股不畏權勢、不屈不撓的「打拚」精神，這股精神由來已久。早在中青創黨前，曾琦等人因北洋政府與日本簽訂「中日軍事協約」，而發起「留日學生救國團」，罷學歸國，公然以行動表示留日學生對顢頇無能的北洋政府抗議。以後在「少年中國學會」中，主張國家主義與共產主義會員的抗爭，更形白熱化，最後的結果，不僅是雙方的壁壘分明，且造成了「少年中國學會」的分裂瓦解。

　　以上種種只問公理、不怕權勢；只道是非，不畏邪惡的「打拚」精神，真的，在中青早期是蔚為一股風潮。全體黨員，朝氣蓬勃、幹勁十足，為理想、為革新、義無反顧，雖身陷囹圄，或拋頭灑血，亦在所不惜，至死不悔。而這股不怨不悔，雖千萬人吾往矣的「打拚」精神，就是孟子所說的：「貧賤不能移、富貴不能淫、威武不能屈」的大丈夫精神。

　　在回顧輝煌燦爛的中青往事之後，我們今天冷靜的想想，在臺灣的青年黨員，是否仍有前輩的那股「打拚」精神呢？我要很抱歉的苛責說：「沒有」。也許是時空的轉移、政治局勢的不同往昔、國家處境的改變，使得青年黨在臺灣沒有發展迴旋的空間；也許是老一輩的雄心已泯、國民黨分化策略的成功，使得青年黨趨於保守，不再青年；也許是經費的短絀、人才的缺乏、國民黨的津貼，使得青年黨「拿人手短、吃人口軟」，今天才只能當乖乖牌的「政治花瓶」。

　　不管是什麼原因，多少個也許，今天擺在青年黨前面的只有兩條路：一條是積極進取，奮發革新，以求振作；一條是自甘沒落，逐漸凋零而已。筆者無意在此危言聳聽，隨著解嚴後的政治變動，臺灣

的問政空間已異於往昔，在這政治的轉形期當中，正是青年黨刷新形象，重新出發的關鍵時刻。如果每個青年黨員能記取前輩們創黨不易的艱難，發揮勇敢「打拼」的傳統精神，相信在不久的將來，青年黨在臺灣仍大有可為的。

倘若一昧的搞分裂、對立，相互掣肘，那麼前途如何，也就未卜可知了。我願焚香祈祝，也願耐心等待。至於做、不做，就看每個黨員的自覺、自反與實踐了，現在青年黨已正名為青年中國黨，謹願以此作為青年黨正名後的諍言。

聞一多與國家主義派

一、前言

已故青年黨領導人陳啟天在其《寄園回憶錄》一書中曾記載:「知行學院於本年(按:民國18年)初創設,集中訓練各省青年同志,原由李璜主持,任課者有左舜生、常乃德、鄧孝情、張君勱、張東蓀、羅隆基等人。羅隆基、梁實秋、聞一多,均曾於本年加入本黨。」

確實,聞一多曾是個不折不扣的青年黨員,不僅如此,早年的聞一多且是個篤信國家主義的狂熱份子。現在很多人只知道聞一多的晚年是個激烈的左傾人物,是「民主同盟」的要員,甚至言其為共產黨的傳聲筒。殊不知在早期的聞一多是個情感熾熱,有燕趙氣慨,有中國詩人孤高而不喜隨和流俗的愛國知識份子。

其早年和晚年的思想心境,雖然彷彿判若兩人,但吾人不可因噎廢食,因晚年之左

傾而抹煞其早年之事功。本文之作，即欲論述一多早年與國家主義
派的一段淵源，並希望經由此淵源關係，來探索其心路歷程變化的
原因。

二、生平簡介

　　聞一多，原名家驊，又名亦多，字友三，一字友山；入學清華
時，改名多，筆名一多，後以一多行，筆名另有夕夕等多種。湖北浠
水人。清光緒25年10月22日（1899年11月24日）生。6歲時，啟蒙入
學，11歲，入省城兩湖師範附屬小學就讀。民國元年秋，考入清華留
美預備學校，歷中等科四年、高等科四年，11年始畢業。

民國3年之清華幼年生。中有何浩若、羅隆基、潘光旦、薩本棟、時昭涵、聞一多、姚崧齡

在校時，畫圖表現最為突出，平時喜作舊詩，尤擅長古詩俳律之類，五四翌年，始轉好新體詩。作品大多發表於學校刊物如《清華周刊》及《清華學報》上，並先後任該二刊之總編輯及編委。民8，參與五四運動，並被推舉為清華學生會書記。9年7月，第1首新詩〈西岸〉發表於《清華周刊》191期上，接著又發表許多新詩與詩論。10年11月，與同學顧一樵、梁實秋等發起成立「清華文學社」。

11年寫〈冬夜評論〉一文與梁實秋的〈草兒評論〉合刊一書，名《冬夜草兒評論》，該年冬，交「清華文學社」出版。（按：〈冬夜〉係北大新詩人俞平伯所作詩集，出版於11年3月。）7月，公費赴美留學，先入芝加哥美術學院深造。12年暑假後，轉學柯羅拉多大學，入藝術系任特別生一年，與梁實秋同學。同年9月，處女詩集《紅燭》由上海泰東圖書局出版。當時國內文壇浪漫主義盛行，一多常有作品發表於「創造社」的刊物上。13年夏，在芝加哥

《大江季刊》第1卷第1期
（民國14年7月）

與梁實秋、羅隆基等清華同學多人組織「大江會」，提倡國家主義，並於翌年7月創刊《大江季刊》，前後共發行兩期。

14年5月歸國，回國後曾是一狂熱的國家主義信仰者。15年初，與李璜等「醒獅社」諸團體合併組織「北京國家主義團體聯合會」，聲勢極為浩大。暑後，任教北京民國大學，同時應徐志摩推介，擔任國立北京藝術專科學校教務長，為其一生服務教育界的開始。嗣後又赴滬任吳淞國立政治大學訓導長。19年9月，任國立第四中山大學外文系教授兼主任。

17年9月，轉往新成立的國立武漢大學，任文學院長兼中文系主任，至19年4月，因學潮離職。18年，加入中國青年黨，19年秋，出任國立青島大學文學院長兼國文系主任。兩年後，再因學潮離魯，轉赴北平任清華大學中文系教授。抗戰八年，始終任國立西南聯合大學教授。33年暑後，參加「中國民主同盟」。34年9月，出任「民盟」中執委及「民盟」雲南省支部宣傳委員，兼「民主週刊社」社長。35年7月15日，因言論激烈，為暴徒槍擊，死於非命，年僅48。

三、大江會

關於一多在美成立大江會之經緯，同學梁實秋在《談聞一多》書中曾有如下的記載：「清華畢業留美的學生，一九二一級二二級二三級這三級因為飽受了五四運動的震盪，同時在清華園相處的時間也比較長，所以感情特別融洽，交往也比較頻繁一些。一多和我在珂泉一年，對於散處美國各地的同學們經常保持接觸，例如在威斯康辛的羅隆基、何浩若，明尼蘇塔的時昭瀛、吳景超，經常魚雁往還，除了私

人問訊之外也討論世界國家大勢，大家意氣相投，覺得有見面詳細研討甚而至於組織起來的必要，所以約定在暑假中有芝加哥之會。」

時間是在民國12年夏，地點在芝加哥大學附近一條名叫Drexel Street街頭的一家規模很小的旅館。該房子的佈置很陳舊，設備也很簡陋，但是租金很便宜，一多與他的朋友就在此地，連同大夥交換意見，最後歸納出如下的幾點結論：

（一）鑒於當時國家危急的處境，不願侈談世界大同或國際主義的崇高理想，而宜積極提倡國家主義。

流亡中的清華師生（中蹲者為聞一多）

《大江季刊》第1卷第1期（目錄）

（二）　鑒於國內軍閥之專橫恣肆，應屬行自由民主之體制，擁護人權。

（三）　鑒於國內經濟落後人民貧困，主張由國家倡導從農業社會進而為工業社會，反對以階級鬥爭為出發點的共產主義。

上述這三點共識，就是促使大江會成立的理論基礎。至於何以定名為「大江會」，梁實秋説：實際上也沒有什麼特殊意義，不過是利用中國現成專名象徵中國之偉大悠久。另有一説謂其乃取吾民族歷史久遠源遠不絕之意。大江會的成立典禮就在這家旅館的客廳舉行，典禮的一個項目是宣誓，誓詞是：「余以至誠宣誓，信仰大江的國家主義，遵守大江會章，服從多數，如有違反願受最嚴屬之處分。」

大江會成立後，除了積極宣傳鼓吹大江的國家主義外，亦曾出版《大江季刊》（上海泰東圖書公司出版）以為

喉舌。該刊雖只發行兩期便告停刊，但其影響仍未可小覷。從現有的
資料看來，毫無疑問，一多都是大江會及《大江季刊》的主要靈魂人
物。吳相湘在〈大江會與國家主義〉一文中，曾擇錄若干一多致梁實
秋的書信，由這些書信中可略見其端倪。現摘錄一段以見梗概：

> 大江前途之發展，有賴於本年中之活動者甚多。本年東部年會
> 中之活動，不但可以宣傳國家主義，而且可以宣傳大江會。大
> 概添加會員，在年會前，很有限。年會中大江政策若能實現，
> 定有同志的願來參加我們的陣列。然後會員增加了，聲勢浩大
> 了，大江的根基便算穩固了⋯⋯與大神州合併恐不能成事實。
> 因彼等政策太消極，且至如今國家主義的定義還未決定。不過
> 同他們合作總是有益無損的。

由這封信函的內容不難看出，一多對大江會投入心血之多，及對
國家主義信仰之堅了。由於大江會不是個政黨，亦非革命黨，更不是
以個人利害相結合的幫會集團，所以在組織之初，其基礎並不堅固，兼
以欠缺活動綱領，會員增至3、50人後便漸告停滯。且又因大部分會員
回國後各自謀生，忙於生計，是以團體也就逐漸渙散了。儘管大江會終
歸風流雲散，但唯獨只有一多仍對大江會及國家主義抱以無窮的希望。

四、北京國家主義團體聯合會

北京國家主義團體聯合會，是民國14年12月20日，由6個國家主
義團體聯合而成。它們包括醒獅社、國魂社、國家主義青年團、中國

少年自強會、大江會、大神州社。其宣言中指出：任何民族，其國家觀念不發達者，必為強者所滅。而國家主義即是：一國人民本過去共生共榮歷史，懷永久自存自救的決心，一國的主權、經濟、文化均不容侵佔、奪取、干犯。

國家主義者即本此原則，求中華領土的完全恢復、政治的自由發展、經濟的自由抉擇、文化的自由演進。其志願在先求促進中國人民的國家觀念，養成中華人民為國犧牲的氣節。其口號則是內除國賊，外抗強權，內不妥協，外不親善，全民革命，全民政治。而大江會之列名為北京國家主義團體聯合會之一，係一多在民國14年6月回國後，任教北京國立藝專時，看見《醒獅週報》國家主義團體聯合會的簡章後，找李璜洽談而成的。

關於這一段，李璜在其《學鈍室回憶錄》説到：「民國十四年秋天，一多看見醒獅週報登出國家主義各團體聯合會的發起廣告，與余上沅一同找上門。他一見我旋即說明其代表美國同學主張國家主義者所成立的大江會，特來參加聯合會，而且還慷慨激昂的說：『內除國賊，外抗強權的宗旨不錯，但得要真正的幹一番，你怎麼幹法？』我答：『先行團結愛國分子，大家商量著幹罷。』他說：『好！』停一下，他又說：『現在北京的共產黨就鬧得不成話，非與他們先幹一下，唱唱花臉不可！我看老兄是個白面書生，恐不是唱花臉的罷！』我笑道：『花臉就讓你來唱罷！如何？』」

由李璜這段淋漓盡致的描寫，一多那種不畏強權、熱血沸騰、義憤填膺的形象彷如躍然紙上。李璜還説：「一多不是研究政治經濟的人，他是一個重情感的人，在國內面對著那種腐敗痛苦的情形

他看不下去，到了國外又親身嘗到那種被人輕蔑的待遇他受不了，所以他對於這個集會感到極大的興趣。一多並不常來閒談，但每次通知開會，他必如時到來，並喜發表他的意見；且對他所編的『大江季刊』推銷甚力。我囑青年黨大學生同志們為之宣傳並代銷多份，他大為高興。」

其實在北京的國家主義團體聯合會裡頭的國魂社、國家主義青年團、醒獅社等，均屬中青的外圍組織，是故在北京以該聯合會名義所辦的活動，即由中青提供最多的人力。而民國14、5年間中青在北京的領導者，即為李璜（任教北大）。當時的北京，國共兩黨分別有相當的勢力從事青年學生運動，北京國家主義團體聯合會的成立與公開活動，終於與共黨發生衝突，而一多均曾參與這兩次的鬥爭，且毫不畏懼，勇氣十足。

五、國家主義派與共產黨的鬥爭

民國15年的中國政局是，國內環境杌陧不安，國共合作貌合神離，國民黨正值北伐之際，共產黨則早已摩拳擦掌準備奪權，兼以此時國內政局丕變，所謂「國家主義派」已在被打倒之列，同為國共兩黨所仇視壓迫的對象，這其中尤以被共產黨所忌為最。於是延續巴黎鬥爭的宿怨，在北京，雙方又大打出手，大幹一場。

北京國家主義團體聯合會第一次與共黨發生衝突是在民國15年初，由一多主事發起的反對日俄進兵東三省大會籌備會，第二次則為民國15年3月10日的反俄援僑大會；兩會均以國家主義團體聯合會的名義發出開會通知，兩次均與共黨有正面衝突。北京國家主義團體聯

合會成立之初，李璜估計中青的團、社人數約90餘，加上聯合會人數共120名左右，故主張先發展組織，再公開活動，故對第一次反日俄進兵東三省大會持審慎態度，而此會結果則是「提案竟一無成立者。結果國家主義者與偽共產主義者隔案相罵，如兩軍之對壘然。」

此會的結果雖然失敗，但從一多於15年1月23日給梁實秋的信中，可以看出一多仍是毫不氣餒，充滿鬥志的：「國內赤禍猖獗，我輩國家主義者際此責任尤其重大，進行益加困難。國家主義與共產主義勢將在最近時期內有劇烈的戰鬥。我不但希望你趕快回來，並且希望多數同志趕快回來。……若沒有大批生力軍回來作實際的活動，恐怕要使民眾失望。醒獅社的人如李璜乃一書生，只能鼓吹主義，恐怕國家主義的實踐還待大江。」可見此時的一多，不僅前進，可說是與共產黨勢不兩立了。

至於民國15年3月10日的反俄援僑大會（反抗蘇俄帝國主義援助旅俄被虐待僑胞大會），曾事先在《晨報》上，以北京國家主義團體聯合會名義，刊登開會地點時間的廣告。此會緣起，是在北京任教的彭昭賢，請李璜聲援旅俄僑胞。緣蘇俄自十月革命後對旅俄華僑加以虐待，五卅慘案後，華僑參加救國活動，有十數人遭到逮捕，彭昭賢希望旅俄華僑能得到援助。

李璜遂召集座談會（教授及學生參加），隨即召開反俄援僑大會籌備會，推定李璜、聞一多、常燕生、邱大年、羅隆基為主席團，李璜為主席團主席。會議前夜，中青並召集國家主義青年團的主持人，指示必須發動團員及國魂社社員全體與會，並商討會場安排問題等。

結果是日到會者3、4百人，除北京國家主義團體聯合會的六個

團體外，另有十個團體的聲援，在主席李璜報告後，由旅俄華僑代表
伍會卿報告蘇俄虐待僑胞事例，次由彭昭賢講述蘇俄與共產主義。彭
演講結束，主席宣布散會時，國家主義團體聯合會的人，隨即與共黨
份子發生衝突，雙方均有受傷。而由於此次與共黨的會場打鬥，使得
國家主義派在北京的活動公開，國家主義青年團及國魂社因此大為發
展。據估計在15年6月時，國家主義青年團的人數已達260餘人，而
國魂社則近500人。

中青經由此次國家主義團體聯合會所辦的活動，在北京得以建立
據點，為日後北方的黨務活動建立了基礎。但北京國家主義團體聯合
會的要角聞一多，卻在民國15年夏因學校風潮及欠薪南下，然其對聯
合會在北京的發展仍甚有影響。

六、結論

自晚清以降，由於一連串的內憂外患紛至沓來，國家屢屢在列
強的恣意欺凌下，喪權、割地、賠款，這種種恥辱，不僅使中國淪為
「次殖民地」的地位，也使身為社會中堅的知識份子深感汗顏羞愧。
也因如此，20世紀的中國知識份子，情緒總是超越理智，很難冷靜地
看待中國政治的現實。

尤其是處在20世紀初年那段風雨如晦的日子裡，曾經歷在海外寄
人籬下的知識份子，在飽受西方帝國主義的輕蔑、侮辱、歧視之餘，
不知不覺得都有股強烈的民族主義及文化本位主義的傾向。職係之
故，他們反西方、反帝國主義的心態也較一般人來得強烈，可是當他
們面對祖國時，國家依舊如此的不振，政局黑暗，因循腐敗如故，內

心那股悲涼的錐心之痛，使得他們無暇冷靜思考應行的方向。

只有一昧的謀求改革之道，豈奈謀求心切，確實的方法就待實驗而知了，國家變成了各種「主義」的試驗場，這是極其危險的事，五四時代變成了「主義」競技場，二〇年代變成「主義」論戰場，一多的參加大江會及信仰國家主義亦是如此。誠如吳相湘所說：「大江會的信仰國家主義乃是力求中國強盛為結會共同努力的目標。這是當時海內外中國知識青年的一致認識和願望，是針對軍閥只知自私自利毫無國家觀念的反應。」

然而也因為感情的衝動，使得現代的中國知識份子比較沒有分辨政治的能力。知識份子的這種性格，一方面固然由於百年來民族悲憤的情懷太過濃厚；一方面也是己身不平衡的心態所致。悲憤的情懷使他們充滿了仇恨與尖銳的報復意念，不平衡的心使他們看事容易衝動，充滿浪漫而不計後果。

大陸清華大學，聞一多先生紀念園中的聞一多座像

一多就是在此種情形下，由一個與左派拼得頭破血流的鬥士，而走向同意魯迅，並極度左傾的激烈份子。這充分說明了一多悲劇性的愛國意識，也說明了感情大於理智的知識份子，只知愛國而不得其法，最後終於淪為馬列所欺的政治工具。由一多的下場，對於今日轉形期從事政治活動的知識份子，當有借鏡猛省的地方吧。

為軍閥所殺的共產黨烈士——施洋

施洋，字伯高，清光緒15年（1889）6月13日生於湖北省竹山縣楊家湖桂樹村。祖父施廷瑾，為清朝廩生，父施永貞，亦是清朝廩生，一家書香世代，能詩善文。施洋幼時，其祖父便教以《三字經》、《百家姓》，希其將來能循舊科舉之路，青雲直上，光宗耀祖。但是施洋之父則為一個有思想、有愛國心的私塾老師，施洋在4、5歲時，其父就授以《水滸》、《三國》等書；講解屈原、岳飛、文天祥以及洪楊故事。施洋9歲時，其祖父母相繼去世，家道中落，施洋斷斷續續的讀完六年小學。然而也因其環境艱困，更激發其刻苦向學之心，幾年功夫下來，《四書》、《五經》、《史記》等書皆已讀畢，打下了很好的國學基礎。

光緒29年，施洋父叔分家，他過繼給伯母為嗣子。次年6月，鄂西北山區，久旱不雨，赤地千里，餓殍盈野。貧苦農家典兒賣女，出外逃荒，此一人間悲慘的景象，對施

洋的刺激亟深，也影響了他以後所走的
道路。光緒33年，施洋在妻子郭秀蘭
和岳家的資助下，離開竹山，考上了鄖
陽府的農業學堂。入學後，刻苦學習，
食不求飽，居不求安，專心致志於蠶
科專業。課餘時更瀏覽群書，吸取新
知。當時梁啟超之《新民叢報》和康
有為的《大同書》，為施洋最喜歡閱
讀之刊物。

　　宣統2年（1910），施洋在農業學
堂畢業後，轉入鄖陽農業中學就讀。民
國元年，農業中學停辦，施洋回到家
鄉，創辦國民學校，積極宣傳孫中山的
革命理念。不僅如此，他還親自帶領學
生開荒墾地，栽桑養蠶，頗獲鄉里好
評。2年，施洋被委為本縣農務會的創
辦員，後被舉為該會會長。由於施洋的
努力，在短短的一年間，會員就發展到
數千人之眾，農務會取得了可觀的成
就。農務會的成功，施洋又被委為本縣
的宣講員。

　　3年，二次革命失敗，施洋在失望
之餘，離開偏僻的家鄉，長途跋涉的

施洋

　　來到了辛亥革命首義之地的武昌，決心繼續唸書。順利的考進了湖北警察學校，後以志趣不合，4年，又轉讀湖北私立法政專門學校法律科。此時的武昌，經過辛亥革命戰鬥的洗禮，民族意識昂揚，民主主義精神高漲，新文化運動方興未艾，施洋側身其間，耳濡目染之際，如同其他有血氣的青年般，很快的就捲入了這時代的洪流。其間陳獨秀主編之《新青年》對其影響最深，也是其最愛不釋手的必讀之物。由於功課的優異，6年夏，施洋以甲等第1名畢業於該校。畢業後，仍留武昌繼續學英語，並申請律師證書，與武漢法學人士共同發起組織「法政學會」。

　　7年冬，施洋赴北京應文官考試，他在試卷中，慷慨陳詞，批評時政，宣傳革命思想，故此名落孫山。8年春，他買到了律師證書，在武漢開始律師的生涯。此時「五四運動」爆發，武漢學生在惲代英、林育南等人領導下，於5月17日成立了武漢學聯。6月1日，武漢各校學生實行總罷課，為軍閥王占元血腥鎮壓，受傷和被捕者數十人，這就是震動全國的「六一慘案」。施洋目睹慘狀，他以武漢律師公會副會長的名義，仗義執言，公開聲討王占元鎮壓學生運動的罪行。

　　施洋因此遭到王占元的仇視，下令通緝，但也因如此，使他成了武漢各界公認的領袖。7月12日，為團結力量對付軍閥，武漢農、工、商、學、報各界團體，選出代表30人，在漢口輔德中學召開第1次「湖北各界聯合會」籌備會，與會代表公推馬剛侯為籌備主任，施洋等12人為籌備員。施洋、王明僕等4人被推為籌備起草員，負責擬定章程、起草宣言和各種傳單。各界聯合會的章程宣言以及各種函電文件，大多出自施洋之手。

他們以擁護政府、監督政府、輔助政府為宗旨，號召農工商學報各界，以國家為前提，上下一心，一致對外。雖是如此，湖北各界聯合會仍遭到軍閥的敵視。8月18日，湖北各界聯合會推選施洋為副會長，並派其為赴京請願代表團團長。10月1日，施洋和天津、上海、濟南等地各界代表郭隆真、張靜廬等30人，齊集北京中央公園，準備向北洋政府陳情，請願不成，各界代表反遭被捕下獄。11月1日，在全國輿論的聲援下，北洋政府被迫釋放請願代表。

　　這次請願的失敗，讓施洋了解到反帝國主義運動，絕非一時一地所能勝任，經過兩個多月的積極努力，11月10日，全國各界代表兩百多人齊聚上海，成立了全國各界聯合會。選舉了京、津、滬、寧、漢等地代表為駐會常任理事，負責日常工作，施洋膺選為第1屆評議部長。

　　9年春，施洋回到武漢，在惲代英、黃負生等人的影響下，創辦了《武漢星期評論》。4月且聯合朋友組織「平民教育社」，勸募經費，在武漢三鎮辦平民夜校七所。另組「中韓互助社」，助韓人革命。10年6月7日，鄂督王占元縱容士兵劫掠武昌，施洋通電公佈王氏罪狀，展開驅王自治運動。漢口商會公推他和鍾澄海等於11日到洛陽，向吳佩孚請願，沒有結果。20日，王占元下令通緝他，施洋逃往長沙。

　　王走，蕭耀南繼任鄂督，取消通緝令，他才回武漢。這時，施洋開始專心研究馬克斯主義的書籍。11年6月，在許白昊、項德隆等人介紹下，加入中國共產黨，並積極參加勞動組合書記部工作。同年冬，漢口租界人力車工罷工，施洋擔任他們的義務律師，罷工到了第

6天，車行老板屈服，工人勝利。9月，粵漢鐵路工人罷工，施洋亦擔任義務律師。12年2月4日，震驚中外的京漢鐵路工人總同盟大罷工開始，施洋和林育南等更主動參與。

6日，施洋、林祥謙、林育南和曾良玉等率領工人湧上街頭，由於工潮擴大，吳佩孚不得不以武力鎮壓，7日晚上在吳佩孚的授意之下，施洋在漢口地方審判廳被捕，15日為蕭耀南所殺，年僅35歲。7月由江岸工會將其葬於賓陽門外洪山西邊山腳下，基碑題「施洋先生之墓」。13年2月7日，為紀念施洋殉難1周年，林育南主編《施洋先生紀念錄》一書。同年，上海《民國日報》副刊〈覺悟〉也出了「施洋紀念號」以茲追念。42年，中共在洪山為施洋修建了「施洋烈士墓

民國7年6月19日，武昌互助社部分社員合影。惲代英（前排左3）、林育南（前排左4）

園」，並樹立「施洋烈士紀念碑」和半身塑像，永遠紀念施洋與追悼
「二七」死難工人。

《舊時代之死》作者——柔石

民國20年2月7日的早晨，春寒料峭，十里洋場正是華燈散燼、歌舞方歇之時，晨曦中透著逼人的寒氣，突然從龍華刑場傳來一陣清脆的槍彈聲，五個白面書生應聲而倒，沒有驚動任何人，大地又歸於平靜。這五個書生不同於一般的刑犯，而是日後有「左聯五烈士」令譽的李偉森、柔石、胡也頻、馮鏗、殷夫等五人。五人中胡也頻可能較為人知；其餘四人知道其生平的大概不多，現在且先介紹四人中之一的柔石。

柔石，原名趙平復，浙江寧海縣市門頭人，清光緒28年（1902）生，自幼家境窮困，父為商人，但經營不善，故屢為債台高築所苦。職係之故，柔石直至民國元年才正式入學啟蒙，而彼時其已10歲有餘。民國6年柔石自縣城「正學小學」畢業，次年考進「浙江省立第一師範學校」就讀，與魏金枝、馮雪峰為前後期同學。民國12年結業後，因生活所迫，不得不扛起沉重家計，乃於翌年到慈

柔石

溪縣「普迪小學」當教員。教學之餘，一方面為生計，一方面也是興趣使然，柔石拿起了筆，開始了他的創作生涯。

　　柔石天生對文藝就有一股莫名的狂熱，早在他負笈於師範的時候，就已經參加了「杭州晨光社」，積極投入新文學運動。民國14年，「華升書局」已出版他的第一本處女作《瘋人》，那時他才不過是20歲初頭的年輕小伙子，可見他創作的生命相當早熟。不僅如此，俗話說：「人窮志不窮」，柔石就是典型這樣的一個人，他的家庭雖然很苦，但他卻不能安於現實，不滿於小學教員的職位。民國14年，他毅然決然的離開了故鄉，來到了當時人文薈萃的北京，他先在「北大」旁聽，並選讀了魯迅的課，從此與這位三〇年代的文學教父有了師生情誼，這層關係影響了柔石日後的一生。

　　北京雖令柔石嚮往，但昂貴的生活費，卻遠超過柔石所能負擔，因此柔石無法再留連忘返。民國15年的春天，他揮別了北國又回到了江南的浙

江老家。但是這趟的北京之旅，卻使得柔石的見解視野大開，也使得他回鄉後的工作事業，有了預想不到的收穫與順利。他先是受聘為「鎮海中學」教員，翌年暑假回寧海，又被聘為「寧海中學」教員，沒多久，且當上了教務主任，旋即又任寧海縣教育局局長。職務的調整可説是三級跳，步步高昇，而這時他也只不過是25歲，算得上是少年得志。

　　就因為少年得志，此一時期的柔石，意氣風發，雄心萬丈，在寧海教育局長任內，時間雖然一年不到，但他卻積極有為，不管是募款籌建「寧海中學」校舍，或整頓舊有教育體制，都有一番不錯的成績。可是由於參加了民國17年4月的「寧海暴動」，這一暴動也同南昌、兩湖秋收暴動一樣失敗了，結果「寧海中學」遭解散，而柔石也只好隻身逃往上海。

　　由於在北京與魯迅有師生之誼，逃到上海的柔石，在舉目無親的情況下，唯一的棲身之所就是投奔魯迅。民國17年底，柔石進入了魯迅的《雨絲》當編輯，同時辦「朝花社」，出版《朝花週刊》、《朝花旬刊》、《藝苑朝花》等三種刊物，由於銷路不好，週刊只出20期、旬刊10期、《藝苑朝花》只出5本就結束了。雖是如此，但魯迅對柔石仍非常照顧，柔石的長篇小説《舊時代之死》，就是經由魯迅的關係，於民國18年由「北新書店」出版。不僅如此，日後魯迅身邊幾個當紅的人物，還是柔石介紹給魯迅的，如馮雪峰即係一例。

　　據馮雪峰自己回憶與魯迅第一次見面的情形時説：「魯迅先生的老規矩，對於初見面的人話是極少的。柔石把我帶去了以後，他自己有事就先走了。魯迅先生除了回答我的問題以外，就簡直不説什麼話，

魯迅在書房

柔石作品《瘋人》

我覺得很侷促,也很快就告辭了。」兩個月後,柔石替馮雪峰在魯迅家附近找到房子,與魯迅的往來也就更密切了。民國19年,魏金枝也與魯迅見了面,這三位浙江第一師範的難兄難弟,從此更是形影不離的圍繞在魯迅左右。

由於魯迅的賞識與提拔,柔石的文學地位竄的極快,知名度也打開了。民國19年春天,宋慶齡等人在上海發起「自由運動大同盟」的時候,柔石也是發起人之一。同年3月「左聯」成立時,柔石也是基本成員。不僅如此,在「左聯」的地位,他還被選為「執行委員」兼「常務委員會編輯部」主任。5月,且以「左聯」代表資格參加「全國蘇維埃區域代表大會」,其後旋即加入中國共產黨。由這一連串的活動看來,柔石的態度已愈來愈左;思想也越來越急進。民國20年元月召開的中共「四中全會」,柔石被捲入了國際派與土共派的鬥爭漩渦中,不久隨即被政府逮捕,於同年的2月7日遭處決,死時年方30歲,而立之年,算是英年早逝。

綜觀柔石短暫的一生，雖如流星劃過長夜，倏忽即逝，但他留下來的作品，卻足供人玩味，他旺盛的創作生命力，留下來的有《瘋人》、《舊時代之死》、《希望》、《二月》、《三姐妹》、《為奴隸的母親》等作品；另外尚有翻譯作品如《浮士德與城》、《阿爾泰莫諾夫氏之事業》、《沒落》及《丹麥短篇小說集》等。

在柔石的這些作品中，魯迅最推崇《二月》，認為這個中篇小說，是柔石的代表作。另外一篇被中共史家吹捧的是《奴隸的母親》，劉綬松且把它與魯迅的《祝福》比美，筆者個人倒比較欣賞柔石的《舊時代之死》。總之，柔石的創作力是滿強的，寫作也很認真，態度頗嚴肅，一點也不馬虎，假如他不要太早涉入政治這個大染缸中的話，他會是個有前途的作家，但是中國自古以來，知識份子熱衷參與政治的傳統，終究塑造其悲劇角色的永恆宿命。

魏時珍先生學術思想片斷

魏時珍一生在教學與科學研究中度過，專治數理，是一位自然科學家。他提倡科學精神，注重科學方法，崇奉科學思想，但卻反對將科學原則無限擴張，把科學當成宗教來崇拜的「科學主義」。時珍對前人的學術觀點，不是全部接受，而是常常有所取捨，有所發展。

時珍認為康德的倫理學與中國的孔孟儒學相吻合，並以之註解孔孟儒學。據康氏的學說：凡「物」的價值，皆有所待，是相對的。獨於「人生」，假如他有價值，則其價值是絕對的，它無所待。康氏將命令分為兩種：一是假言命令、一是定言命令。自然科學上的自然律，是假言命令；倫理學上的道德律，是定言命令。自然物的價值，是有所待的，故無自性，嚴格說來，它有存在而無價值。人生在世，他能自決有服從道德律，也有違反道德律。服從者，謂之善人，是有價值的人生；違反的人，稱之為惡人，是無

價值的人生。因為道德律無所待，故滿足道德律的人生，其價值亦無所待。它是有自性的，絕對的，它才算是真正的價值。

此論頗似孟子所言：「仁義禮智，非由外鑠我也，我固有之也，弗思耳矣。故曰求則得之，舍則失之。……故有物必有則，民之秉彝也，故好是懿德。」孟子所謂「則」，即是我們所謂的道德的最高原則。他所謂「固有」，即是我們自有的理性。而此道德理性卻是「君子所性」，雖大行不加焉，雖窮居不損焉，分定故也。君子所性，仁義禮智根於心……。換言之，人生的意義與價值是內在的，無待於外的。時珍更進而指出，宋儒呂東萊早已闡發過這個道理。

道無待，而有待，非道也。夫一彼一此，而待之名生焉。心之與道，豈有彼此之可待乎？心外有道，非心也；道外有心，非道也。古之學者為己，非以人不足為也；通天下無非己，不見有人之可為也。動靜語默，出入起居，未有

劉子鵬會見魏時珍

由乎人者。飭躬厲行，非以揚名也；別嫌明微，非以避謗也；減賦省刑，非以求名也；深謀遠慮，非以防患也，本無待而作，亦豈有待而止哉？有所慕而作者，外無慕則止也；有所畏而止者，外無畏，則作也。曰作、曰止，皆待於外而不出於我，則吾之為善既無本矣。無本之水，朝滿夕除；無本之善，朝銳夕墮，是烏可恃耶？

時珍以為，東萊所謂有待即有條件，所謂無待即無條件。由此可以看出一個道理，可以無依傍地由幾個人發現，孟子所謂：「先聖後聖，其揆一也」。同時也說明，一個道理，必須有人繼承和闡發，始能發揚光大，否則可能湮沒。時珍感慨的說，國人把東萊的精義，當作文章讀過，很少人能知其在論理方面的重要意義。

接著，時珍又向我們闡述康德道德律的內容：你應這樣做，以致於你之意願的準則，任何時候，都可以成為一種普遍法律原則。這個原則，太抽象，時珍特別引述康德派哲學家列爾松（L.Nelson）的倫理學，把它說得更具體。列氏表達為：你應這樣做，以致於你也能同意你的行為，如果由於這行為而牽涉的權益，也是你自己的。這個道德律的表達，頗與我國儒家的「恕」相近。《論語》所云：「己所不欲，勿施於人」、「我不欲人之加諸我也，吾亦欲勿加諸人」。於此又可見，民族雖然不同，時間也有先後，而所發現的真理，卻是一樣。所謂人同此心、心同此理也。列爾松的倫理哲學分為兩部分，其第一部分是義學（Pkichslchlc），第二部分是仁學（Jdealechle）。

義者，事之宜也。我們這樣做，是我們應該這樣做，除此而外別無目的。《孟子》有一段話：「今人乍見孺子，將入於井……非欲納交於孺子之父母也，非邀譽於鄉黨朋友也，非惡其聲而然也。」我們

魏時珍著《孔子論》手稿

要救這個小孩，就是我們該救，如果不救，就是一種惡行。我們與人相處，最低要求，是要盡義，如果一個人做事，是為了盡義，而不是為了盤算，則這個人便有一個善的意志，善的意志是最可珍貴的。

人能盡義，這自然是好的，但這種境界還不高，因為它還有強制的意味，不是「無入而不自得」。自義再進一步，便是求仁。《論語》有一段話，最能形容義與仁的分別。門人問孔子：「貧而無諂，富而無驕何如？」孔子說：「可也，未若貧而樂，富而好禮者也。」學生的境界，還在義的階段，孔子的境界便達到了仁。孔子自述：「七十而從心所欲，不逾矩。」這就是仁的境界。

有人說，處順境的時候，人的胸次可能有如此浩大，處逆境時，也能如此嗎？固然這更困難，但也並非不可能。《史記》〈孔子世家〉講到，孔子厄於陳蔡的情況，「孔子在陳絕糧，從者病，莫能興，孔子弦歌不絕。」

子路慍見曰：「君子亦有窮乎？孔子曰：『君子固窮，小人窮思濫矣』。……」當時與學生互相問難，仍然雍容怡悅，不怨不尤，便是證明。

列爾松以為義是命令，而仁則是一種期望，義是命令，故義不可以不達，仁是一種期望，故可以不及。達於仁者，固是美德，其及乎義而未達於仁者，亦不得謂為惡行。美德我們只能期待，而不能求全。善行是人類行為所能勉強，故我們不但期待，而且還要責備。概括的說，盡義是人生的善化，達仁是人生的美化，這是列爾松倫理學的大意。

時珍對列爾松的倫理學十分推崇，但對列爾松的政治學則有所取捨而另有主張。列氏反對議會政治，即用多數表決的方法，決定一切政治的措施及政權的轉移。多數表決的意義是：凡是多數贊成的，就是對的，多數反對的，就是不對的。這種議論，顯然不通，因為對與不對，有其客觀的準則，與多數少數無關。如果一方面，我們在政治上要求實現對的，而另一方面又要取決於多數，這等於一個未知數而有兩個方程式，在一般情況下，這個問題是得不到答案的。

多數表決，首先即確定多數是準則的這個前提，否則這個表決，仍然是無效的，無約束力的。主張議會政治者，以多數為準則，何以知道多數即是準則呢？如果表決結果是多數，則我們又可問，何以知這表決是準則呢？如果他們忠於其所信，則他們又只有將這表決，付諸表決。如此遞推上去，我們將得出一個無窮的回溯，始終不能建立多數是準則這個準則。雖然從邏輯上講，這個理論講不通，但確是無懈可擊。

但議會政治在許多毛病中，它有一個長處，即政權的轉移，不必使用暴力，執政者的權力，也不能十分濫用。時珍不贊成列爾松的賢人政治，真正的賢人當權，自然是好的，但古今中外，有幾個賢人曾當過權，即使賢人當了權，但權力總是被濫用。列爾松主張用批評與自我批評的方法以匡賢人政治，時珍認為批評要有效力，必須先有權力，若無權力，誰敢批評，即使批評，又有何效用。我國古代置有諫官，能直諫者幾人，若僅有批評而無罷黜之權，則批評等於具文。政治制度，沒有盡善盡美的，議會制度畢竟是一個迄今無可奈何中的一個制度。

魏時珍晚年與女兒合影

李劼人

——其人及其作品

一、早歲坎坷、致力寫作

李劼人，原名家祥，字劼人，後以字行。筆名尚有老嬾、嬾心、抄公、云云等，清光緒17年6月20日生於四川華陽縣。自幼家貧，父親李幼卿以教私塾和繼祖業中醫為生。劼人6歲時，其父赴江西謀生，劼人留居成都外婆家，與外婆相依為命。9歲，其父傾其積蓄，捐一典史小官，指派江西候補，他隨母至南昌，母即患病致殘，家庭遂陷困頓。不久其父先後在東鄉縣衙門及撫州府知縣衙門謀一小差事，家境才稍見好轉。然而此情況過不了幾年，就在劼人14歲時，其父不幸逝世，在拮据貧窮，幾至無以為生時，幸賴親戚資助，與母奉父柩回川安葬。

光緒34年，劼人17歲時，考入四川華陽中學戊班肄業，暑假後復考入成都高等學堂分設中學丁班，同學中有魏嗣鑾、胡助、周無等，均一時之選，以後且為民國學術界之

李劼人

翹楚。翌年，劼人提昇至丙班，與王光祈同班，此外曾琦亦於此時插入丙班，同輩中人才濟濟，這些人物均是以後「少年中國學會」的骨幹份子。在同學中，劼人與王光祈、郭沫若、周無、曾琦、魏嗣鑾、蒙文通、張煦等過往較密。在師長中，他受同盟會會員劉士志、楊滄白以及教文學的劉豫波之思想薰陶較深。課餘之暇，劼人酷愛研讀中外名著，奠定爾後其創作活動的基礎。宣統3年，四川保路風潮中，曾積極參與學界聯合會、保路同志會、學生同志會等組織，參加了罷課、罷市、遊行示威活動，這些經驗對以後的創作題材，提供了不少豐富的內容。

民國元年，劼人中學畢業，因家境貧困，無力升學，在走投無路的情況下，幸經同學兼好友王光祈之助，在《晨鐘報》任採訪。他的第一篇處女作諷刺小說〈遊園會〉，就是在該報刊出，而且還頗受社會好評。

民國2至4年，劼人應親戚約，先後在瀘縣、雅安等地方政府任教育科

長。兩年的官場生活使他體會到李伯元《官場現形記》的醜陋,於是在不合自己個性的原則下,絕意仕途,決心拿起筆來,揭露社會的弊端和人間的不幸,〈兒時影〉一文便是在此時寫的。

民國4至8年,劼人任四川《群報》主筆兼編輯,在此期間,他總共發表小說百餘篇,其中內容大部分為揭露社會黑暗,鞭撻官僚醜惡行徑的系列小說,如〈盜跖〉等40餘篇。民國7年底,昌福印刷公司邀劼人及原《群報》同仁另創《川報》,劼人任社長兼總編輯,王光祈、周無則分別擔任駐京、滬記者。此期間,劼人曾撰述大量的評論、雜文、小品等文章,批評軍閥亂政和張勳復辟。尤以在「五四」運動爆發後,《川報》刊佈了王光祈等所撰,傳播「五四」精神的大批通訊、文章、電訊,引起了四川學界的注意,間接也推動了「五四」運動在四川的影響。除此之外,劼人也在《國民公報》發表了諷刺投機鑽營者的小說〈做人難〉和〈續做人難〉等篇,對黑暗社會種種眾生相,作了毫不留情的批判。

二、少年中國學會菁英

民國8年6月15日,在「五四」運動的推波助瀾下,少年中國學會成都分會在成都成立,劼人膺任該會之書記及書報管理員。7月1日,少年中國學會總會在北京正式成立,同時出版《少年中國》月刊,以為該會機關之喉舌,劼人亦被推為《少年中國》月刊之編譯員。7月13日,少年中國學會成都分會發行《星期日》週刊,劼人為主編,在該刊〈發刊詞〉裡,他做了如下的聲明:

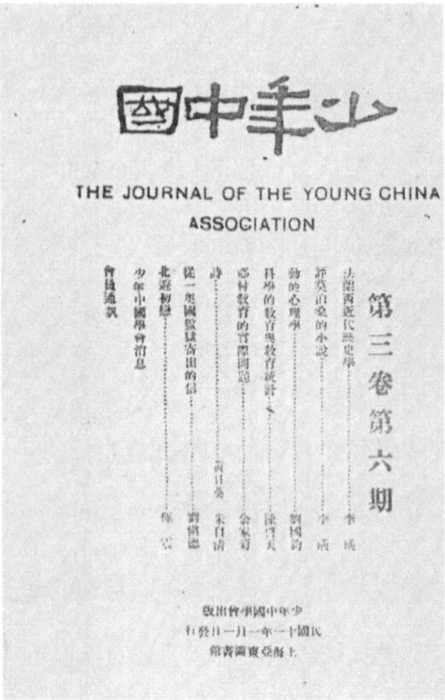
少年中國

THE JOURNAL OF THE YOUNG CHINA ASSOCIATION

第三卷第六期

法蘭西近代歷史學……李璜
評莫泊桑的小說……李璜
動的心理學……劉國鈞
科學的教育與教育統計……陳啟天
鄉村教育的實際問題……余家菊
詩……黃日葵 宋白清
從一英國監獄寄出的信……
北遊初錄……
少年中國學會消息
會員通訊

少年中國學會出版
民國十一年一月一日發行
上海亞東圖書館

《少年中國》月刊

我們為什麼要辦這個周報，因為貪污黑暗的老世界，是過去了。今後便是光明的世界！是要人人自覺的世界？可是這裡有許多人，困於眼前的拘束，一時擺脫不開，尚不能走到自覺的地步上。如果竟沒有幾個人來，大聲呼喚一下，那是很不好的。因此，我們才敢本著自家幾個少數少年人的精神，來略說一些很容易懂的道理。

而這些道理，不外乎是「少中」宗旨：「本科學之精神，為社會之活動，以創造少年中國」之目的。而其具體的做法，則要求國民之自覺，不請謁當道，不依附官僚，不利用已成勢力，不寄望過去人物。總之，《星期日》周刊雖然僅僅維持一年的壽命，但它每一期的銷行量均高達3千份以上，這對地處內陸的四川而言，於知識的傳播、思想的啟蒙，自有相當的影響，這其中劼人的貢獻自然是很大的。

三、勤工儉學留學法國

　　民國8年8月末，劼人將《川報》
社務交給盧作孚，與楊叔捃結婚，不久
即與王懷仲、胡助等10人赴法勤工儉
學。同船有徐特立、向警予等人，年底
船抵馬賽，旋即赴巴黎。先在蒙達爾補
習法文，又參加「少中」同仁周無、
李璜主持的「巴黎通信社」工作。後通
信社結束，便在格魯皮朗工廠做電工，
同時還作社會調查，著有〈法國工廠寫
真〉一文，並撰寫介紹列寧的文章，如
〈列寧在巴黎〉，這是中國海外留學生
早期少數介紹列寧的文章，顯見劼人此
時對共產主義已略有涉及。此外他還編
過《華工旬刊》，並積極向四川的《川
報》、《國民公報》、《星期日》等，
撰寫大量的國際通訊和評論；向《少
年中國》、《少年世界》、《東方雜
誌》、《小說月報》等刊物寫文章、小
說等，以稿費維持生活。

　　在巴黎的歲月，對他的思想有重
大影響力的人是趙世炎，一則兩者均
為「少中」同仁，且均赴法勤工儉學；

「少中」成都分會刊物《星期日》週刊

二則兩人志趣相近，志同道合。他們經常一起談論國事，談的最多的是，當時正受內外夾攻中的蘇聯情況，根據劫人日後的回憶說道：這些交談，使他愈益明確堅定其爾後20幾年來的行動方向。

他在留法時期，進過蒙伯烈大學和巴黎大學，選讀文科，潛心研究法國古典文學、法國文學史、法國近代批評文學、雨果詩學等。並以大半時間從事翻譯和寫作，可是根據李璜的回憶說到，劫人的翻譯能力並不怎麼高明，李氏說：

> 劫人的法文根柢並不夠深厚，雖能了解小說原著大意，然將其中文筆轉折與意趣寄託的緻密之處，每每忽略，故其譯成中文，只顧表面意義，而我（按：指李璜）校改起來，也非常吃力，推敲再四，改得並未稱心滿意。但劫人急於要以此譯作寄往上海賣錢，以為留學食住之需，也就馬虎了事，因之劫人所譯之法國小說，雖在上海中華書局等處出版不少，但不及李青崖所譯莫泊桑小說為有功力。

然不管怎麼說，劫人之翻譯小說，對引進法國文學進入中國文壇，功勞仍是不小的。他曾先後翻譯出版了莫泊桑的《人心》、都德的《小物件》和《達哈士孔的狒狒》、卜勒浮斯特的《婦人書簡》和福樓拜爾的《馬丹波娃利》。此外還譯介了左拉、龔古爾兄弟、羅曼羅蘭、馬格麗特、納魏克、巴散、魯意斯等名家的短篇小說及戲劇，分別在《少年中國》、《東方雜誌》、《小說月報》、《文學周報》等刊物上發表。

這些譯作大都附有〈譯者附言〉、〈後記〉、〈前言〉、〈譯序〉等，鮮明地表現了他的文藝觀點。他曾指出左拉學派之大弊，猶之醫生診病，所陳的病象誠是，但不列方案。這些譯作和他撰寫的另一些介紹法國文學的論述，對當時國內文壇和知識青年以重大的影響。丁玲說，《人心》和《小物件》，曾對她的創作有所啟發。

留法期間，劼人曾因病在一個平民醫院治療了兩個月，出院後，又賣掉了僅存的衣物到一小城去養病。在這裡，他對法國社會和法國人民有較深的接觸與理解，他把平民醫院的感受，用病床日記體的形式，寫成第一部中篇小說《同情》，在《少年中國》月刊4卷1至6期連載，民國13年由中華書局出版。這篇小說以細膩的筆墨、真摯的感情、描繪了一個普通的法國平民對一個中國青年病人真切的同情和友愛。

少年中國學會叢書

四、狷介之性不隨流俗

民國13年8月，劫人由法國啟程回川，經留法同學黎純一、喻正衡之介紹，入彼時督理川政楊森之幕府，後因在《新川報》發表評論反對吳佩孚，與楊森不睦而求去。13年底至14年初，劫人一面教書，一面潛心寫作，著有短篇小說《大防》、《捕盜》、《只有這一條路》、《編輯室的風波》、《棒的故事》等，成果豐碩。此外，他還翻譯了福樓拜爾的長篇歷史小說《薩朗波》、法赫爾的長篇小說《文明人》、羅曼羅蘭的長篇小說《彼得與露西》、龔古爾的小說《女郎愛里沙》等。

民國14年8月，張瀾任國立成都大學校長，延劫人出掌預科主任。民國17年，四川軍閥屠殺革命學生，在成都造成了「二一六」事件，劫人為青年詩人孫鷗編寫詩集《血泊》，以資紀念。民國20年至22年初，在成都幾個中學教書糊口。民國22年3月，出任民生機器修理廠廠長，因他主張建船塢、修造大中型輪船、裝配木炭汽車、製造抽水機以及維護工人利益、受到大多數資方的攻擊，爭執了半年沒有結果，遂憤而辭職，攜帶家眷返回成都。

經此浮沉人世的滄桑後，劫人不願如飄蓬浮萍般的生活，他立志以寫作小說為專業，將自己在大時代革命風暴中的所見、所聞、所感，用寫實主義的創作方法加以鎔鑄，先後完成連續性的大河小說《死水微瀾》、《暴風雨前》、《大波》（上、中、下3卷）。其時正擬回國的郭沫若，花了幾天時間讀完了他的三部曲，即撰文譽劫人是「中國的左拉」、「寫實的大眾文學家」，還稱這三部曲是「小說的近代史」、「小說的華陽國志」。

五、偶然投身實業仍是書生本色

民國24年夏，劼人任嘉樂紙廠董事長，抗戰爆發，大後方亟需文化用紙，嘉樂紙廠業務漸興。但民國28年5月，廠長王懷仲至重慶，不幸被敵機炸死，繼任廠長梁彬文又到職一週便離去，不得已，劼人只得以董事長身份兼廠長、總經理，以維持局面。雖然工作如此繁重，但始終沒有放下他的筆，他重譯了《人心》、《小物件》、《馬丹波娃利》和《薩朗波》，還譯了維克特、馬格利特的《單身姑娘》。抗戰勝利後，還寫了長篇小説《天魔舞》，揭露戰時社會之腐敗黑暗。

大陸淪陷後，劼人除了膺任中共一些職位外，主要的精力仍放在文學創作上。民國44年，他陸續改修《死水微瀾》、《暴風雨前》，並對百萬字的《大波》進行徹底改寫。在改寫過程中，他搜集了大批的資料，訪問了當事人，作了大量的讀書筆記。他計劃在《大波》第4卷完成後，再寫從甲午戰

《國論月刊》封面

爭到中共成立的編年史小說；首先想寫反映五四前後知識份子活動的
〈激湍之下〉，後寫歷史小說〈張獻忠〉等。

　　奈何《大波》第4卷，方寫到三分之一時，民國51年12月24日，
病魔就奪走了他的生命。民國70年，四川人民出版社編輯出版了《李
劼人選集》1至5卷7大冊。72年，人民文學出版社重印了他的三部巨
著；而在71年，大陸的文代會上，評其《死水微瀾》為五四新文化運
動以來的優秀作品之一。

六、陷身大陸終獲文壇推重

　　劼人畢生獻身於文學事業，嘔心瀝血，鍥而不舍。他宏偉的創作
計畫雖功敗垂成，但留下來的幾部長篇巨著，是色彩斑斕的辛亥革命
歷史書卷；以及抗戰時期社會生活的浮世繪，對海內外及中國新文學
史上，均有深遠的貢獻與影響。其中尤以一連串的大河小說，最膾炙
人口，無論在技巧或選材上，均是三〇年代小說的奇葩，新文學史家
司馬長風曾說：

　　「大河小說」原是法國文學術語ROMAN-BLEUBE的日譯，
　　是指反映時代超長篇小說。縱觀新文學史，迄未產生這樣
　　規模偉巨的長篇小說。魯迅曾慨歎其事：「即以前清末年
　　而論，大事件不可謂不多了：鴉片戰爭、中法戰爭、中日戰
　　爭、戊戌政變、義和拳變、八國聯軍，以至辛亥革命。然而
　　我們沒有一部像樣的歷史著作，更不必說文學作品了。」魯
　　迅死於1936年7月，大概他不曾讀過此書，甚是可惜。

《死水微瀾》寫1894年到1901年這一階段，即從甲午戰爭到辛丑和約的階段。內容則以成都郊外的鄉鎮為背景，寫兩大黑暗勢力「教民」與「袍哥」的衝突。《暴風雨前》則寫從1901年到1909年的時期，即辛丑和約到立憲運動時期，也是以成都為背景，寫官僚、士紳在變革期的樣相以及革命志士的奮鬥。《大波》係寫1911年引起武昌起義，促成各省獨立的四川鐵路風潮。

由此看來，劼人小說一個很重要的特色，即是以時代為經，以歷史事件為緯，配合作者親身之人生經驗，交織成一悲歡離合的時代組曲。可惜其小說之評價，在中國除了郭沫若戰前曾作介紹，曹聚仁於戰後盛加讚賞外，幾乎寂黯無聲，反倒在日本則聲光四射。

已故的日本文藝批評家田清輝盛讚劼人的《死水微瀾》，具有「吸引讀者無比的魅力」；且將它與日本明治時代大作家島崎藤村之《夜明之前》相提並論。此外，《死水微瀾》及《暴風雨前》的日譯者竹內實也稱他是「中國的優秀作家」，且在書末寫了一篇細緻的〈解題〉，對劼人及其作品作了無微不至的考證與介紹。日本出版的「現代中國文學」叢書，計12大本，其中6本是二人或多人合輯，如老舍和巴金為第4輯，曹禺和郁達夫為第6輯；獨自成輯者僅有李劼人、魯迅、郭沫若、茅盾、趙樹理、曲波6人，可見劼人作品在日本人心目中的比重是如何的崇高。

曹聚仁曾評論劼人小說道：「在當代還沒有比他更成功的作家」，此言雖有溢美之嫌，但劼人小說之氣魄確有直迫福樓拜爾、托爾斯泰之勢。其風格沉實，規模宏大，長於結構，而個別人物與景物的描寫又極細緻生動，筆鋒詼諧，下筆幽默，寫實中每帶機鋒，其用

語明快、精勁、周密且口語，刻劃人物入木三分，呼之欲出。毫無疑問，在三〇年代長篇小說大家中，劼人有和老舍、沈從文鼎足而三之勢。

曹聚仁

記中國傑出飛機製造者 巴玉藻

巴玉藻，字蘊華，又字問華，江蘇鎮江蒙族人。清光緒18年（1892）生，父巴煥庭為蒙古八旗京口駐防左翼鑲紅六甲防禦，家住城內竹竿巷。生子3人，長名玉潤，次名玉春，三為玉藻。玉藻長兄及二兄均曾留學日本，與黑龍江將軍朱慶瀾相友善，為摯友，因而分任黑省高等審判廳廳長和交際處處長。玉藻則專攻科技，其後成就更遠非兩位兄長所能企及。

光緒32年（1906），玉藻14歲，由京口八旗中學堂畢業，旋考入江寧（南京）江南水師學堂，習掌輪。宣統元年（1909），清政府為振興海軍，乃甄選20名優秀海軍學堂和艦隊官員，至英國留學海軍。18歲的玉藻亦雀屏中選，與選此行，實屬不易。玉藻在英國入樸茨茅斯海軍學院學習，在校期間，除努力勤學各種海軍技能外，主要興趣為與同學王助對當時方興未艾的飛機製造和駕駛非常狂熱著迷。在海軍學院10英里外的一試驗場，

常舉行飛機試飛，玉藻與王助每每徒步往觀；並曾拜訪飛行家波特（Porter），乘坐其法門式飛機上藍天一遊。

宣統3年（1911），辛亥革命爆發，江蘇鎮江隨即為革命黨所光復。新軍攻打南京失利，徐紹楨部敗退鎮江，敗兵殺旗人以洩恨，鎮江旗人罹難者40餘人，巴煥庭亦為其中之一。玉藻聞其父被殺，內心哀慟不已，但為振興祖國，只有戮力於課業，立志鑽研航空之心不為所動。民國4年，玉藻於阿摩斯壯學院以極優異成績畢業。正欲束裝返國效命之際，北洋政府海軍部又派玉藻、王助、王孝豐等3人赴美深造，進寇蒂斯航空學校。

未幾，玉藻等3人又轉入麻省理工學院航空工程系肄業，該系只辦了兩期，第1期有2人，第2期也不過僅有6名研究生，而玉藻等中國學生竟占了4名（另1華人為盧維溥），美國學生反而只有兩位，實為喧賓奪主也。在麻省理工學院就學間，玉藻以其驚人的毅力和速度，僅用了9個月的時間，即修畢全部課程，獲航空工程碩士學位。其後，擔任寇蒂斯公司飛機設計師和詹魯諾飛機公司總工程師，學以致用，取得了豐富的實際經驗。

玉藻於美國雖然工作穩定，待遇優厚，但感念國家培植之恩，祖國積弱如故，玉藻亟思以航空報國，最後卒辭卻在美高薪工作，回國為自己的國家製造飛機。玉藻心繫祖國，強烈愛國心也感動了王助、王孝豐、曾貽經等人，故一併起程歸國，投入為國家製造飛機的行列。玉藻回國後，北洋政府海軍部派遣其至福建閩侯馬尾船政局任工程師，玉藻以志趣不合，再三上書軍部備資造機。軍部始則以崇洋拒

之，繼而又為其陳述之情所感動，只有在船政局經費項下撥出少的可憐的5萬元供其所需。

就這5萬元，開啟了中國現代航空工業的起步，雖僅有5萬元，但玉藻毫不氣餒，與好友王助等人，白手起家，胼手胝足，從頭幹起。幸彼時船政局局長陳鏗臣為一有遠見的官員，竭力支持玉藻等人，從而迅速建立了海軍飛機製造處，從事飛機的設計與製造。

儘管條件十分簡陋，環境欠佳，然玉藻等人仍絞盡腦汁，殫精竭智，幹勁十足，反覆試驗。民國8年，終於造出了我國第1架軍用水上飛機，即甲式一型教練機。雖然玉藻設計製造的此架飛機在無錫人馮如之後，但這架「雛鷹」卻是真正上了藍天的中國人自己製造的飛機。飛機製造出來後，接下來的問題為飛行員之覓尋，因為苟無飛行員，則豈知製造出來的飛機是否能飛。

找尋多日，終於找到一位俄國飛行員，這位為中國第1架水上飛機試飛的俄國勇士，將飛機開上了天，在萬人翹首觀望，歡聲雷動中，居然飛上了400公尺高度的藍天。可惜就在飛機環繞閩侯馬尾上空將滿一周時，突然機身中斷，飛機墜毀，勇士殞命。玉藻親手設計的第1架飛機雖以墜毀而夭折，但玉藻並不灰心，反而從失敗中總結教訓，找到了改進之道。

民國9年，玉藻又造出了新的甲式二型教練機，此飛機已較前為進步，改善甚多。然有鑒於上次的機毀人亡，故飛行員就更難覓尋了，尤以當時寥寥無幾而又惜命的中國飛行員，更無敢問津者。經過多番折騰後，皇天不負苦心人，終於從南洋來了一位愛國華僑青年，

以飛行師應聘為試飛員。甲式二型教練機在天上平穩的繞行數匝後，安全落地，圍觀者報以熱烈掌聲，興奮不已。

中國自己製造的軍用水上飛機終於誕生了，北洋政府軍部有鑒於此，也開始對玉藻刮目相看，撥發的造機經費才逐漸寬裕。從此玉藻與其親密戰友，乃用全副心力研製新機。綜玉藻一生，共為中國造出12架飛機，在物質條件如此貧乏的當時，有此豐碩成績，實屬不易。

民國17年5月，玉藻代表中國政府赴德國柏林參加萬國航空博覽會，他在德國對僑界發表演說中稱：「我國造的飛機為數很少，不能與外國比；但在質量上，外國實在沒有什麼比我們強的地方，我想外國的飛行家也不得不承認我們的優點。」在數十天的展覽池中，不少外國飛機的木桴被水浸泡的不能使用，唯獨只有中國飛機的木桴絲毫不變，故中國飛機以製造精良、效能優異而獲獎。

這次德國柏林萬國航空博覽會，中國飛機製造的傑出表現，巴玉藻也因是中國飛機的主要設計製造者而大出風頭。然也因此引起了日本帝國主義者對他的覬覦之心，竟秘密派人以重金、爵位為誘餌來勾引玉藻，希望供其所用。玉藻以愛國心強，根本不為所動，日本見計不得逞，仍不死心，復搬出辛亥革命時期其父為民軍所殺之事，企圖以所謂的族恨家仇來挑撥離間，幸玉藻愛國之志終不稍懈，嚴拒日人的利誘和誑騙，堅持民族大義，表現了崇高的情操。

玉藻回國後，深感欲振興國家，當務之急，不僅要製造生產飛機，更重要的是要培育人才。特別是在乙型飛機問世後，飛行員的栽培及訓練更形迫切，玉藻認為中國要強盛，尤須造就一批優秀的航空工程技術人員。因而他在研製飛機的百忙當中，特別撥冗在海軍飛機

製造處下，成立了海軍飛潛學校。玉藻為此學校，日夜操勞，制定計劃，編寫教材，親自授課，力求於最短時間培養出一批航空人才。當時學校非常簡陋，學生亦不多，計甲班錄取17名，乙班若干。

雖係如此，但學生卻志趣高昂，學習意願濃厚，以後擔任鎮江船舶學院院長、抗戰期間出任重慶飛機製造廠廠長的鄭葆源先生，即為此學校畢業之高才生，亦為中國第二代優秀的航空工程人才。

民國18年，玉藻復去歐洲，6月，自歐洲考察歸國。一天，正在繪製新機草圖時，身體忽感不適，體溫高達40餘度，腰部劇痛，伴有嘔吐，速送醫院。經醫師診治，初疑為腎病，後又以為腸炎，然卒未得尋出病因，遷延數日，藥石罔效，終致病毒侵入腦部，不治身亡於馬尾寓所。我中華喪失一製造飛機之良才，玉藻死時，年僅38歲，未至不惑之年，悲夫！

閒話周揚

素有中共「文藝沙皇」之稱的周揚，在今年（78年）7月31日逝世。語云：「蓋棺論定」，其實人世間有些人和事，縱使蓋棺論也未定；而有些人和事，則又未蓋棺而論已定。周揚雖已故去，但其一生，毫無疑問是屬於後一種。雖然由近日報章雜誌看來，託「六四」天安門慘案之福，周揚死後仍倍極哀榮，但也許是經過這次慘變後，中共益加表現出對此「忠狗」的懷念與感觸吧！

説起周揚，在三〇年代和「文革」以前，可是鼎鼎大名，炙手可熱的文藝總管。在執行共產黨的文藝政策、奉行毛澤東的文藝教條上，周揚可是忠心不貳、全力以赴的揮鞭者，現在且讓我們來看看他的一生吧！

周揚，原名谷揚，別名起應，湖南省益陽新市渡人，光緒34年（1908）生，與著名史學家周谷城、中共御用文學作家周立波為同族姻親和小同鄉，在大陸素有「益陽三周」之語，此乃因其三人在海內外文化學術界均

周揚

頗負盛名之故。周家在益陽，家道甚殷，為地主階級，所以周揚小時生活非常富裕。

　　民國15年前後，周揚赴上海進大夏大學唸書，畢業後赴日本留學。民國19年3月，「左聯」在上海成立，不久旋即被中共所操縱。「左聯」第1任的黨組書記為陽翰笙、行政書記為茅盾，均是左傾或同情共黨之同路人，魯迅只是掛名的領袖。民國20年，周揚在日本未完成學業，便從日本返回上海，加入共黨，投靠當時由國際派所控制的中共中央。

　　該年夏天，夏衍奉瞿秋白命，打入劇影圈內搞統戰，潘漢年也從事政治活動，周揚此時即因緣際會的進入「左聯」。首先接替姚蓬子，主編「左聯」機關刊物《文學月報》，之後又接替茅盾，擔任「左聯」的行政書記，後來又在中共中央文化工作委員會膺職，且兼任「中國文化運動總同盟」（簡稱「文總」）之黨組書記。不過在民國20年至22年，「左聯」仍由瞿秋白、魯迅、

茅盾3人所領導，周揚尚未掌權。民國22年底，瞿經滬赴贛，周揚方為「左聯」秘書長，開始獨斷專行起來。

「文總」和「左聯」，是三○年代左翼文化運動的核心團體，都掌握在周揚手裡。那時候，周揚才20多歲，真可謂意氣風發，得意非凡。他常以周起應署名發表評論、譯作，在文壇上雖無多大名氣，但在左翼陣線內可是呼風喚雨的響叮噹人物，很多人在外地被捕，脫離中共黨組織關係，都要找他介紹恢復入黨，由此可見其權傾一時之情況。

周揚自插足「左聯」以來，便一直和魯迅不睦。民國21年，魯迅發表了一封致周揚的公開信，題為「辱罵決不是戰鬥」，對周揚及其主編之《文學月報》有諸多批評。此後，兩人經常衝突，在「左聯」自成兩派，壁壘分明，各不相讓。隸屬於周揚手下的大將有田漢、夏衍、林默涵、陽翰笙、馮乃超、邵荃麟、錢杏邨及徐懋庸等人；而茅盾、巴金、蕭軍、胡風、曹禺、黃源等則團結在魯迅的四周，雙方明爭暗鬥，唇槍舌戰，好不熱鬧。

民國25年初，周揚奉中共黨組織命令，在未通知魯迅的情況下，突然宣告解散「左聯」，另組左翼作家的「文藝家協會」（簡稱「文協」）。並提出「國防文學」的口號，來替代「左聯」的「無產階級革命文學」口號，以配合中共中央「抗日統戰」的活動，這就是三○年代有名的「兩個口號」之爭的由來。由於周揚的獨斷獨行、飛揚跋扈，使得魯迅這邊的人，拒不參加「文協」，另由胡風提出「民族革命戰爭的大眾文學」口號，與之對抗。這是魯、周2人再度交鋒，也由這兩個口號之爭，遂使左翼作家大決裂的內幕，正式公開於世。

其實周揚一幫之所以提出「國防文學」口號，其目的是為了適應新的政治形勢，與中共中央的政策沒有原則性的衝突。民國24年8月，中共發表「八一宣言」，提出「停止內戰，一致對外」的口號，以挽救其瀕臨即將覆滅的命運，並提出建立「抗日民族統一戰線」主張，以迷惑世人，緩和國民黨的武力進逼。同年12月，中共中央在陝北瓦窰堡舉行政治局會議，通過「關於目前政治形勢與黨的任務決議」，提出了與國民黨合作抗日的初步構想。周揚的「國防文學」之口號，就是根據這個會議的決議和「八一宣言」提出的，目的在爭取「合法」地位，擴大滲透活動。

至於何謂「國防文學」呢？他說：「國防文學活動，就是要號召各階層、各種派別的作家，都站在民族的統一戰線上，為製作與民族有關的藝術作品而共同努力。國防的主題應成為漢奸以外一切作家的作品之最中心的主題……」。好一篇冠冕堂皇的話，其實還不是受共黨組織統一戰線的指示，為了配合共黨政治劣勢下所做的下臺階。民國25年10月，魯迅因受周暗中打擊，舊病復發而逝，「兩個口號」之論戰也隨之停止。

三〇年代的文藝，經過共產黨所策動的「革命文學」、「左聯」、「國防文學」等之陰謀活動，已遭蹂躪不堪。共產黨用各種滲透操縱伎倆，使三〇年代文藝變了質，且將文藝視為替政治服務的侍臣，政治目的永遠放在文藝之上。並使作家在威脅利誘下，進行「反傳統」、「反現實」、「反政府」的三反政策，暴露社會種種弱點，極力作有利於共產黨的宣傳與活動，嚴重的損害了當時人民對政府的向心力。在這方面，位居中共文化奴隸總管的周揚，在醜表功簿上，可是名列第一。

抗日戰爭爆發後，大批左翼文人和中共黨員，紛紛歸隊，自上海到中共陝北根據地──延安。周揚也不例外，周揚於民國27年抵達「陝甘寧邊區」，在那裡他擔任文教廳長。隔年，又在延安主編《文藝戰線》刊物，只是這份中共創辦的文藝刊物，存在的時間很短。民國29年，周揚進入魯迅文學藝術學院（簡稱「魯藝」），擔任副院長，民國31年升為院長。

造化真會作弄人，想想魯迅屍骨未寒，被共產黨人瞎捧，利用死去僅存的「剩餘價值」，成立了「魯藝」。額首燒香膜拜，而主祭者居然是昔日的死敵──周揚。不知是歷史的巧合，亦或是毛澤東的刻意安排，從民國29年到民國34年，周揚實際主持「魯藝」政務，整整長達5年之久。

民國31年，毛澤東在延安發表了著名的「在延安文藝座談會上的講話」，提出了「文藝的工農兵方向」。周揚及「魯藝」為了配合新的文藝政策，非常帶勁的發起了「秧歌」運動。周揚為了拍毛的馬屁，宣傳毛在延安「講話」不遺餘力，除了發動「秧歌」運動外，還多方面推動「工農兵文藝創作」活動。在秧歌的基礎上，「魯藝」編演了《白毛女》，這是「新歌劇」的第一個樣板；接著又有《血淚仇》、《赤葉河》、《小二黑結婚》等。

周揚對這種只顧宣傳「工農兵文藝」，而欠缺文學內涵的小說，戲劇之宣揚推廣，簡直可說是已到了「鞠躬盡瘁，死而後已」的地步。關於「白毛女」這一類的「工農兵文藝」，完全是按中共的政策，向工農兵灌輸「階級鬥爭」的觀點，意圖挑起人與人之間的所謂「階級仇恨」，以配合中共「鬥爭地主」等之政治運動。在周揚的

大肆鼓吹下，新的「工農兵文藝作品」產生了，趙樹理的《小二黑結婚》、《李有才板話》；康濯、柳青的小說，把「趙樹理方向」推向了學習創作典範的新高峰。

由於周揚的賣力演出，所以頗獲毛的重視。民國33年，「魯藝」併入了延安大學，周揚仍擔任校長。學校在學學員有1,300多人，他們有的原是工人、農民、幹部、學生，成份非常複雜，教育程度也參差不齊，有唸過大學的，也有中學畢業和小學程度的人。這所學校成立的目的本來就是幹部集訓所，偏重於政治訓練和理論學習，與一般的普通大學是大異其趣的。民國35年，抗戰結束後，中共為擴張其武力叛亂，將在「陝甘寧邊區」的文藝幹部，大批的外調到其他的武裝根據地，有的到東北、有的轉移到華北。

周揚調派到中共的「晉察冀」根據地，任職華北聯合大學副校長。「華北聯大」，成立於民國27年，是「晉察冀邊區」訓練幹部的學校，民國37年，與北方大學合併為華北大學，稍後又改名為「華北革命大學」，專門集訓中級和基層幹部，以配合中共的政治需要。

民國38年，中共政權成立後，周揚成了中共文藝界的重要領導人物，論其地位則僅次於胡喬木。他擔任了中共文化部副部長（部長茅盾）和藝術局局長，兼文化部的黨組書記、「文聯」副主席（主席郭沫若）、文學工作者協會（後改為作家協會）副主席（主席茅盾）。但由於郭沫若和茅盾均非中共黨員，所以大權實際上握在周揚手裡。從民國38年到55年這十七年中，周揚是不折不扣的中共文藝總管、文藝沙皇。

十七年來，藉著文藝界幾次大整風，把異己份子如丁玲、蕭軍、艾青、馮雪峰、胡風等知名作家全清除出黨，造成了清一色的「周揚

集團」，霸佔了中共的文化學術機關和團體，確實氣焰萬丈，風光一時。在中共文藝界，一個作家如果想要吃香喝辣，就必須仰承周揚鼻息不可。茅盾、老舍、巴金、曹禺、趙樹理，就是他在民國42年第2次文代會上敕封的5位現代語言藝術大師。然而胡風卻如此罵他：「主觀主義的理論和宗派主義的做法，在解放以後用黨的名義取得了絕對的統治地位，幾年以來就造成了這樣的結果；三十多年以來新文藝在革命鬥爭過程中積蓄起來的一點有生力量，被悶得枯萎了。」結果，胡風批評的命運，就是走進了監獄。

1956年在昆明溫泉。左起：葉君健、王任叔、老舍、周揚

由於「周揚集團」長期壟斷大陸文壇，一些有自由意志的作家敢怒不敢言，只好以沉默代替抗議。長久的沉默，使得大陸文壇成了一片死寂，毫無生氣。民國55年，文化大革命的時候，開始有人點名批評他，先有7月份《紅旗》雜誌刊出穆欣的文章攻擊他，後有紅衛兵將他揪到北京，與彭真、陸定一等人，一齊到群眾大會上遭受唾罵和毒打。「周揚集團」終在「四人幫」當權時垮了，而繼承他當上文藝總管的江青，其毒化殘害大陸文藝界的做法、手段，比周揚更狠更慘呢？

　　「四人幫」覆滅後，周揚復出，恢復名譽，擔任了社會科學院副院長。民國68年10月，中共的「四屆文代」召開，周揚又取代了郭沫若的職位，當選了「全國文聯」主席，重登他睽違已久的文藝總管位子。只是時移境遷，當年呼風喚雨、叱吒風雲的雄風已不復見，也許是人已老邁；也許是光陰不在，總之，這十年來的周揚，韜光養晦的歲月多，睥睨傲視的時間少，晚年據傳其頗有悔悟昔時之非呢？直至今年，周揚終於結束了他的一生，也離開了他眷戀不已、盤踞不移的文藝沙皇寶座。

雜談張恨水

說起張恨水這名字，在國內可能相當陌生，但是若提到前些時日甫經落幕的台視八點檔連續劇「新啼笑姻緣」，相信大家就耳熟能詳了。殊不知「新啼笑姻緣」的作者，就是張恨水。現在且讓我略為介紹談談張恨水這個人吧！

一、自幼酷嗜小說，鶯啼初試不遂

張恨水，原名張心遠，安徽潛山人，清光緒21年（1895）生於江西廣信，幼年時代是在江西度過的。恨水從小愛看小說，且有過目不忘的本領。行年13，居然能在短短的兩個月內，看完《水滸》、《封神》、《列國》、《西遊》、《五虎平西南》等古典小說，其後又續看《野叟曝言》、《紅樓夢》等舊小說，這其中以《紅樓夢》對他往後的小說創作最有影響。

張恨水到了17歲時，已經讀完了上百種的小說，因此有「小說迷」的外號。18歲那

張恨水

年，家中發生變故，父親病逝，拋下一家妻小，為了減輕家中負擔，他在19歲那年，考取了中山先生所創辦的「蒙藏墾殖學校」，校長為陳其美，校址在風光秀麗的蘇州閶門外，留園隔壁盛宣懷家祠裏。張恨水因家窮，無意之間看到當時上海商務印書館出版的《小説月報》徵求小説，每千字3元。於是他鼓起勇氣，寫了一篇3千字的文言小説〈舊新娘〉、一篇4千字白話小説〈桃花劫〉投了出去。結果除了《小説月報》編者惲鐵樵寫了一封鼓勵的信，使他空歡喜一場外，一切宛如石沉大海，餘音全無。

民國2年，「蒙藏墾殖學校」解散，張恨水為了謀生，遠走江西、湖北等地，在報館寫點小品文章，又到一家「文明進化團」幫助弄點宣傳品，有時甚且還客串演一場「文明戲」。其後，張恨水又隨劇團到湖南、上海等地表演，因得了一場病，病癒後乃折回故鄉。

二、一鳴驚人，洛陽紙貴

張恨水的小說，是從〈春明外史〉紅起來，當時成舍我在北京辦《世界晚報》，慧眼識英雄，再度邀張恨水合作，並請張恨水為副刊「夜光」寫長篇小說。張恨水因得成舍我賞識，特別珍惜此一得來不易的機會，因此寫作特別用心。他寫〈春明外史〉時，曾為自己定下四個原則，嚴予遵守。此四原則係：第一、兩個回目，要能包括本回小說的最高潮；第二、儘量的求其詞藻華麗；第三、取的字句和典故，一定是渾成的，如以「夕陽無限好」對「高處不勝寒」之類；第四、每回的回目，字數一樣多，求其一律，且下聯必定以平聲落韻。

也因為如此別出心裁，故其小說頗受歡迎。而其時張恨水方值30歲出頭，兼以其在新聞界打滾多年，對於達官貴人的活動、市井小民的情感，非常熟稔，因此他的這部長達90餘萬字的長篇小說，可說是一部活生生的民初野史。〈春明外史〉情節曲折、語言生動，因此吸引了無數的讀者，每天下午兩點多鐘，報社門前就有一大群讀者等候買報，相傳就連張學良也曾公開讚賞這部小說的吸引力。

除了〈春明外史〉外，張恨水最具代表性的小說當屬〈啼笑姻緣〉，這部小說是張恨水於民國18年在上海《新聞報》的「快活林」發表的。〈啼笑姻緣〉是寫北洋軍閥統治時期，一位杭州青年樊家樹到北京求學，和天橋一位唱大鼓的姑娘沈鳳喜邂逅的戀愛悲劇。張恨水的〈啼笑姻緣〉，把北京天橋描繪得非常生動，因此後來凡是到北京的人，一定造訪天橋一探究竟，這些都是受〈啼笑姻緣〉的影響。

不僅如此，這部小說還先後6次改編成電影，直到今日，在臺灣的電視劇還常搬上螢幕。

其次說到張恨水最大手筆的小說，當推〈金粉世家〉了，〈金粉世家〉共120回，80萬字，費時6年才完成。張恨水寫小說常是幾部同時進行的，今天寫〈劍膽琴心〉，明天寫〈錦繡前程〉，多管齊下，嚴格執行，一絲不苟。但唯獨只有寫〈金粉世家〉時，每天規定寫7百至1千字，不能間斷。原因無他，因其場面大、人物多、故事曲折，所以佈局也就煞費苦心。當他寫完〈金粉世家〉的最後一頁時，他的兩個小女孩相繼夭亡，給予他極大的痛苦，但一顆對小說執著的心，使他有勇氣堅持下去。

三、譽之所至，謗亦隨之

張恨水不愧是個才華橫溢的多產作家，僅就他在抗戰前出版的長篇小說，就有《新斬鬼傳》、《京塵幻影錄》、《滿城風雨》、《春明外史》、《落霞孤鶩》、《似水流年》、《熱血之花》、《啼笑姻緣續集》、《楊柳青青》、《風雪之夜》等20餘部。也因如此多產，於是有不少關於他捕風捉影的軼聞，有人說其小說係旁人代筆，有人認為不少小說他僅是掛名，有人嫉妒他、有人誹謗他。總之，人一出名，真是「譽之所至，謗亦隨之」，甚且謗多於譽呢？

其實張恨水是一個同我們一樣的平常人，他生活簡樸、愛吃花生米，喜愛吃一種清蒸豆腐的小菜、愛抽香煙、嗜喝家鄉的六安茶，以助文思。有工作狂，這一點倒是其成功之因。在〈寫作生涯回憶〉中，他說：「我是個推磨的驢子，每日總得工作。除了生病或旅行，我沒有工作，就比不吃飯還難受。我是個賤命，我不歡迎假期，我也

不需要長時間的休息」。這段話充分流露出一個作家成功的背後，是需要付出多少的辛酸與努力。旁人不察，還以為張恨水是得天獨厚的天才，或是三頭六臂的怪傑呢？

四、時代丕變，作風亦變

抗戰前夕，張恨水將他的積蓄買下《南京人報》，可惜經營不久，戰爭爆發，結束了報館，先回到安徽潛山老家，後來輾轉到了重慶，進了《新民報》，主編「最後關頭」。他在副刊寫了一篇小說〈瘋狂〉，替香港《立報》寫〈紅花港〉、〈潛山血〉，並給上海《新聞報》寫了一部〈秦淮世家〉及〈水滸新傳〉，此書共60萬字，是他抗戰時期最長的一部小說。同時，他於抗戰初期在香港發表的〈大江東去〉，其中有南京遭受日軍屠殺的描述。

張恨水的小說，在抗戰初期有了形式上的變化，每篇小說改「回」體為「章」體。過去慣用的9字回目放棄了，每一章都用很通俗的題名，簡要易懂。在內容上，也放棄了愛情至上的題材，而走向寫實主義的道路，這是他最大的突破與進展。

抗戰勝利前後，張恨水寫了〈虎賁萬歲〉、〈蜀道難〉、〈丹鳳街〉、〈八十一夢〉、〈巴山夜雨〉、〈五子登科〉等長篇小說，這時，他的筆法與思想已有了明顯的轉變；同時，文章的深度、廣度也有了顯著的進步。民國34年12月，張恨水全家隨《新民報》租的帶蓬卡車離川，經貴陽到衡陽，走了半個月。在旅途上，仍不忘創作，他詳述了沿途風光見聞，穿插了虛構的人物故事，寫了一篇〈一路福星〉，對西南的中國有著詳實的介紹。

勝利以後，張恨水任《新民報》協理、主筆兼北平《新民報》經理（因總社在南京），但因與北平的報社總編輯王達仁時有爭執，憤而辭去《新民報》工作，唯仍給報社供稿。

五、禍不單行，鬱悒以終

　　大陸易手後，《新民報》控制在王達仁手中，他以〈國民黨統治下北平《新民報》〉為題撰文，無情的揭發張恨水的「罪惡」。這項莫須有的罪名，使張恨水因刺激過甚而患腦溢血，半身不遂。可憐的是，當他醒來時，已喪失說話能力，記憶模糊，竟連妻兒也不認識。

後人對張恨水之研究

　　張恨水病癒後，給香港的《大公報》寫了一部長篇小說〈梁山伯與祝英台〉，口碑甚佳，膾炙人口，民國43年還出了單行本。張恨水繼〈梁山伯與祝英台〉後，又出版了《白蛇傳》、《秋江》、《孔雀東南飛》、《孟姜女》、《牛郎織女》等一系列歷史小說。在共產制度下，寫實小說既行不通，只有弄些歷史古典小說寫寫，以排解煩悶憂鬱的時光。

　　民國48年秋天，張恨水進了「中央文史研究館」作館員，館址在北京北海公園內，是座落在大液池北岸的一個幽靜小庭院，原來叫「養心齋」。館長章士釗、副館長謝無量、陳寅恪、沈尹默，都是60歲以上的老人，簡直是個「養老院」。同年因老伴去逝，張恨水痛不欲生，高血壓時好時壞。民國56年，就在「文革」狂潮中，張恨水在窗外一片口號聲浪中，孤寂的結束了他的一生，享年73歲。

「澄社」、胡適、《獨立評論》

臺灣在民國78年，由一群號稱信仰自由主義的學者，組織一個社團叫做「澄社」，此社團現仍存在。該社之成立，強調係以公正客觀立場，來臧否時局、批評時政；監督政府、提出建言。「澄社」在臺灣曾引起過注意，但日後影響力似乎逐漸式微。基本上，「澄社」這近20年的表現如何？筆者未敢妄置一詞，倒是因「澄社」標榜自由主義色彩，不禁使筆者連想到，有自由主義大師稱號的胡適；及其所辦的《獨立評論》。

無可置疑，胡適確是一位徹頭徹尾的自由主義者，一生信奉杜威的實驗主義及自由主義。但是基於中國知識份子憂國憂民的心理，胡適對其所處的時代、國家是抱持一種什麼樣的心理呢？陶希聖曾說過：「*每當社會政治重大事件發生，他（按：指胡適）總是為了國家，站在國家的立場上，堅定不移，任何人不能動搖他，或是曲解他。*」不錯，胡適便是這樣的一個人，他是個理性的愛國

「澄社」報導46

主義者，他的愛國，不是出自於私利，而是源於身為一個知識份子的使命感。

綜觀他這一生，不偏不倚，他曾經攻擊過軍閥，也批評過國民政府，晚年更是一個堅決的反共者。他的一切作為，從不阿諛某一政權以求高官厚祿，也不刻意攻訐哪一黨派以為沽名釣譽。他所有對國家的建言與批判，完完全全是站在一個知識份子的角色，出於理智的思考、良心的驅使而為的。所以王世杰曾說他：「從政治人格來說，胡適之先生是一個最進步的愛國主義者，他最關心政治問題，他的關心高於一般實際從事政治工作的人……他評論政治或參加政治工作，最富於責任心，也最有勇氣。他是一個絕對臨難不苟和見危授命的人。」

誠然，我覺得胡適令人讚賞的地方就在這裡，使人敬佩的也在這點。尤其是在民國20幾年，在他所創辦的《獨立評論》裡，那上百篇的文字，所談的幾乎無一不與政治有關。胡適如同梁啟超，這輩子以辦書報雜誌為論政喉舌，

如民國11年的《努力週報》、民國17
年的《新月雜誌》以及21年的《獨立
評論》和後來的《自由中國》，均是最
佳的代表。

　這其中尤以《獨立評論》時期的論
政之文最具特色，何故？因為民國20
幾年間，正是中日兩國「山雨欲來風滿
樓」之時，層出不窮的事件，如潮水般
一波波的湧來，先有「九一八」，繼有
「一二八」、復有「冀察平津事件」，
以至於最後的「七七」事變。處於這時
期間的知識份子最敏感了，而胡適正是
此知識份子的領袖，因此胡適此時的政
治言論，對國家及知識界，均有相當程
度的影響。

　《獨立評論》是胡適此時論政的
大本營，關於《獨立評論》的誕生，當
事人之一的陳之邁，曾有如下的記述，
他說：「獨立評論是瀋陽事變後幾位在
北平的大學教授所創辦的。有一天他們
在北平圖書館聚會，討論當前的中日危
機，話題轉到書生何以報國的問題。大
家幾經商議，決定創辦一種時事評論週

胡適

《獨立評論》周刊封面

刊，取名獨立評論，公推胡適之先生為主編，丁在君、蔣廷黻、傅孟真三位先生協助……。」陳之邁的話，已經把《獨立評論》問世的背景和動機給說出來了。

其後，他又說《獨立評論》的特色和胡適編輯的立場，陳之邁說：「獨立評論是一份政治性的刊物，所刊出的文章，所討論的問題，大都與政治有關。當時大敵當前，國家處境險惡，這種現象可說是很自然的。……有的人認為胡適之先生和獨立評論的一班人『不懂政治』，認為他們應當利用他們的聲望來搞政治，致力於向政府施用壓力，分享政權。更有人認為熱心政治就得組織政黨。但胡先生是無意於此的。他的作法是用公平的態度來討論政治的得失，提出具體改革的建議。他極力提倡民主政治，正是促成全國的團結，增強國力，最終目的仍是使國家能夠有效的應付壓境的強鄰，救亡圖存。」

由上述之言看來，我們可以知道胡適的論政態度是理智的，不卑不亢的，

他的文章決不空喊口號，也不濫唱高調，既不煽動群眾、亦不附和群眾，《獨立評論》的受到大眾肯定，胡適的受人敬重，其因均肇基於此。想想胡適，再看看現今社會所謂的「知識份子」、「學者專家」其領導輿論的心態與觀點，不禁讓吾人更加追念胡適的風骨與《獨立評論》憂時謀國的深情。

國民黨山東黨務操盤手——王仲裕

王仲裕，先世江蘇東海人，明初遷山東營縣，再遷日照，遂家居於此。祖靜鶴，清咸豐辛亥科舉人，任齊河縣訓導，以賑災功，獎敘知縣，辭官歸里，望重一方。父丹宸，光緒丁酉科舉人。母丁氏，舉一子，譜名金綽，字仲裕，別號竹漁，後以字行。仲裕生於清光緒17年（1891）9月11日。17歲時，丹宸公捐館，仲裕奉母出就外傅。時革命風潮日亟，仲裕慕中山先生志節，遂慷慨獻身，與青年志士奔走革命。

民國肇造，仲裕功成身退，並以己身學有未逮，乃於民國7年負笈東瀛，肄業於早稻田大學。是年5月，由於北洋政府與日本簽訂「共同防敵協定」，引起留日學生大譁，紛紛發起抗議行動，仲裕亦是其中要角。後又憤日本在巴黎和會中，壓迫中國代表，乃參加「留日同學會泣懇救國會」，反對日本益甚，為日方所不容，於是束裝返國。回國後並組成了「留日學生救國團」，繼續為反日

運動奔走呼號，不遺餘力。仲裕等這批留日罷課歸國的學生，實是五四時代愛國青年的前驅。

仲裕回國後，就讀中國大學，畢業後，經丁惟汾介紹，加入了中國國民黨，時丁惟汾為中國國民黨「山東主盟人」，後又被委任為「山東中國國民黨支部部長」。唯丁惟汾在山東的時間不多，他先在上海創辦《北方週刊》，民國11年秋又到北京與張繼等共同主持中國國民黨北京執行部。此期間，仲裕成了丁惟汾的得力助手，曾先後擔任北京執行部宣傳員、宣傳幹事等職，僕僕來往於北京、天津、山東間，從此奠定其畢生致力於黨務工作之基礎。

民國13年冬，馮玉祥在北京發動「首都革命」，囚禁了賄選產生的總統曹錕，馮與段祺瑞、張作霖等電請中山先生北上，共商國是。11月4日，中山先生自粵經日北上，臨行前發表演說，提出了召開「國民會議」及廢除不平等條約的兩項主張。12月4日，中山先生抵達天津，6日與丁惟汾、張繼、

丁惟汾

王用賓、李石曾等北方同志會商政局，決定擴大宣傳召開國民會議的主張。

於是特派于方舟、白雲梯、周至、于樹德、延國符、王仲裕等同志首創「北京國民會議促成會」。19日，中山先生又委派了32位宣傳委員，分赴北方13省區做宣傳工作，其中派赴山東的4位宣傳員是王樂平、閻容德、王燼美和王仲裕。仲裕等奉令返魯後，復分赴各縣區召開民眾大會，擴大宣傳，並組成「國民會議促成會」各縣分會。

國民黨人在「國民會議促成會」的名義下積極發展，終能在主要縣區建立了組織，並在14年7月召開了第1次全省代表大會，選出了執行委員、監察委員及候補執行委員；仲裕是3位監察委員中最年輕的一位。仲裕於擔任濟南市黨部監察委員及山東省黨部監察委員時，正值軍閥張宗昌盤踞魯境之時，仲裕不畏艱難，往來敵人間隙中，宣傳組訓工作。

民國14年8月，仲裕奉中央令，赴蘇俄莫斯科中山大學留學，仲裕知蘇俄之不可恃，然欲對共產國際情況詳加探索，所以欣然就道，同行者尚有蔣經國、皮以書、于國禎、夏雲沛、王紹文、高靜齋、劉子班、路孟凡、王甡林等。在校一年，奉丁惟汾之指示，聯絡留俄革命青年，為反共救國而奮鬥。時在俄之谷正綱、谷正鼎昆仲、蕭贊育、王啟江、王陸一等咸與之結交。

時中山大學內，設有國民黨特別黨部，仲裕曾膺選為執行委員，他曾公開斥責托洛斯基在中山先生逝世追悼會上詆毀中山先生為「烏托邦主義者」之謬論，並屢偕同志等於午夜大雪紛飛中，集會於山野森林間，密謀應付共黨之計，俄人雖嫉之亦莫可如何。嗣仲裕於達成

任務後，奉令歸國。民國15年冬，仲裕由俄返至廣州，適時北伐軍興，需才孔急，而黨內共產份子，陰謀不軌，動輒嗾使工農群眾盲動滋擾，南北各省人民，均受其愚。

中央組織部於是年11月6日，中央執委會第18次會議，請設「天津交通局」，以仲裕為主任，主持北方黨務，並聯絡同志，呼應北伐，兼闢共黨邪說。民國16年3月，國民革命軍光復南京。徐謙、鄧演達等同情共黨份子，把持武漢黨政，公開攻擊蔣總司令，革命陣營分裂之勢已成。其後，共黨更在南京蠢動，造成搶劫外國使館及外人住宅事件，政府為之困擾不已。仲裕睹此，內心憂焚不已，乃奉丁惟汾命，特返北京，穩定北方同志，不使其受分裂影響。

16年4月，南京實行清黨，5月，中央政治會議第99次會議，准丁惟汾提議，以革命軍進迫徐、兗，戡定在即，擬請派特務委員數人，設立「山東政治特務委員會」，當經中央核准，特

王仲裕

派丁惟汾、陳雪南、于恩波、何思源、陳韻軒與仲裕為特務委員，調查及籌劃北伐期間山東政治事宜。6月，仲裕復奉派為山東省黨部改組委員會及清黨委員會委員，並兼組織部部長。其後當國民革命軍光復徐州時，山東全省黨務也急遽展開，各縣市黨部均於敵後紛紛秘密成立，此皆仲裕平日苦心經營之功也。

　　稍後，中央以仲裕熟悉北方黨務，且又有奮鬥精神與機智，乃派仲裕為北京特別市黨部執行委員及清黨委員，並兼工人部部長，要他即行潛往北京，策動北方民眾響應北伐。是時先有蔣總司令下野，後有龍潭之役，革命事業陷入低潮，仲裕身處北京危局，仍然率領同志艱苦奮鬥，最後卒能堅持到底，穩定華北情勢。

　　民國17年1月，蔣總司令復職，4月發動了以攻克京、津為目標的總攻擊，5月，不顧日軍之阻撓，繞道繼續北伐，5月31日收復保定，北京震動，張作霖自忖無力抗拒國民革命軍，因於6月2日通電退出北京，出關回奉，只留鮑毓麟一旅在京維持治安。仲裕見機不可失，乃不待國民革命軍到來，即於6月6日掛出中國國民黨北京特別市黨部招牌，懸出青天白日黨旗與青天白日滿地紅國旗，並召開了北京特別市黨部公開後的第1次黨務會議。發表時局宣言，電請北伐軍前敵總司令迅速進京，並決議通知各學校、機關、商店、工廠，於6月7日起一律懸掛青天白日旗。

　　國民革命軍第3集團軍的部隊是6月8日抵達北京的，而北京特別市黨部卻已於兩日前公開活動起來，黨走在軍的前面，這是仲裕平生最快意的一件事。平、津克復，北伐告成後，仲裕奉調任平、津黨務指導員，策劃平、津兩特別市黨務之發展，職位雖不高，地位卻極重

要，每有要務，多親自赴京報告。17年6月間，於解散北京舊官紳所組織之維持會後，親率北京特別市黨部同志迎接第3集團軍商震部入京後，即於17年7月親赴南京報告黨務，並擬於路經泰安時，與山東省黨部作工作上的接洽。

但不幸的是，當他於7月14日到達濟南（「五三慘案」後在日軍佔據之下），卻因所攜帶的工作表冊為日軍搜出，而遭逮捕，被羈押在濟南商埠的日本憲兵隊裏，由兩位名叫西田正人與田上八郎的日軍步兵大尉負責審訊，極盡恐嚇暴虐之能事。但仲裕卻鎮靜如常，雖刑訊拷打，亦不為所動，最後因政府嚴正交涉，始告脫險。

為完成學業，旋奉中央派赴日本留學，畢業於早稻田大學政治經濟科及日本士官學校預科，文武兼資一身。返國後，奉調中央政治委員會經濟專門委員及教育專門委員。抗戰軍興，仲裕目睹敵後青年失學失所，不堪其苦，乃奔走各地，輔導魯省各縣學生，經敵後工作站，輾轉送至後方升學；當時西安軍分校中的魯籍學生多出自仲裕門下。嗣奉派任山東省政府委員，兼國防最高委員會魯蘇戰區黨政分會委員。

時山東省政府播遷至臨沂縣之山區，仲裕為督導政務，宣達政令，經常出入於敵騎縱橫地區，曾指揮游擊部隊及民眾，防制共軍滲透分化陰謀；又嘗間關萬里，往來省府與重慶間，負責聯絡協調重任。不久仲裕又兼山東省黨政軍幹部訓練團教育長，於敵後調訓各縣市、各專員區佐理工作人員，一時魯省黨政軍幹部人才蔚起，為魯省抗日剿匪，提供大量的人力資源。

民國27年秋，國民參政會成立，仲裕返重慶，膺選為第1至第4屆國民參政員，對於軍政大計，時抒嘉謨。勝利還都，仲裕復膺選制憲國民大會代表，參與憲法制定工作。民國36年憲政施行，仲裕當選為山東省第3區第1屆立法委員，自是服務立法院議壇達30餘年。38年共黨倡亂，仲裕舉家避秦來台，此後30餘年中，仲裕為黨國大計，仍綢繆於前，折衷於後，一貫精誠，從未稍懈。

復以山東黨史未修，乃出資編印山東省黨史史料，分贈中外圖書館及各界友好；又為黨國元老丁惟汾先生治墓道、刊碑記、纂遺稿。民國70年4月1日，因小疾，偶感不適，奄然物化，終年91歲。

國民黨華北黨務拓展者——張子揚

張子揚，清光緒32年（1906）生於山西省五台縣，世以耕讀傳家，家道小康。祖父以農業置田產，父除克紹祖業外，更經營油坊生意，自是家計日豐。民國3年，子揚時年9歲，入小學，接受新式教育，課餘亦從師讀《四書》、《五經》，奠定國學初基。小學畢業後，子揚因受風起雲湧之國民革命運動影響，於考入太原平民中學後，受該校創辦人王振鈞、苗培成等之感召，乃於民國14年參加中國國民黨，致力於打倒軍閥，統一全國之偉業。

15年，子揚入太原市黨部，負責拓展國民黨太原黨務之組訓、宣傳等工作。16年，中國國民黨在南京創設中央黨務學校，山西省黨部以子揚英年奮發，表現卓著，乃推薦南下考入黨務學校。未幾，寧漢合作，國民革命軍再度北伐，校長兼國民革命軍總司令蔣中正，命令黨校北方同學，一律參與行列。是故子揚亦隨軍北上，擔任政治工作。

任冀察政務委員會委員長之宋哲元

期間歷經日本出兵山東，爆發「五三」濟南慘案，北伐軍繞道北上，於奉張失敗北京光復後，子揚始返南京參加畢業考試。畢業後，奉命入中央組織部，子揚之黨務工作，於焉正式開始。

18年，子揚奉派至東北視察黨務，時東北尚未易幟歸順中央，黨務係在地下秘密進行，極為艱險。子揚奔走於敵匪間隙，以兩個月時間，圓滿達成任務。19年春，中原大戰起，子揚隨馬超俊等前往天津組織秘密機關，指揮華北各黨部工作，直到同年秋，中原大戰結束後，始返南京。22年，子揚復奉派任察哈爾省黨部執行委員，另有常務委員秦德純、宋哲元等2人。

時全國各省黨部組織都有縣市黨部，唯獨察省只有省黨部而沒有縣市黨部，箇中原因為宋哲元恐日本借題發揮，故下令察省各縣市黨部均停止活動。然此舉善意並未能改變日本特務在察省境內的活動。有鑒於此，子揚乃大膽向宋哲元提出建議，以日本圖我日

亟，國民黨更應組訓民眾，加強抗日力量，將各縣市幹部調訓，假以時日，必能擔負起此種任務，經力爭終獲宋哲元首肯。

23年春，子揚乃籌備「黨務幹部訓練班」，敦請宋哲元為主任，子揚為副主任，實際上由其負全責。是年冬，察省黨部在日本特務和共黨夾攻中，終將各縣市黨部先後成立，恢復工作，且成績斐然。但子揚仍遭中共捏詞誣害，險被宋哲元扣押，幸得秦德純、伍敬之、張厲生等人營救洗刷，始得免於災厄。

24年，日寇加緊侵略華北，中央為應付當時環境，華北黨務暫停，轉為秘密活動。子揚於是年離察返京，嗣因從事黨務工作甚久，深感學業荒蕪，乃請准赴英，入倫敦大學政治經濟學院研究，專攻「比較政府」。26年，「七七事變」，子揚為共赴國難，於27年返國，奉派任三民主義青年團中央團部視察室副主任，協助建立各種制度，並兼任第1分團主任。29年，調任中央政治學校教授兼訓導處副主任，迄於抗戰結束。

34年，抗戰勝利後，子揚奉派任平綏鐵路特別黨部主任委員，時中共擴大叛亂，鐵路遭到嚴重破壞，子揚到職後，迅速組織工會，配合鐵路局，日夜與中共周旋，以維護鐵路通暢為第一要務。35年11月，子揚代表國民黨參加制憲國民大會。36年，擔任「憲政實施促進會」常務委員。又是年山西省黨部改組，子揚出任省黨部主任委員，時中共勢力已擴及晉省全境，各縣市公務人員、黨工幹部，咸集中太原，省黨部不僅要抵禦外患，更復消除內憂，工作艱辛日甚一日。

張子揚

然是時行憲伊始，晉省城鄉泰半為中共所據，但中央民意代表之各種選舉，仍須籌辦，省黨部在子揚卓越的領導下，全力與省轄市政府配合，於艱難中完成選舉任務。

37年，子揚膺選為第1屆立法院山西省第2區立法委員，依法前往南京出席會議。旋以中共發動全面叛亂，立法院於風雨飄搖中隨中樞撤至廣州、重慶，終於38年底遷院台北。子揚供職立法院，前後40餘年，亮節高風，群流共仰，而兢兢業業埋首於法案研磨、黨團聯絡，凡所立法，如涉及內政、法制、預算等重大事項，莫不全力以赴，務求法案內容與民意一致，以利民主制度之建立及國民權利之維護，立場堅定，光明正大。

故立法院有關法制之法案，自制度至內涵及文字，子揚莫不殫精竭慮，務使其綱舉目張，毫無瑕疵，其利我國民主法制之貢獻，實有目共睹也。

40年，立法院自第8會期起，子揚即多次膺選為法制委員會召集委員，依

據憲法及立法院有關法律和內規、偕院內部分同仁，對於國家機關之組織、人事、立法案，莫不順應民情，擬訂立法計劃，或新制、或修正，凡所研求，均為依憲立法，應興者興，當廢者廢，務期其外治世界民主政治之潮流，內收政治革新之宏效。在此期間，子揚主持及在院會提出重要發言之法律案，如〈出版法〉、〈考試法〉、〈行政院各部會、立法院組織法〉與各委員會之修正案、省縣自治通則、考試院之公務人員任用、考績、俸給、服務、退休各法，均由子揚主持完成之。

67年4月，嚴總統家淦任期屆滿前，子揚特別起草〈卸任總統優遇條例草案〉，提請院會通過，以建立制度。除此之外，子揚又曾擔任公報指導委員會多年，協同指導出刊《立法院公報》、新聞稿、法律案專輯、院聞、行憲立法院大事記等刊物。立法院晚近之〈公務人員基準法〉、〈司法院組織法〉、〈監察院和審計部組織法〉之修正，亦賴子揚之力而成之。總之，子揚在立法院，數十年來無寧日，務使各有關機關適應憲政時期之需要，逐漸趨於健全發展。

其中尤以當時言論自由尺度未立，子揚於修正〈出版法〉時，大聲疾呼，為言論自由打開一條廣闊道路，獲得全民一致敬佩。

80年，子揚等第1屆立法委員依照中華民國憲法修正案條文之規定退職。退職後，閉戶讀書，殊少酬應。未幾，李登輝總統聘子揚為總統府國策顧問，屢獻建言，為當局所重。黨務工作則於第12次全國代表大會中膺選為中央委員，第13次全國代表大會則改聘為中央評議委員。84年，子揚突罹老人疾患，精神尚佳但已不良於行，臥床者凡3年，87年4月1日，病情突轉危急，搶救不及，壽終正寢，享年94歲。

陳紹賢

——盡瘁國民黨務

陳紹賢，字造新，廣東省惠來縣人，清光緒30年（1904）10月15日生，先世系出潁川。紹賢幼承庭訓，民國12年，考入廣州中山大學，在校期間，因受三民主義影響，加入中國國民黨，獻身國民革命事業。14年3月12日，國民黨總理孫中山先生不幸逝世後，革命大業頓失領導中心，且時值聯俄容共時期，共產黨在廣州益形猖獗，陰謀趁機篡奪國民黨黨權，中山大學亦成為共產黨滲透滋蔓，積極爭取青年學生活動之目標。

紹賢有鑒於此，深恐共產黨人得逞，純潔愛國青年上當，乃結合校內同志，組織社團，與共產黨徒作殊死鬥爭。紹賢平日敦品力學，此時更發揮忠黨愛國之革命精神，深為黨國元老、亦為當時中山大學校長戴季陶及朱家驊等人之器重。

16年，紹賢自中山大學畢業後，隨即應聘為廣東省立第四中學校長，銳意興革，校務蒸蒸日上。17年，並兼任廣東省黨部指導

委員。19年，紹賢決定出國留學，經國民黨公費選送赴美，先後獲得美國喬治城華盛頓大學經濟學學士、哥倫比亞大學政治學碩士；繼又負笈歐西，入英國倫敦政治經濟研究院研究，為當代政治學大師拉斯基（Laski Harold）教授之高足。

22年，紹賢學成歸國，任交通部陝甘寧電政管理局局長。23年，復調任交通部職工事務委員會主任委員。時值訓政十年，國民政府正積極推動國家現代化建設，紹賢對我國西北之電政設施及交通部所屬全國事業，職工士氣之獎勵提升，暨福利之增進，建樹極多。25年，紹賢又奉派至廣州，擔任廣州特別市黨部常務委員，於抗戰前夕，在我國南疆重鎮廣州推動黨務工作。27年3月，國民黨在武漢召開臨時全國代表大會，會中選舉蔣中正為中國國民黨總裁，旋蔣總裁任命朱家驊為中央執行委員會秘書長，成立中央黨務委員會，紹賢受朱家驊賞識，膺選為委員兼秘書。

朱家驊

　　29年，紹賢復兼任中央組織部人事處處長，對國民黨幹部新秀之培植，敵後抗日黨工人員之部署安排，無不悉力以赴。於此期間，紹賢迭獲黨國重用，未幾，且升任軍事委員會總長辦公廳中將參謀，主要任務為策劃防止中共破壞抗戰之政治活動。

　　32年，紹賢奉黨部徵召，赴湖北省任省黨部主任委員，湖北緊臨前線戰區，為配合軍事進展，敵前敵後黨務工作兼程並進，紹賢均能不避艱險，完成上級交代任務。33年秋，紹賢轉任第一戰區長官部中將政治顧問。且自31年起，紹賢被政府遴選為國民參政會政員，連續達6年之久，屢次膺選為駐會委員，對政經興革事宜，多所建議；而在參政會制憲會議期間，於特種委員會委員任內，對憲法的基本原則之研討釐訂，更多獻替。

　　抗戰勝利後，紹賢於34年冬，奉派赴東南亞各地宣慰僑胞，並視察各地華僑教育，歷時3個月。在印度訪晤戰時盟軍東南亞戰區統帥，英國海軍上將蒙巴頓公爵，備受禮遇，特派專機護送回國。此行考察結果提出之報告，對推進南洋僑務及改進僑教，皆有具體建議，為當局所採納。35年秋，紹賢任教育部訓育委員會主任委員，對各級學校訓導工作之改進，甚多創新。期間復兼任教育部軍官轉業輔導委員會主任，全國分設5個輔導處，辦理輔導戰後復員編遣軍官轉業，使其職業與生活皆獲照顧和保障。35年底，紹賢並膺選為制憲國民大會代表，參加制憲工作。

　　37年，紹賢當選廣東選區立法委員，在立法院37年來，始終參加外交委員會，盡忠職守，出席院會及委員會，極少缺席。對議案審查討論，悉力以赴，未嘗稍怠。政府歷年來在臺灣之重要議案，如締

結「中日和約」、「中美共同防禦條約」、參加防止核子擴散條約之審議，及〈出版法〉之修正，皆悉心研究，旁徵博引。紹賢因專攻政治學與國際關係，學養湛深，對美國外交尤為所長，故37年來，在立法院外交委員會，對外交政策建言特別多。

紹賢除任黨政公職及中央民意代表外，更持續講學上庠，主持筆政，促進國際關係。曾歷任廣州大學教授兼政治學系主任，國立同濟大學教授兼秘書長，東吳大學教授，國防研究院講座，廣州《國民新聞日報》總主筆，台北《中央日報》、《中華日報》特約主筆，中華民國聯合國同志會常務理事，國際關係研究所國際組召集人兼《問題與研究》月刊主編等。

紹賢學識淵博，著作等身，重要專著有《中日問題之研究》、《日本在華北的鐵路政策》（英文版）、《中國政治制度》、《英美政黨制度及其比較》、《美國政治與外交政策》、《戰時民主政府》、《美、蘇、毛共最近重

陳紹賢

要文件綜合研究》等十餘種。歷年來論文散見於台北《中央日報》、《中華日報》、《建設雜誌》、《問題與研究》月刊、《政治評論》及《中美月刊》等，皆極具參考價值。

　　紹賢平居生活儉樸，恬淡自如，身心向皆健朗，惟因多年辛勞，體力漸衰。74年5月9日上午，不幸跌傷昏迷，急送榮民總醫院搶救，然因傷及腦神經中樞，延至10日晚8時30分不治，終年82歲。

閒話「民盟」

「民盟」，原名中國民主政團同盟，其後又改稱中國民主同盟，簡稱「民盟」。它是民國30年3月在重慶成立的政治團體，係由中國青年黨、中國國家社會黨、第三黨、救國會、中華職業教育社、鄉村建設派「三黨三派」所組織而成的。它標榜是獨立於國、共兩黨以外的第三股政治勢力，其成員主要是以知識份子為主體，是個兼具多種政治色彩的政治聯盟。由於「民盟」的紀律約束不嚴，且各個盟員又均具雙重黨籍，所以雖然它標誌是介於國、共以外的第三種力量，實際上它是想在國、共兩黨的鬥爭與矛盾中，扮演一溝通協調的角色，藉以凸顯其重要性。

這個充當「和事佬」的角色，成立伊始，確實是相當努力的在扮演著。尤以抗戰中期，大敵當前，國、共雙方劍拔弩張的緊張氣氛，遂行抗戰到底及政治民主化的雙重目標，「民盟」熙攘奔走於兩黨間，目的是

《中國民主同盟歷史文獻》封面

希望國、共兩黨能真誠合作，而不是要打倒蔣介石的國民黨。

「民盟」這樣的立場，在民國34年10月的臨時全國代表大會時明確地被提出，而在圓滿達成35年1月的政治協商會議時擔任了重要的一角。在國內諸政治勢力團結的和平共商下，政治協商會議提出了一份未來實行民主政治體制的時間表。但是，就在政治協商會議確定的「政治路線」方向時，民國35年3月國民黨的「2中全會」決議；以及東北戰爭的激化，使得實現「政治路線」的門被堵塞關閉了。兼以民族分裂的情勢明朗化，「民盟」的兩大政治訴求：國內和平與民主主義顯得比以前更加的強烈及迫切，因此擁護「政協路線」的口號也隨即喊出。

如同「民盟」在成立經過所説的，成立這個組織的政治目標只是以當前情勢所要求的最大的政治性課題為其焦點。而當時最大的政治課題，以「民盟」的眼光看來，無非是內戰的惡化及民主政治的不能落實，此其中，尤以民

主政治的不能落實更為嚴重。因為當時所有的在野黨派,包括共產黨在內,咸以為國民黨專制獨裁的作風未變,國、共的短兵相接此亦為主因之一。職是之故,「民盟」的中心思想,一貫的目標,是希望督促政府落實民主政治的實現。

只是平情而論,在闡述其所追求的民主主義上,「民盟」並沒有作出多少在理論上及內容上的發揮。換言之:「民盟」對民主主義理念的瞭解仍是淺薄的,也因此「口號政治化」、「內容空洞化」成了「民盟」充實民主內涵及從事政治訴求的致命傷。探究此一原因的產生,吾人可以從另一個政治層面來看,造成此種現象,可能說是起因於「民盟」是中間性黨派聯合體的一種「統一戰線」形態,以及構成這個組織階段性、階層性的複雜性格。

「民盟」的這種以實現民主主義的要求,為思想根柢的組織性格,在四〇年代末期的中國,與當時的政治環境,無疑是有相當大的落差。因此就在政協決議遭延宕、國共內戰白熱化時,「民盟」開始在主觀意識上,一口咬定是政府及國民黨為罪魁禍首,而「民盟」與政府公開決裂的局面也由此肇下。尤其在35年11月國大召開後,「民盟」與政府間的關係已成誓不兩立。

民國36年1月,「民盟」召開2中全會後,「民盟」開始提出了和民眾相結合的方針,把握了民主主義的內容就是民眾要求的實現,把民主主義實現的基礎放在民眾裡,進一步加深了民主主義的內涵。但是「民盟」這種試圖以聯合民眾為與政府抗爭的籌碼,除了加深本身和政府的對抗外,也為自己內部組織投下了不確定的變數。因為一個以高級知識份子為主體的組織,其凝結的因素,往往是因相同理念的

結合，「民盟」的利用群眾，在內部的安撫、溝通工作並沒有做好，而其聯合群眾的基調，多少有和共產黨互為唱和的味道，因此頗難獲得內部廣大堅持走獨立色彩中間路線盟員的支持與認同。

但是雖然內部呈現了若干政治性的不穩，對「民盟」來講，未嘗不有重整組織的意味（如民社黨的退出、張申府的開除黨籍），只是如此的代價，就是36年10月被政府宣布為非法組織，而遭解散。被宣告解散後的「民盟」，其路線卻越走越偏，最後甚至已喪失其原先立場，而淪為共產黨的外圍組織。在國、共鬥爭的末期，「民盟」始終與中共堅定的站在一起，不僅應和了中共「反美倒蔣」的宣傳，也主動批判資產階級的自由主義份子，為中共統治中國，立下了不少汗馬功勞。也因「民盟」如此的自毀立場，不僅使其以後無法以一獨立自主的政治團體與中共並立，反而提前塑造自己成為「附庸政黨」的悲劇角色。

「中國民主政團同盟」發起之初探

一、前言

　　「中國民主政團同盟」，以後又改稱「中國民主同盟」（簡稱「民盟」），是民國30年3月在重慶成立的一個政治團體。它標榜獨立於國民黨、共產黨外的第三股政治勢力，它是由中國青年黨、中國國家社會黨、第三黨、救國會、中華職業教育社、鄉村建設派「三黨三派」所組織而成的。基本上，它是由知識份子凝結成的一個團體，亦是一個帶有多種政治色彩的政治聯盟。

　　盟員中有的立場中立，有的傾向國民黨、有的同情共產黨，由於盟的紀律約束不嚴，且各個盟員又均具雙重黨籍，所以雖然它標誌是介於國、共外的第三種力量，實際上它是想利用國、共兩黨的鬥爭與矛盾，為自己爭取些政治本錢及經濟利益而已。至於它何由而起，有的說它是基於抗戰需要，一方面為避免共產黨之破壞；再方面係有必

要將國、共兩黨外的各種政團力量，聯合起來，成立一個「第三勢力」，而在抗共這個基本宗旨上，則與國民黨相一致，而收到擴大反共的效果，青年黨人的說法基本上是如此。

至於共產黨則說它的發起，乃肇因於「皖南事變」的刺激，及國民黨壓制民主人士的結果。到底事實的真象如何？我們可由一些當事人的回憶及資料，來一探究竟。

二、國民大會之延宕召開及在野黨派不受尊重

民國25年「五五憲草」公佈後，原本準備於26年11月12日召開國民大會，以制定、頒布並決定施行憲法日期。但自全面抗日戰爭爆發後，國民大會的召集已不可能，為了團結全國力量，集中全國的思慮和識見，協助國策的決定和推行，遂有「國民參政會」的設立。自民國27年4月1日，中國國民黨臨時全國代表大會中決議成立「國民參政會」後，旋即於同月7日通過〈國民參政會組織條例案〉，6月21日，公佈「國民參政會」名單，7月6日，「國民參政會」正式成立。

參政會初期，參政員凡能出席者，無不踴躍出席，會場充滿了團結抗戰的氣象，黨派的成員和宿恨，至少在表面上已為國家觀念所掩。而且大家本著知無不言、言無不盡的立場，委實也盡了開誠佈公、獻言策計的本份。誠如身為參政員的左舜生所說：「參政會共有決議、建議、詢問、調查四種權限，把這四種權限聯貫使用，乃居然對於監督政府這一點，發生了相當的作用」。

可是好景不常，就在國民黨開放胸襟，包容在野勢力自由議政，批評時論的當頭，由於黨內二陳派系的操縱及「中統」的不斷告密，

危言聳聽，動搖了蔣介石集中人才，延攬各政黨民主團結的決心。兼以蔣係軍人出身，軍人習性總較偏於整齊劃一，對於自由議政、相反相成的這套方法，較難於拍合。且蔣在抗戰初期，其集中在野人才的想法，多少是基於位高者理應禮賢下士的古代領袖心理，並非真有落實民主之理念。所以當第1屆國民參政會中，有若干參政員大膽批評時政，表面上雖足資警惕，內心難免產生有損威信之感。

就在第2屆參政會改組除名章伯鈞等人，及皖南「新四軍事件」之際，當局既憎於共產黨之攪和，又宿怨於參政員之親共產者，在一

第一屆國民參政會合影（民國27年）

片殺雞儆猴、山雨欲來之際，更令在野黨派而有獨立主張，不肯唯唯諾諾於參政會者，皆從此內不自妥，而思有以自固其壁壘矣。

處於朝野互繞心結，彼此不信任之際，政府的一篇措詞強硬的聲明，無疑是雪上加霜，使雙方的芥蒂更加嚴重。民國30年3月，第2屆第1次國民參政會召開，蔣在會中致開會式演詞，態度強硬的說：「在政治方面，我全國同胞均須認識一切黨派觀念，及所謂左傾右傾之意識理論已經是陳腐落伍的舊時代的空談，不能適應今天的世局了。……今天惟有適於戰鬥的政治，始為新時代之政治，能夠自衛，始克保障民治，不能戰鬥，即無民治可言。……中國國民黨所致力的國民革命，第一目的在救國，在求中國之自由平等，所以中國國民黨一貫以凝結民力鞏固國防為任務。……而為完成這一任務起見，本身決無黨派成見可言，惟有要求全體同胞向保衛國家之唯一目標，共同奮鬥。在政府自當整飭紀綱，以提高行政效率，推行地方自治，以確立民治基礎。國民大會雖延期召集，正是要政府加重責任，來推行縣以下的地方自治，造成全國各地堅強的基層組織……。」

問題的癥結就在國民大會的召開，倘政府當時處理合宜，態度和緩些，情況可能會有所不同。因為站在政府領導抗戰的立場上，或有其全盤考量的因素，但對於在野黨派渴望於抗戰中追求民主的意念，或有忽略及壓制之嫌。職係之故，由於政府對在野黨派的欠缺尊重，和國民大會召開日期的延宕，這個刺激，可以說給在野勢力的結合起了催生的作用。

三、「統一建國同志會」的鋪路及異黨份子遭排擠

「統一建國同志會」係「民盟」的前身，成立於民國28年秋冬間，關於它的形成，根據薩空了在〈民盟前身——統一建國同志會〉一文中說到，是由於下列兩個因子。

（一）為了當時汪逆在京組織偽政府，以實施憲政為號召，促成實行憲政的議案得於這年九月的參政會中通過，國民黨當局且答應在是年的雙十節宣佈實行憲政，但屆時又不宣佈，而推說候那年十一月初的國民黨中全會決定。在野各黨派以為此係一不可失的變一黨專政時機，遂時時集議如何推動實行之，以求各黨各派，取得政治上的合法地位，民主有早日實施之可能。這種集議是由各黨的領袖聚餐進行的，無形中已似乎有了一個組織。

（二）梁漱溟先生這時適自華北華中各戰區旅行了八個月歸抵重慶。他這次旅行之後，用幾句話作為他視察戰地的總結：（1）老百姓很苦（2）敵人之勢已衰（3）國共之間兩黨嚴重尖銳。因此他認為國共黨派問題如不速求解決，近則妨礙抗戰；遠則重演內亂。要求解決這問題，第三者責無旁貸，不過第三者零零散散，誰也盡不上力量，所以第三者的聯合實為當時第一要事，為此他遂進而要求大家組織起來。在這種因子下，經過當時在渝各黨派領袖及無黨派在參政會中任參政員的一部份領袖共同商討，成立組織之議遂定。

而這組織就是「統一建國同志會」，參加的成員，無黨派方面的有張瀾、光昇；青年黨有左舜生、李璜；國家社會黨的羅隆基、胡石青、羅文幹；第三黨的章伯鈞；鄉建派的梁漱溟；職教派的黃炎培、

《光明報》旬刊封面

冷禦秋；救國會的沈鈞儒、鄒韜奮、張申府及章乃器等人。由這紙名單看來，「統一建國同志會」實已網羅當時在野的所有政治勢力（共產黨除外）。它正式成立的時間應為民國28年11月，籌備地點在重慶，參加的團體有「三黨三派」：即中國國民黨、中國國家社會黨、第三黨、救國會、中華職業教育社、鄉村建設派。其宗旨為「集合各方熱心國事之上層人士，共就事實，探討國事政策，以求意見之一致，促成行動之團結」。

11月29日，梁漱溟受託去見蔣，說明「統一建國同志會」成立之宗旨及第三者的立場，並要求蔣承認此一聯合組織。蔣以不能組織正式政黨為條件，允許了「統一建國同志會」的存在。由於「統一建國同志會」的成立，使得中間黨派獲得了初步的整合，也為「民盟」的正式成立，作了思想政治上和組織上的準備。

綜觀上述「統一建國同志會」成立之經緯及其所標懸之理想與立場，本無

偏袒任何一方及厚此薄彼之處，豈奈由於中共有心拉攏及皖南「新四軍事件」，一方面使得國、共磨擦對立升高；再方面也因政府對於各小黨派態度的轉趨強硬，例如參政會改組及救國會、第三黨份子均遭排除在外，各黨派由此才改變了只與政府商量的態度，而改採爭取姿態，「民盟」醞釀的成熟，也在此呼之欲出了。關於此點，連一向較親近國民黨的青年黨領袖曾琦也痛心的指出：

> 抗戰全恃民心，民心首貴團結；團結宜先由有組織者，其次及無組織者；有組織者又宜先就其含有政治性者，加以融洽之，此則朝野各黨派之團結尚已。予意抗戰之初，當局確有此種認識，是以對各黨推誠相與，其後漸為讒言所惑，以為難關已過，無事嚶鳴求友，一色自青，且免滋乎多口。殊不知風雲變幻，來日大難，可慮尚多！千鈞之堤，潰於蟻穴，九仞之山，虧於一簣；若不戒慎恐懼，行見禍亂紛來，一黨之力，其何能濟！……予以為國民黨當國十餘年，今已至國難最嚴重關頭，在政治上有兩條路可走：第一，如認為憑一黨之力，可撐持以渡過此千古未有之國難，則不妨重申一黨專政之旨，並現有之國民參政會亦解散之，以免發言盈廷，徒滋多口；且可使各黨各派仍居於完全在野地位，保留是非功惡之自由批評權，以收相反相成之效，彼此責任分明。……第二，如認為一黨之力尚嫌不足，仍有集中人才集中力量之必要，則宜將參政會的職權擴大，名額增加，改為戰時國會……。

然國民黨思不及此，不僅未增加參政員名額、擴大職權，反而變本加厲，排除異己。曾氏在失望、迷惑之餘，拒不出席第2屆第2次參政會大會，及參與組織「民盟」之決心，也就不言而喻了。

四、皖南「新四軍事件」之刺激及朝野互不信任

　　皖南「新四軍事件」發生於民國30年1月，地點在安徽南部涇縣以南約80里的茂林一帶。它的起因是中共新四軍違抗北調命令，並向國軍第40師襲擊，第三戰區司令長官顧祝同乃增派軍隊，經過8天的激戰，從這年1月6日到14日，終將該部第四軍約7團之眾解散。1月17日，國民政府軍事委員會下令取消新四軍的番號，並將拿獲的新四軍軍長葉挺革職，交軍法審判；並通緝在逃的副軍長項英。

　　事件爆發後，共產黨的反應當然是非常激烈，連一向被視為沉穩的周恩來也發狂衝動起來。根據潘梓年的記載：「皖南事變，葉挺被捕。新華日報準備了一篇系統的報導。國民黨新聞檢查機關不讓登載，反覆交涉，反覆修改，總不讓登。報上就留下了一塊半版大的空白，那時叫做『開天窗』，周恩來同志悲憤交集，就親筆題了『為江南死國難者誌哀』！『千古奇冤，江南一葉；同室操戈，相煎何急！』二十五個大字交報館製版補上。到出版時，國民黨竟不准報紙往外發行，派了大批人員分頭攔截。恩來同志聽到後，立刻跑來自己拿著報紙沿街叫賣，報館的許多同志也同樣跟著這樣作，就這樣，終於把報紙發行出去了」。

　　中共當時視此一事件為國、共合作的結束，並開始作應變準備，周恩來認為「已是內戰開始，絕無好轉可能」，在雙方惡化已極的情況

中，周氏更強調：「我們的方針是政治上展開全面進攻，揭露頑固派親日派罪行，堅持十二條要求，絕不讓步。事實上仍守自衛原則，人不犯我，我不犯人；人若犯我，我必毀滅之。他要取消新四軍，我要恢復新四軍；他不發八路軍餉彈，我們不管他，組織則堅決隱蔽」。

至於周氏所謂的在「政治上的全面進攻」方法，可說是兵分兩路，一路是杯葛參加在該年3月1日舉行的國民參政會第2屆第1次會議；一路是勸使若干中間派的參政員出面調停，試圖努力解釋他們的立場。而此中間派人士，即是由黃炎培、張君勱、左舜生、褚輔成、沈鈞儒、張瀾等6人，於該年2月27日上午謁蔣所提之書面意見，在溝通中，蔣尚表現出相當寬容的心，也允許共產黨參加參政會主席團，奈何在中共堅拒不參加的情況下，努力結果，卒無所成。

平情而言，此時這些中間派人士立場，尚不失公正、客觀，但可能是雙方積怨已深，互不信任，政府不僅防範共產黨，對這些自命中間派的人士亦不具好感。先有民國29年6月頒布的「防制異黨活動辦法」及「異黨問題處理方案」，後又宣布命令軍警特務監視救國會，及在新疆逮捕杜重遠，最後就在政府把沈鈞儒、陶行知、鄒韜奮、章伯鈞等非國民黨人士排斥於參政會外的同時，中間派在失望與自保當中，建立起共識，一個聯合三黨三派的「中國民主政團同盟」終於誕生，此一誕生和「新四軍事件」的刺激不無關係。

根據發起人之一的梁漱溟日後回憶到：「一九四一年二月十日，即皖南事變發生不久，中共代表周恩來與各民主黨派聚談，各黨派都不約而同地談到面對當前的形勢，深感各黨派有為民主與反內亂而團結之必要。不久我和黃炎培、章伯鈞、張君勱、羅隆基、左舜生等人

民盟成立後，主席張瀾（左）
與秘書長梁漱溟合影

民國35年11月14日，周恩來在梅園新
村設宴招待民盟代表，圖為宴後合影

相約聚會，正式決定將統一建國同志會
演變擴大為中國民主政團同盟，並連續
召開籌備會議，起草中國民主政團同盟
的綱領、宣言和章程，醞釀領導人。三
月十九日，中國民主政團同盟在重慶上
清寺特園召開成立大會，我（按：指梁
氏本人）和黃炎培、張瀾、羅隆基、章
伯鈞、張君勱、左舜生、李璜、林可
璣、丘哲、江問漁、冷遹、楊庚陶等
十三人參加」。

五、結論

　　由上述三點原因分析，在孕育「民
盟」的過程中，這些中間人士立場尚不
偏頗，動機亦無可厚非，倘政府當時若
能加以重視，減少猜忌之心，增加信任
之感，甚至對有才能之士，能不分黨
派，裨以重用，可能「民盟」尚不致於
為共黨所利用。豈奈政府有關人士，識
見短淺，心胸狹窄，只知一昧的反對、
打擊、孤立，終使「民盟」日後向中共
靠攏，喪失了一股在國、共之間可以緩
衝的力量。讀此段歷史教訓，謀國秉政
者，宜該三思而戒慎恐懼乎！

王兆槐，號鐵庵、一號鐵厂，浙江省遂安縣芳梧嶺人。生於清光緒32年（1906）3月27日，幼年隨父母遷居杭州經商；初入私塾，民國後畢業於杭州體育師範。民國14年，考取廣州黃埔軍校4期步科。入伍生時期，曾參加東征之役。畢業後，自民國16年起，歷任北伐軍總司令部上尉參謀，民19年，任陸軍52師副官處長。20年任52師155旅6團中校團附，22年任浙江保安處中校股長，24年任淞滬警備司令部上校偵緝隊長，由於表現優異，頗受戴笠（雨農）青睞，迭任情報工作要職。

24年10月25日，湖北省政府主席楊永泰在漢口被刺身亡，凶犯譚戎軒（化名陳夑超）當場被捕。譚某被捕後，竟狂言自稱係奉中央命令殺漢奸，洋洋得意，不以為過。為追究主使，明瞭真相，戴笠派司法科長余天民由南京至漢口，會同武漢之廖樹東與朱若愚辦理此案。由於朱若愚之機智警覺，追出詳

韓復榘

情，於11月先後捕獲要犯龔柏舟、張家義、楊其新等。據供稱係受「新國民黨」負責人劉蘆隱之命，並受楊筱明、蕭佩葦之主使。

先是，民國23年12月25日，外交部次長唐有壬忽在上海寓所遭人暗殺，迄未破案；現因破獲楊案之線索，知當時之凶犯為項應昌，於是再赴西安將項捕獲，亦供稱係受命於劉蘆隱。劉係所謂「新國民黨」之主幹，組織「中國國民黨革命軍團」，自為首領；另組「中華青年抗日除奸特務隊」，派遣黨羽在京滬漢各通都大邑，專幹暗殺黨國要人勾當，曾有謀刺蔣之計劃。自楊案破獲後，軍統局曾搜獲劉親批「中國國民黨革命軍團」總章、「中華青年抗日除奸特務計劃書」，以及交通經費預算等密件。於是派員多方搜尋，最後終由兆槐在上海將劉逮捕。

民國26年，抗戰軍興，9月，軍統局特在青浦與松江成立訓練班，佘山成立教導團，輪流調訓官兵，兆槐曾膺任總務組長。又抗戰初期，民國27年1

月，山東省主席兼第3集團軍總司令韓復榘，不遵命令，放棄守土，經軍委會下令拿辦，當時韓復榘統領重兵，情況特殊，經設計誘捕方法，交由軍統局戴笠負責執行。戴氏奉令，旋即率領幹部梁幹喬、毛人鳳、王兆槐趕赴隴海路，乘韓赴豫開軍事會議時誘捕；匕鬯不驚，解除韓氏兵權，依法審訊，於1月24日，軍法處依法判處死刑，兆槐參與執行任務，圓滿達成。

蔣介石與戴笠

民國27年，兆槐任軍委會調查統計局桂林辦事處主任，28年調任軍委會特務總隊少將總隊長，30年任軍委會西安監察分處少將處長，32年，國民政府為統籌辦理物資內運，管制物資向淪陷區輸入輸出，以加強經濟作戰。4月，由財政部成立「戰時貨運管理局」，戴笠任局長，王撫洲副之，下設管制、業務、運輸、財務、總務5處，處下設科，且於各地分設機構，根據任務，分為兩種分支機構。

負責管制者，稱為某區管理處，兆槐任豫皖區處長，積極搶運物資、調劑

民生。34年抗戰勝利後，任交通部京滬區鐵路管理局警務處長，未幾升任副局長、局長。

民國37年，在原籍遂安縣兆槐以高票當選第1屆國民大會代表，曾經多次當選主席團主席、及國民黨國大黨團常委。38年，政府遷台後，兼任光復大陸設計研究會委員，且曾任國防部少將高參、設計委員、經濟部漁業公司董事長等職。民國50年，任交通銀行董事達20餘年。民國69年，曾積極籌設台北市浙江省遂安同鄉會，並當選首任理事長，73年因病辭。75年6月16日，因宿疾復發，延至8月1日，病情惡化，與世長辭，終年81歲。兆槐早年追隨戴笠，迭任情治要職，著有《對匪鬥爭技術之研究》一書。

王兆槐

記平民教育家

——車向忱

民國18年，東北民間成立一個「國民外交協會」，會中多是工商文教等各界團體人士，如梅公任、王化一、王光烈、卞宗孟、車向忱等，該會信仰三民主義，倡導維護國權作為外交後盾，抵抗日本、蘇俄之侵略為主。其中尤以車向忱活動最積極，他辦平民教育，百忙中仍撥冗奔波於東北各縣市鄉鎮，宣傳講演，鼓吹愛用國貨抵制日本，甚獲民眾的響應。

民國20年「九一八事變」，車向忱流亡關內，漸感民族瀕亡，民權不彰，民生飢饉，實有悖「孫中山主義」之本意。向忱因對當局抗日政策不滿，並受「聯合抗日」救國救民等口號之感召，思想逐漸左傾。又因西安事變後，張學良遭蔣扣押，憤而與張學思、呂正操、萬毅、閻寶航、高崇民等組「東北民眾救亡會」，該會後來幾乎成了中共的地下組織。

惜這些人在中共建國後，先是當樣板，似乎受重用；後泰半多被誣慘死，其後雖恢復「平反」，但死者已矣，「平反」也不能復活，邦國苦難，徒呼浩嘆！向忱一生推行平民教育，實不多讓著名鄉村教育家梁漱溟專美於前，惜社會上少見對之墨述，故筆者特撰此文，敘述這位平民教育家車向忱之一生。

　　車向忱，原名慶和，遼寧法庫人。清光緒24年（1898）生，自幼聰穎，性善讀書。其父為一教育家，有聲於鄉里，書香傳家，對向忱影響甚大。宣統元年，向忱入其父所辦之「時勢小學堂」就學，父教甚嚴，不因向忱為其子而有偏私，故向忱更戰戰兢兢努力向學，深恐有辱父譽。

　　民國3年，向忱進法庫中學肄業，民國6年以優異成績畢業，旋負笈關內，民國7年入北京大學高等補習班學習。民國8年，五四運動起，向忱積極參加北京學生反日愛國運動，並直接參與「火燒趙家樓」焚曹汝霖住宅事，未幾遭到逮捕，後經學生聲援力爭，監禁月餘始釋出。

　　民國9年，向忱自高等補習班學習結束後，考入以孫中山為名譽校長的中國大學，先入法科，後因興趣不合轉入哲學系。時適值五四新文化運動風起雲湧之際，西方各種思潮競相輸入中國，雖然新一代知識份子高唱「反宗教」、「反迷信」運動，唯向忱以為國人迷信愚昧依舊。為喚醒民眾，啟發民智，從民國10年開始，向忱廣泛蒐集資料，以兩年時間，撰寫出一本破除封建迷信之書，名曰《打破迷信》，並以平日自己刻苦儉用之學費，自印1千冊贈送勞苦大眾，以廣宣傳。

　　不僅如此，為提昇基層平民的教育水準，向忱又與幾位志同道合同學，辦起了中國大學平民夜校，並親自擔任夜校主任。民國14年，向忱以名列前茅的成績自中國大學畢業。學成歸鄉，回到瀋陽，與閻寶航聯合為瀋陽第一監獄的犯罪兒童，創辦第一所平民學校。結果實施成果不錯，各方反應良好，此舉給與向忱辦平民教育莫大的鼓舞與信心。

　　接著又再接再厲的在省立第三高中、省立第一高中以及東北大學附屬中學，各設了三所平民學校，親自督教，嘉惠更多白山黑水的子弟。民國16年，更聯絡遼寧各大、中學生，成立「奉天學生平民服務團」，為城市平民和鄉村農民，幫助他們習文識字以提高教育程度。

　　民國17年9月，向忱為擴大平民教育的推廣，乃進一步聯合各界人士成立「奉天平民教育促進會」，自任該會總幹事，並得到東三省保安總司令張學良的支持，張且贊助辦學經費5千元大洋，並應邀兼任該會名譽會長。經由張學良的捐助和向忱的大力鼓吹，迄於民國18年7月止，遼寧全省已有城市平民學校41所，學生1千7百餘人；農村平民學校2百多所，普及20餘縣，使全省7千多名不識字之農民，開始有了接受教育的機會。

　　民國18年夏，日本侵略東北日亟，向忱更有感於教育救國的迫切性，與灌輸愛國思想之重要性，乃與閻寶航、張希堯等人共同發起「遼寧國民常識促進會」，向忱被推為主任幹事及會長，負責督導一切會務。該會宗旨以「灌輸常識造就健全國民」為目的，工作重點以組織各大中學校學生分赴街頭、茶社、劇院、教堂、監獄等地進行反日愛國演講，提倡國貨，抵制日貨。

民國20年，「九一八」事變爆發後，向忱速與閻寶航、張希堯等人聚集北平，聯合高崇民等東北知名抗日人士，於9月27日在北平成立「東北民眾抗日救國會」，向忱被選為執行委員兼常務委員。同年10月，向忱率領一宣傳組，前往山海關、綏中、興城等地宣傳群眾，抵抗日本的侵略，不可當亡國奴。11月，復率領數名東北熱血青年，赴南京向政府請願，要求抗日。

　　民國21年2月，向忱易名為楊秀東，化裝潛入東北敵佔區，先後至南、北滿各地，會見抗日義勇軍將領鄧鐵梅、唐聚五、李杜、馬占山、蘇炳文和楊靖宇等人，代表「東北民眾抗日救國會」對義勇軍英勇表現轉達慰問之意。其後向忱且將這段驚心動魄之經驗，編著《東北抗日聯軍對日作戰之經驗》一書以記其經緯。同年7月，向忱於哈爾濱開設大同療養院，為掩護來往的抗日戰士和傷病員治療服務。

　　民國22年3月，熱河繼東三省淪陷，日寇進犯我長城各隘口，中國駐軍以守土有責奮起抵抗，其中以東北將士表現更是令人刮目相看。向忱為鼓舞士氣，乃與張希堯等50餘人，代表救國會、遼吉黑後援會、北平婦女協會前往抗日前線，慰勞抗日軍隊，並親自冒著槍林彈雨，搶救傷兵達2千餘人。是年5月，馮玉祥、吉鴻昌等又組成「察綏抗日同盟軍」，爆發所謂的「張北抗日事件」，向忱與張希堯等又趕赴張北前線予以打氣。

　　24年夏，向忱自北平到西安，與張希堯等人創辦私立東北競存小學，招收東北流亡關內子弟入學，並得到張學良、楊虎城、楊明軒、杜斌丞等人的支持和捐款資助，該校其後又設分校兩所。是年10月，向忱至洛川說服張學良，接見遭紅軍俘後釋放之原東北軍團長高福

源，並透過高福源與中共毛澤東取得了初步的聯繫，表達了東北軍願與紅軍合作，共同抗日的願望。

25年6月，張學良和楊虎城在東北軍及西北軍內部組織了抗日同志會，還舉辦了軍官訓練團。向忱是抗日同志會之核心成員，暇時尚在軍官訓練團給學員上課，宣傳聯合紅軍抵抗日本侵略之要旨。「九一八」事變5周年時，東北流亡同胞與西安各界群眾聯合召開了紀念大會，向忱親到會場作公開演說，台下各界反應十分熱烈。10月，向忱又在競存小學禮堂召開了「東北民眾救亡會」成立大會，被推為主席。

西安事變前蔣介石與張學良合影

西安事變後，向忱代表「東北民眾救亡會」參加了14個救亡團體的緊急會議，並聯合署名發表了〈全國救亡團體擁護張、楊主張的通電〉。民國26年1月，在中共陝西地下黨的領導下，以向忱為發起人之一，秘密建立了西北教育界抗日救國大同盟，向忱為該盟執行委員，負責宣傳工作。其後，向忱陸續聘請中共黨員到競存小學擔任行政

職務，並對教學內容和教學方法進行改革，紅軍西安聯絡處和中共陝西省委先後派地下黨員多人至該校任職任教。換言之，向忱的競存學校已成為中共地下黨活動的一個重要據點，不久中共且建立了地下黨競存特別支部，直接隸屬陝西省委指揮。

「七七」抗戰爆發後，國共第二次合作，中共中央派遣馮文彬、胡喬木等人在三原縣安吳堡創辦「安吳青年訓練班」，培養革命青年幹部。向忱特別帶領競存學校師生前去觀摩，學習「抗大」作風。為了把抗日救亡與學習延安作風結合起來，向忱提出了「團結、創造、耐苦、奮鬥」之校訓，一切以抗戰為前提，向忱決心把競存學校辦成一所像「抗大」般的學校。在抗戰的前後10年中，競存學校畢業學生有5千餘人，絕大部分的學生都投筆從戎，紛紛加入抗戰行列，當然也有不少學生，偷越封鎖線，參加了中共的八路軍。

抗戰勝利後，民國34年12月13日，向忱到達延安，見到了毛澤東等中

民國25年12月16日上午10時，西安各界在革命公園舉行群眾大會

共領導人，並在延安參觀考察月餘，也接見了在延安工作的競存學校師生。35年1月，向忱離開延安，毛澤東等到機場送行，臨別前尚交代向忱「團結同胞，爭取和平，搞好東北工作」。2月，向忱回到東北，先到瀋陽，又去撫順，與東北民主聯軍總部負責人林楓、張學思等人接觸。同年6月，向忱擔任嫩江省人民政府副主席，9月，又膺選為東北行政委員會教育委員會主任委員，主持東北之教育工作大計，同時又兼任哈爾濱大學校長。10月，向忱加入了中國共產黨。

共軍佔領東北後，向忱回到瀋陽，任東北人民政府委員兼東北人民政府教育部部長，後來還擔任了遼寧省副省長，遼寧省政協副主席、全國政協常委、中國民主促進會中央副主席，並被選為第1、2、3屆全國人大代表。在行政與黨務工作繁忙之際，向忱仍一本熱愛教育工作之初衷，堅持直接參與教育工作實踐，猶先後兼任東北實驗學校校長、瀋陽師範學院院長、瀋陽體育學院院長等職。

中共建國後，向忱雖屢膺要職，然10年文革風暴起，向忱仍未能避其鋒，身心遭受紅衛兵殘酷的迫害，民國60年1月8日，含冤辭世，享年73歲。民國66年，中共遼寧省委雖為其平反昭雪，恢復名譽，然已於事無補。

綜觀向忱一生，為一身體力行從事平民教育之教育家，雖親共左傾，但愛國熱誠不容置疑，評論歷史人物宜客觀公正，就事論事。以此角度論之，就平民教育之實踐力行言，向忱實仍有其值得吾人肯定評價的地方。

川軍楷模

——陳宗進

陳宗進，字耀東，四川雅州府清溪縣人（民國20年清溪縣隨雅州府各縣，併入西康省，改名為漢源縣），生於清光緒20年（1894）5月25日。宗進於宣統元年（1909），由本縣的清溪中學，考入陸軍部在四川成都興辦之陸軍小學堂第4期。宣統3年（1911）辛亥，清廷舉借外債，由郵傳部大臣盛宣懷經手，宣布將川鄂各省由農商田賦組辦之川漢鐵路，收歸國有，一時川人大譁，川省同胞組織保路同志會、保路同志軍，力爭路權。

川中革命志士，更於推動爭路風潮中，倡議各州府縣獨立，推翻滿清，另立革命政府，以求國家政治革新。在此風起雲湧之際，宗進亦不落人後，與第4、5期同學多人參加革命組織，在全城和學堂戒嚴令中，跳越學堂內城牆，各回本縣，策動川西、川南各縣紛紛獨立，促成辛亥革命中四川響應的成功。四川成立軍政府後，為加強地方武力，擴充軍隊，鞏固川康邊防，因缺乏幹

名擅風騷

陳宗進

部，乃下令將四川陸軍小學堂未結業的4、5期，改辦為四川軍官學堂第1、2期。

宗進與此二期同學不滿尹昌衡都督此舉，夥同兩百餘人自動離學堂東下，至南京，請川人江蘇都督程德全代為呈請北京陸軍部，收容入保定軍官學校受訓。正值往返電商交涉間，適逢袁世凱大借外債，用兵南方各省，民2「癸丑革命」正式登場。宗進有鑒袁氏竊國，北洋軍閥難以有為，旋即與4、5期同學由南京去上海，參加「上海獨立」及攻擊製造局作戰，同學熱血填膺，與北軍鏖戰，損失慘重。

上海獨立失敗後，宗進與同學又回南京，參加南京的獨立作戰，「南京獨立」失敗後，大多數同學因經濟困難無法支持，紛紛回川。只有宗進與同學20餘人，堅持留在南京，繼續不斷的向陸軍部申請入保定軍官學校。迄於民5袁氏死後，民國6年，陸軍部始批准宗進與留在南京之20餘同學，插班入保定軍校第6期步科受訓，民國8年畢業。

畢業後，宗進分發至陝西省漢中府陸軍22師（原川軍第3師），任教導團分隊長，上尉參謀。以後輾轉輪調至四川督軍公署、陸軍21師（原川軍第2師）、國民革命軍第29軍第3師，歷任參謀、連長、營長，上校團長各職。民國18年，升任國民革命軍第29軍第3師步兵第6旅旅長，先後參加川陝邊區追剿共軍徐向前，及川康邊區朱毛各股匪。民國24年，四川第一次整軍，納入中央統一頒定「陸軍整理師」編制，宗進調任陸軍41軍123師副師長兼369旅旅長。

25年12月，張學良、楊虎城發動「西安事變」，宗進奉命入陝參加討逆，北上進至漢中鳳縣秦嶺，完成包圍關中叛軍。26年，抗日軍興，41軍請纓出川參加抗日，奉軍事委員會命令編入第22集團軍戰鬥序列。其122師、124師，首先北進，參加山西省之晉北、晉東戰場。宗進奉命第123師369旅繼續入陝，受西安行營主任蔣鼎文指揮，協同預1師謝輔三所部，清剿陝南漢中、安康、商南地區匪首王三春。

王匪共有2、3千人之眾，自民初以來，即竄擾陝、豫、鄂各省，政府征剿多年，消耗龐大人力物力，迄未撲滅。抗戰開始，豫、鄂兩省均成前線，陝西安康、商南，正位於後方運輸補給要區。宗進率369旅與謝輔三師在漢水南北兩岸、及大巴山秦嶺之間，窮追猛打，卒於商南以西之佛坪生擒王匪三春，並招降王妻及其餘土匪千餘人。此外，遣散股匪，宗進亦不遺餘力，其曾派旅部主任參謀將股匪引入西安，由蔣鼎文安置編遣，化匪為兵。自此豫、鄂前線後方「白老公路」（老河口至白河）、「白漢公路」（白河到漢中）、「豫陝公路」（南陽至商南）均暢通無阻，且能適時支援豫、鄂前線作戰。

28年，宗進又奉命由漢中推進鄂省竹谿縣，為第5戰區總預備隊。適竹谿、竹山兩縣人民，為地方稅收事，抗拒縣政府，聚眾數千人，風潮擴大。因竹谿、竹山位於與軍事運輸有關的「白老公路」中繼點，湖北省政府乃電請第5戰區派兵清剿，第5戰區司令部即令宗進全旅進剿。宗進默查地方情況，力主安撫以利抗戰形勢，隻身同縣長及地方紳耆深入群眾中，不顧安危，力加勸導，眾皆信服，遵諭遣散，化戾氣為祥和，兩竹同胞，無不稱道。繼又奉命隨全師推進老河口、襄陽，歸還22集團軍第41軍建制，參加抗日作戰。

　　宗進曾先後率部參加28年冬之「冬季攻勢」，及29年5月之「棗宜會戰」，因戰功彪炳，旋奉命升任22集團軍總司令部參謀長。30年，調任41軍123師師長，參加5月鄂北之「棗陽會戰」；及10月之長江南岸的長沙會戰，配合薛岳，發動「豫鄂邊區攻勢」、「進攻隨縣」作戰，牽制南岸敵軍。因戰績卓著，31年，在41軍曾甦元軍長奉調入陸軍大學受訓三年期間，奉軍事委員會命令，升宗進為41軍副軍長，並代理41軍中將軍長。

　　代理期間，曾指揮所部兩師擔任「大洪山攻防作戰」、及「挺進鄂中」京山、皂市、應城等地，威脅武漢日軍，以策應南岸宜昌、常德兩次作戰。34年，參加「協力陸軍45軍之125師老河口攻防作戰」及「襄河河防作戰」。8月，日軍投降，奉命進駐河南老漯河辦理受降日軍繳械事宜。35年，奉命進駐豫南駐馬店，截擊追剿鄂北、豫南、皖西之李先念共軍，追擊入陝境，將其全部肅清，李先念僅以身免，隻身逃往陝北。

　　36年，全國復員整軍裁兵，奉命調任陸軍總司令部鄭州指揮部辦公廳中將主任。37年，復調任豫北新鄉第12綏靖區副總司令官，參加戡亂。38年，調任駐宜昌之川鄂邊區綏靖公署中將秘書長。大陸陷共，追隨政府來台，於40年病逝台北，終年58歲。

研究中古史有成的 張傑生教授

張傑生，本名張介庥，字傑生，號石農，以字行。清光緒20年（1894）正月16日生，世居河南修武縣張延陵村，詩書傳家，鄉里稱賢。祖父紫軒公，父臚卿公均飽學之士，在家鄉設絳帳講經，門下多秀士，造育英才，遠近稱頌。傑生幼承庭訓，童年即熟讀四書五經，國學基礎於焉深植。自小學、中學、中華大學預科，迄北京大學，每試常居其冠。曾師事桐城姚仲實、姚叔華二先生，於古文用力至深，從先秦到晚清諸名家作品，無不反覆吟讀，故文章粲然可觀。肄業北大期間，復受名教授張西位先生啟發，精研史地，宵旰勤學，爾後諸多史地著作，皆奠基於斯時。

民國9年，傑生自北京大學文史學門畢業，旋即返鄉，先後執教於省立洛陽中學、省立第一、第二等中學。11年，應武昌師範大學及河南法政專門學校之聘，教授中國通史。12年，傑生以河南軍閥肆虐，民不聊

生，蒿目時艱，慨然而興濟世救國之念，乃毅然加入中國國民黨，致力國民革命，宣傳主義，組織民眾，貢獻一己之力。16年底，當國民革命軍北伐抵豫時，即奉派為籌備開封市黨部黨務委員。

民國18年春，償生應聘至北京大學任圖書館典錄課主任，兼在北京女子師範大學任教。同年秋，返回鄉梓膺任河南省教育廳主任秘書，任內期間，精心擘劃，推行教育，頗獲好評。19年春，償生又轉任省立開封高級中學校長。未幾，因中原大戰爆發，豫省淪為兵家必爭之地，不得已乃停辦學校，辭職再赴北平，任教於師範大學及中國大學。課餘潛心鑽研《史記》、《漢書》、《三國志》諸史，撰述《讀史蠡測》一書，惜未及刊佈，即毀於抗日戰火。

民國22年，有感於安徽省主席劉雪亞的盛情相邀，償生間關南下，屈就省府第三科科長，主管財政、保安事務，雖非素習，仍任其艱，身體力行，切實考核，悉心督導整頓。其後，皖省財政收支漸裕，境內治安略見起色，績效彰顯，知者譽為幹才。

23年，安徽大學易長，償生受聘為該校秘書長，主持黌宮興建，致力充實設備，改進校務，校風為之丕振。26年秋，抗戰軍興，南京淪陷，安慶告急，校長他去，委償生暫理校務。旋徽大奉命遷徙，償生不避艱難，在諸事待舉，雜務紛繁的情況下，獨挑遷校大任，井然有序，整理得宜，終使徽大弦歌不輟，師生咸心懷盛德。民國28年，正值抗戰方酣之際，償生又奉派返回河南，先任豫北黨務專員，後為豫北總指揮部黨政處長，負責聯絡軍民，推展敵後秘密黨政工作及游擊活動，對牽制日寇作戰，不無微功。

同年底，因豫北第二、第四行政區域體制恢復，儐生乃又改派為河南第三區行政督察專員。公署設於安陽、林縣交界之太行山區，儐生就任後，親率保安隊伍與地方團隊全力配合國軍，既與日寇奮戰，復指揮若定，與敵周旋，了無懼色，終能不辱使命。民國34年4月，日軍西進，洛陽易守，儐生離洛甫抵洛寧，不幸為敵騎追及，全家遭俘，押送返洛。

時日人知儐生望重鄉閭，圖思攏絡為其所用，乃央人甘辭相誘出任偽豫西道尹，儐生本民族大義及一己人格，對日人之拙技嚴拒至再。繼之，日本仍不死心，福田清信且親自嚴辭相逼，儐生從容與曰：「當吾渡河北上甫入太行時，早置生死於度外，若相迫，即死耳。」凜然氣節，終使日人莫可奈何，被囚數月後，始脫囹圄出險。

抗戰勝利後，儐生復員返豫出任國立河南大學教授兼總務長。35年膺選為國民參政會參政員，為民喉舌，建言改進役政、糧政，減輕庶民徭役。於此同時，儐生尚兼豫魯監察使署主任秘書，於風憲職事，貢獻良多。37年10月，儐生受命為河南省政府委員兼教育廳長，甫上任，即因赤焰高漲，中原板蕩，開封、鄭州等要邑均相繼撤退，倉促中，儐生尚需撫輯流亡學生4萬餘人，張羅安頓之所，籌濟糧糈，艱苦異常。

唯儐生任勞任怨，千里跋涉，餐風露宿，輾轉抵達都門，四方奔走呼籲，卒獲回響，方能於京滬、浙贛、湘桂諸鐵路沿線，籌設河南聯合中學多所，容納流離失學青年，其後更有5、6千莘莘學子不為中共所用，脫身虎口來台，為國家保存菁英，儐生實功不可沒。

《魏晉南北朝史》書影

民國38年4月，儐生經中央提名為行憲後第1屆考試委員。其時，政府方播遷來台，考試院諸典範，或興或廢，多待研討，儐生躬親考定章則，規劃用人政策，改善考銓制度，計制試務章程，又於典試掄才，出題評卷，均殫精竭智，為國慎重選才。迨民國49年，第2屆考試委員任滿，儐生轉任考試院顧問之職，爰於公餘，開課於國立臺灣師範大學，講授「史學方法」及「魏晉南北朝史」，遂其初衷，還其學者本色。

儐生一生好學深思，博聞強記，素攻史學，尤精於魏晉南北朝史，夙嘗以執教庠序為終生之志。既而國事蜩螗，日寇侵華，儐生不得已投筆從戎，秉書生報國之志，歷經黨政諸職，初無意久棧仕途，然公餘之暇，仍未嘗荒廢於學。故晚歲重歸杏壇，暢遂其志，執經以課學子，校訂史冊，編撰講義，刊印成書。於歷代王朝興替之由，政經制度沿襲之軌，文化思想遞變之迹，立論嚴謹，鞭辟入裡，特具卓見，蔚然成一

家之言。所著有《魏晉南北朝史》、《魏晉南北朝政治史》、《文化史》、《北朝三史校記》等，皆儐生窮畢生之力，孜矻治史之史學巨構，無愧班馬之作也。儐生個性恬靜為懷，清廉為守，綜其一生，或教學，或仕宦，未嘗以一日之窮通稍易其志，誠以立身有本，可仕可止，進退出處夷如也。民國74年4月3日因病辭世，享年92歲。

一代地理學大師
——沙學浚

沙學浚，字道夷，江蘇泰州人，生於清光緒33年（1907），父為沙子符，業商，早年為人作嫁，後自營布店；母曹氏，操持家務，家道小康，育有3男1女，學浚為最幼。學浚自小天資聰穎，塾師認為其將來必有建樹。民國11年，學浚於舊制小學畢業，已廣讀《四書》、《五經》，奠定治學基礎。旋入揚州美漢中學，肄業3年，英文大有進步。

民國14年，就讀上海光華中學，次年又考入北京鹽務學校，在京期間曾染猩紅熱，幸死裡逃生，不得已乃於是年南歸故里，入南京金陵大學。未幾又轉學中央大學，入教育學系，副修地理學，受業於地理學家張其昀先生。

民國19年，學浚自中央大學畢業後，於上海光華大學附中任教一年，且於是年與相戀多年的唐厚蘭女士結婚。民國21年9月，學浚自費搭船赴德留學，所乘義大利郵輪甘琪

沙學浚

號自上海啟錨，同船者尚有國聯李頓調查團部分團員，以及中國代表團專門委員戈公振和顧維鈞公使。「九一八」事變報告書，亦附此船運歐，可謂一趟有紀念意義之航行。

民國21年10月1日，學浚抵達目的地德國，入來比錫大學（University of Leipzig）研讀地理，專攻地圖學。在來大時，得地理學教授須密特之介，至來比錫地理博物館（Museum fuer Laudes Kunde）學地圖繪製方法。後又在柏林入德國最著名之印刷學校，實習印圖技術，收獲良多。民國22年，學浚又轉學至柏林大學（University of Berlin）研究地理學，期間曾在德國測量局（Reichsamt fuer Landesaufuahme）製圖科學習，良機難得，故學浚無不認真努力，以求獲取更多知識。又本年南京籌建地理學會，學浚在師友張其昀、趙迺搏、蕭承慎等人力邀下，加入地理學會。

民國23年9月，國際地理學會大會在波蘭首府華沙召開，學浚以機不可失，專程出席參加。會議期間曾與國際

著名學者謀面請益，且遠赴蘇俄莫斯科等地參觀。學浚旅德時期，用心求學，刻苦自勵，所交朋友均為勤奮好學之士，如洪謙（已故北京大學哲學教授，維也納學派成員）、王惟中（上海復旦大學經濟系教授，維也納學派經濟學）、劉絜敖（上海財經大學經濟學教授）、周景瑜（已故武漢大學教授，圖書館館長）等，皆是一時之選。

　　民國25年8月，學浚以在德課業已告結束，乃轉往巴黎繼續研究地理與法文，並在法國陸軍測量局（Service Geographique d'Armee）學習製圖，收穫頗豐。總之，學浚留歐，所懸目標不在學位之獲取，而在研究地理與製圖之方法，尤重理論與實務結合，故其學習隨所需選修課程，博採各家之長，在地理學之研究及對製圖技巧之精進，卓然有成，蓋以不受學位設限也。

　　於此同時，學浚學成歸國，旋由鄒魯推薦到廣州中山大學地理系任教，同事有吳尚時、孫宕越等。未幾，學浚辭中山大學職，回故鄉任江蘇省地政局副局長，同時亦在南京中央大學兼課。民國26年7月，中日戰爭爆發，12月南京失陷前夕，學浚攜眷溯江西上，直達重慶，應聘北碚復旦大學史地系教授兼系主任，與外文系教授伍蠡甫、梁宗岱等碩儒時有往返。戰爭期間，學浚基於知識份子的使命感，經常為重慶《大公報》撰寫星期論文，27年曾發表〈論大學教育之改造〉，有識之士多有同感。

　　民國28年，二次大戰正式爆發，蘇俄入侵芬蘭，12月4至6日，學浚於《大公報》為文〈蘇芬關係之地理背景〉，從地理學角度，詳細剖析蘇芬戰爭之地理因素。29年，學浚以國人不重視中學地理為一大隱憂，乃撰文〈中學地理的教材、教具與教法〉於重慶《教育心理研

究》月刊發表,大聲疾呼中學地理的重要性;另外也強調中學地理內容教材、教具與教法更改推新的迫切性。

民國30年,學浚應恩師張其昀之邀,轉赴貴州遵義浙江大學史地系任教,講授中國區域地理、政治地理、地圖學等課程,同事中有葉良輔、盧鋈、張蔭麟、方豪、譚其俊、任美鍔、黃秉維、繆鉞等,均為海內俊彥。學生後來有成者有施雅風、趙松喬、陳述彭等人。又本年5月18日,學浚於《大公報》刊載〈滅十四國後之德意志〉一文,對英法外交政策有所批評,引起英國責難,英國駐華大使卡爾,且為此致函學浚問罪。

民國31年秋,學浚就任重慶國防研究院研究委員,委員共10人,均高級將領,教育長王東原主持日常院務。研究之暇,學浚也在母校中央大學兼課,任該校史地系教授。閒暇之餘,常參加重慶一個不定時的學術聚會,與會者多為學者名流,如顧頡剛、賀昌群等,學浚亦側身其中。

民國34年8月,抗戰勝利後,學浚隨中央大學復員至南京,專任地理系教授,先後同事有繆鳳林、胡煥庸、沈剛伯、李旭旦、李海晨、涂長望等。35年,儲安平在上海主編《觀察》雜誌,邀文壇名流為撰稿人,學浚亦名列其中。36年,學浚兼任中央大學訓導長,37年,上海商務印書館發行《學原》雜誌,此為戰後創辦的定期學術刊物,社址設在南京,由徐復觀負責日常社務,學浚與洪謙、鄭昕、王惟中等均為該社之中堅份子。是年12月,以時局日非,學浚自上海渡海來台。

民國38年，學浚任國立臺灣師範大學（前稱為臺灣省立師範學院）地理系（原為史地學系）教授兼系主任，在其主持師大地理系期間，網羅大陸來台著名史地學者，充實師資陣容，名師潛心授課，學生奮發向學，樹立了優良學風。在學浚的領導下，師大史地系和地理系，成為當時臺灣首屈一指的系所。民國50年至51年，學浚應聘到香港聯合書院史地學系任客座教授，53年到54年間，則任新加坡南洋大學地理學系教授。

民國55年，學浚前往巴西里約熱內盧參加國際地理學會第18屆大會，並於會上宣讀論文〈中國歷史上的三個中樞區域〉，頗獲好評。從民國52年到61年於師大服務期間，學浚曾先後任教務長及文學院院長。系中同事有史學家郭廷以、沈剛伯、姚從吾、藍文徵；地理學家洪紱、王益崖、王華隆、孫宕越、鄭資約、及土壤學家周昌蕓與氣象學家劉衍淮等，俱名聞海內外之學者。

《學原月刊》封面

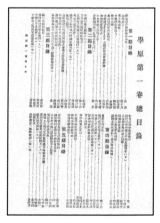

《學原》第一卷總目錄

此期間，學浚也曾在國立臺灣大學地理學系、革命實踐研究院、中國文化大學地學研究所為兼任教授。民國59年，學浚應德國學術研究交換處（Deutscher Akademischer Austauschdienst）邀請，前往訪問3個月，對促進中德學術交流，貢獻極大。民國63年，學浚自師大退休。綜計學浚主持師大史地系和地理系，凡26年，不僅使師大史地系和地理系，成為臺灣唯一的史地系及規模最大的地理系，更培植了無數的優秀人才。今日臺灣眾多史地人才都為學浚之桃李門生；此外，更造就大量的中學史地教師，成為臺灣培育中學史地教師的中心，誠可譽為近代臺灣史地教育之開拓者。

　　學浚退休後，移居美國，寄寓紐約，20餘年來，仍不時至哥倫比亞大學圖書館閱讀看書。民國80年，結褵60餘載之夫人唐厚蘭女士逝世，學浚深受打擊，健康日益惡化，87年2月16日，學浚不幸病逝紐約，享年92歲。

　　學浚為一代地理學大師，愛國心切。七〇年代，中日兩國關於釣魚台列嶼歸屬問題，發生爭執，學浚以其堅實的地理學基礎，旁徵博引，蒐集證據，先後發表〈釣魚台屬於中國不屬琉球之史地根據〉、〈日本虛構事實向美國詐騙釣魚台〉、〈釣魚台屬中國之歷史、地理與法律根據論叢〉等鴻文，對日本嚴加駁斥，字裡行間熱情洋溢，充分表現其愛國情操。

　　學浚之學術研究著重於區域地理、政治地理、歷史地理。區域地理研究，強調地理描述方法的應用；政治地理方面，提出國防地理的新觀點，也因此，學浚被譽為中國政治地理學之理論先驅；歷史地理論文中，則要求論述地理問題時，歷史背景分析的重要性。這些均為

學浚對地理學術研究獨特的重要貢獻。
生平著述頗豐，主要有《中國地理圖
集》、《中國歷史地理》、《怎樣教地
理》、《中國文化與中國人》、《我們
的國家》、《地理學論文集》、《國防
地理新論》等書。

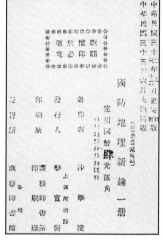

沙學浚著，《國防地理新論》封底

「九三學社」發起人——勞君展

勞 君 展，湖南長沙人，清光緒26年（1900）生，自小出身於富裕之家，未為奢靡所誘，立志上進。民國7年，君展考入周南女子中學，時校長朱劍凡為湘省開明人士，曾留學日本，回國後捐獻家產辦女學，支持聲援婦女解放運動，對君展日後追求婦女解放思想影響甚鉅。君展入周南女中為第一班學生，與同窗蔡暢結為好友。

民國8年，君展任湖南長沙學生聯合會宣傳部部長，積極投身是年的「五四運動」。未幾，且參與由毛澤東所發起的「新民學會」，為《湘江評論》撰稿。此外，君展亦自己創辦《女界鐘》報紙，並積極參加驅逐軍閥張敬堯運動。「驅張運動」進行期間，君展以一介女流，不畏生死，到處外出講演，張貼反張標語，深為張派人士所忌恨，不斷受到威脅及警告，但君展不為所動，毫無懼怕。

君展在周南女中畢業後，曾短暫進入南京東南大學（後改名中央大學），時李石曾等發起勤工儉學，君展亦於民國8年12月赴法勤工儉學，同行者尚有北京大學校長蔡元培及聶榮臻、何長工等人。民國9年1月，君展至法國，隨即在離巴黎不遠的當勒（Donler）市的女子學校補習功課，暇時則常到蒙達爾尼拜訪同學蔡暢，也因此而結交了蔡和森、向警予、徐特立等人。於此同時，君展亦與北大學生、「五四運動」領導者之一的許德珩遊，雙方墜入情網，互相砥礪切磋。

是年9月，君展入里昂大學，12年，自里昂大學畢業。由於求知慾旺盛，旋又進入巴黎大學深造，跟隨世界頂尖科學家居里夫人研究放射性物理，因君展在研究工作的傑出表現，使得居里夫人對這位中國奇女子刮目相看。民國14年4月16日，君展與相戀多年的許德珩在巴黎結婚，由蔡元培證婚，參加婚禮者有徐悲鴻、嚴濟慈、劉半農、何思源等。婚後，君展繼續充當居里夫人

民國14年4月16日，許德珩與勞君展結婚照，攝於法國

的助手，在鐳研究所工作，居里夫人對君展工作認真的毅力與恆心，甚為賞識，並時常勉勵其在科學領域裡做出貢獻。

民國15年5月，君展除了追隨居里夫人不斷的做學術研究外，同時亦不忘政治活動，承擔中共留法支部書記夏霆所交付她負責對外宣傳中國革命的任務。時國內形勢發展很快，留法學生陸續返國。民國16年元月，其夫許德珩先期回國抵廣州，任黃埔軍校政治教官。4月12日，國民黨南京清黨後，許德珩以支持共產黨，不見容於廣州，乃離粵到達武漢。是年7月，君展亦自法歸國，應武漢大學聘，任數學系教授。7月15日，就在君展初任教職不久，武漢分共，君展因支持共黨故，不得已乃偕其夫許德珩由漢至滬，因鄧演達之介，在上海結識了宋慶齡，雙方相交頗為契合。

民國17年，北伐統一後，以共產革命陷於低潮，君展決心提倡科技救國，在教育上培養人才。18、19年間，君展先後在廣州中山大學及上海暨南大學等校任教。民國19年，許德珩因講授科學社會主義及翻譯馬克思著作《哲學之貧困》等書受到迫害，君展隨之離開上海到達北平，並在北京大學和北平女子文理學院任教授，講授高等數學。而為了替學生補充參考資料，她還翻譯出版了《積分學綱要》等書；另與嚴濟慈等合譯了《法國高等數學大綱》，是為國內研究高等數學之先驅。

君展雖致力於教育工作，但仍是個狂熱的共產主義奉行者。民國21年12月13日，國民黨逮捕許德珩，同時被捕的還有馬哲民、范文瀾、侯外廬等著名學者。君展為救夫故，立即用電話通知了北平各報館和學校，並由著名記者薩空了在《世界日報》公布了許德珩等人被

民國21年9月，許德珩與勞君展
及其子女合影於北平

捕之消息。報端披露後，北平各大學紛紛組織聲援，學生走上街頭遊行示威以為響應。最後在宋慶齡、蔡元培、魯迅等人出面營救，並派遣「中國民權保障同盟」總幹事楊杏佛到北平，多方奔走及全國輿論的壓力下，執政當局終將許德珩等釋放。

民國24年，日軍侵山海關，窺我平津，北平學生發動了「一二九」運動，掀起了全國抗日救亡的學生運動。君展亦投入「一二九」運動中，積極展開抗日救亡活動。民國25年1月12日，北平婦女救國會成立，君展被選為執行委員。其後，「婦救會」主席劉清揚等被捕之後，君展不顧個人安危，與中共地下黨北方局彭真、楊秀峰、徐冰、張曉梅等人常在家中集會，進行秘密聯絡，並由君展擔負掩護和警戒任務，使得會議能順利進行。君展和許德珩曾將僅有的些許積蓄，交由徐冰、張曉梅夫婦帶至解放區，贈與中共領導人。

民國26年「蘆溝橋事變」後，君展舉家至天津，8月，又輾轉到湖南長

沙，君展返鄉後還特別拜訪恩師徐特立。民國27年7月，國民參政會成立，許德珩以「救國會」代表出席國民參政會。28年，君展全家移居重慶，時日本瘋狂轟炸重慶，民國30年9月，君展的住所全被日機炸毀，不得已又幾度搬家。雖在此艱困期間，但君展仍咬緊牙根，克服種種障礙，投身抗日民主活動。

民國34年8月，抗戰勝利。未幾，毛澤東、周恩來飛抵重慶，與國民黨展開和平談判。9月12日，毛澤東、周恩來會見了君展與許德珩夫婦，舊友重逢，分外親切，毛且親自向其介紹解放區概況，並鼓勵許德珩及君展夫婦多參加「民主科學座談會」和民主活動，最好是想辦法爭取成立一個永久性的政治組織。此番訓勉的話，讓君展夫婦留下深刻的印象。

民國35年，由許德珩主導的「九三學社」於5月4日正式在重慶成立，夫唱婦隨，君展亦為創始人之一。關於「九三學社」的誕生，其醞釀為民國34年9月3日，日本侵略者正式向盟軍投降，全國人民歡欣慶祝勝利之日。君展夫婦與「民主科學座談會」的朋友們集會，為紀念抗戰成功和第二次世界大戰的偉大勝利，建議將「民主科學座談會」改名為「九三學社」，經過半年多的籌備終告問世。

35年7月，君展任國立女子師範學院院長，以支持學生運動故，旋遭解聘。同年10月，「九三學社」中央遷到北平，君展與許德珩亦先後回到北平。是年12月，北平發生「沈崇事件」，君展積極參加反美活動。民國36年，君展又帶頭領導反飢餓、反迫害、反內戰運動。37年，君展也參加反對美國扶植日本軍國主義運動，其住所為當時中共地下黨掩護和活動的據點，多少重要的會議及緊急命令均自其處所

傳向四面八方。民國38年1月，君展及許德珩夫婦以「九三學社」名義發表宣言，響應中共所提出的8項和平主張，擁護召開新政治協商會議。

是年1月31日，中共入北平，中共中央從河北平山西柏坡遷至北平。3月15日，君展與許德珩專程到西郊機場迎接毛澤東等中共中央領導人入城。10月1日，中共正式建國，中國人民大學校長吳玉章特聘君展為數學系教授。其後，君展又歷任北京市人大代表，市政協常委，全國政協2、3、4屆委員，全國婦聯執行委員，「九三學社」常委等職。

民國55年，「文革」爆發，「九三學社」被迫停止活動，政協民主人士均遭迫害，許德珩與君展亦在其中。民國65年1月3日，君展逝世於北京，終年76歲。

梁容若，字子美，河北省行唐縣滋南鎮人。生於清光緒30年（1904）7月8日，自幼熟讀四書五經，民國2年，入縣立第一小學肄業，深得師長器重。7年，進河北正定縣中學，在校期間，努力勤學，尤好文史，與同學張季春相友善。10年，容若以全校第2名畢業於正定縣中學。11年夏，順利考入北京高等師範國文系；北京高等師範，後改制為北平師範大學。北師大校址位於北平琉璃廠，范源廉為校長，曾網羅當時著名學者名流如梁啟超、蔣方震、黃郛等在校任教，故學風頗佳。

12年，錢玄同和黎錦熙等教授提倡國語，鼓吹注音，容若以注音標音國語為時代所趨，乃與同班同學王錫蘭、蘇耀祖等人創辦《注音兒童週報》，石印四開一張，全由手寫注音，委北京中華書局發行。銷售給北師大、女師大附屬小學學生，每期約賣兩千份，時容若方為預科二年級學生。時北師大國文系

名師濟濟，錢玄同教文字學、聲韻學，汪怡教國語、發音學，黎錦熙教國語文法和修辭學，朱希祖教文學史和樂府詩，楊樹達教《漢書》及《韓非子》，魯迅教中國小說史略和文學批評，梁啟超授中國文化史，黃侃教《說文解字》和《爾雅》，袁同禮教圖書目錄學；如此名師，奠定了容若非常紮實的國文根基和治學基礎。容若於北師大求學中，與同學范士榮交情最篤，惜范士榮死於15年北京的「三一八慘案」中。

15年7月，國民革命軍北伐，時知識青年紛紛投筆從戎，南下或西走參加革命軍。16年，容若由北京前往綏遠，參加國民革命軍左路總指揮之軍隊，任政治教官。17年，國民革命軍攻克北京，北伐統一完成，容若亦隨革命軍進入北平，旋擔任國民黨北平市黨部秘書，此為其擔任黨職之始，亦為其與黨發生密切關係之始。20年，容若在河北保定省立第二師範學校任教；隨後又於河北大學主講文學概論及中國文學史。

梁容若

　　未幾，容若由錢玄同介紹，前往濟南，主持山東省立民眾教育館研究實驗部，並主編《民眾週刊》，銷路曾達3萬多份；期間且選擇週刊中精華，編為注音民眾叢書，全部橫排注音，出版了20多種。此外又舉辦民眾教育班、暑期鄉村工作講習會，對魯省平民教育之推動貢獻至大。

　　23年6月，容若奉父母之命，回京與傅靜如女士訂婚。同年，容若離開濟南，出任河北省教育廳編審處主任兼秘書以及督學主任。公務之暇，仍盡瘁於國語運動，除幫其恩師汪怡校對《國語大辭典》外，並在北平教授國語、國文。24年夏，容若與傅靜如女士結婚，婚後定居北平。是年冬天，河北省教育廳廳長何基鴻，出身日本東京帝國大學，見容若為可造之才，積極鼓吹容若赴日留學。

　　25年4月，容若在河北省政府提供兩年公費補助，及前北師大國文系主任楊樹達的推薦下，順利考入了東京帝大文學部大學院，研究中日文化的相互影響，師事鹽谷溫、藤村作等日本學術界權威之士，裨益良多。容若留學日本期間，與我國駐日大使館參贊楊雲竹過從甚密，一次楊參贊語容若言：廣西李宗仁、白崇禧高唱反日，主張對日宣戰；但一面又派代表來日本購買飛機。

　　容若聽之，深覺李、白之不是，乃發一電文給上海《中華日報》刊登出來，文中勸李、白以大局為重，應到中央服務，並撤回駐日代表。此電文甫一披露，隨即引起日本東京警視廳亞細亞系特高科的注意，約談容若，並警告其言論不可逾越留學生的身分。

　　26年春，日本侵我日亟，政府雖知日本軍事侵華已日甚一日，但在外交和政治上，仍作種種和緩措施，以爭取準備時間。4月26日，

天津市長張自忠將軍率領宋哲元部的中級將領，一行17人，到日本參觀軍事，下榻帝國旅館。此行中有何基灃少將，其為何基鴻廳長之弟，容若與其有識，特往見之，並告之楊參贊曾轉述蔣百里訪日談及與日本爆發全面戰爭，越晚對我國越有利，盼訪問團能忍辱負重，不要輕言挑起戰爭，以爭取最有利之時機。

然是年7月7日，日本仍發動了蘆溝橋事變，點燃了侵華戰火。7月29日，古都北平為日軍所佔，容若想趕回北平已經絕望，對身陷敵區的妻子與故鄉的母親，懸憂惦念至極而進退失據，更不知何去何從？時留日學生紛紛回國，容若一度也想返國，然以中途拋棄學業，心有不甘，且北平又已淪陷，遂決定再留一段時間觀望，然也因此，種下其日後不能自由行動的不幸情況。在日本留學期間，容若除努力課業外，並翻譯岡田正之的《日本漢文學史》與青木正兒的《中國文學對日本文學的影響》二書。

27年春，容若婉謝日本第一高等及橫濱外國語學校華語教師之聘，毅然從東京回到日軍鐵蹄盤據下的北平。雖受日本特務機關嚴密監控，但容若仍打算速離北平，走太行山，或走海路去香港，甚至暫回鄉下避秦。然適值母親帶一大家口來投，令其逃離敵區之計無法成行，不得已只能待在淪陷區與敵周旋。這期間，容若於大中、平民國民黨系的私立中學擔任常務董事，也在北平師範大學、中國學院、外國語專門學校授課，講授目錄學、中國文化史等課。

除此之外，容若也不顧安危地參與地下活動，和中央派來的人、教育部派來的人、游擊隊派來的人做聯繫工作，尤與時任河北省國民

黨黨務督導員，後為天津市黨部委員的佟本仁更是時常接觸，合作無間。28年初，容若舊稿〈中國文化與日本文化〉經日本友人之薦，參加「國際文化振興會」徵文，獲得大獎（後因此事於東海大學與徐復觀教授交惡，徐斥之為漢奸文學），此文後收入《日本文化之特質》（東京日本評論社出版）一書。

　　31年2月，容若排除萬難至日本東京領取獎金，兼亦蒐集一些有益國家之情報，看到東京十室九空，可知日本已是強弩之末了。33年，容若以北平終非久居之地，毅然決定西走綏遠，而綏遠方面亦派劉丹廷參議來接他西走陝壩。34年2月19日，容若終於逃離日本佔領下的北平，冒著生命危險，越過日軍封鎖線，經過包頭、蒙古等敵偽地區，前往傅作義將軍的第8戰區。4月1日到達綏遠陝壩，出任少將參謀，參加抗日工作，其後又被調為綏遠省政府主任秘書。由於深得傅作義信任，是年8月14日，日本投降後，容若被派督率員警東進歸綏，負責接收綏遠省偽政府，時年僅41歲。

　　抗戰勝利後，不幸國共內戰隨即爆發，中共軍隊得到張家口蘇俄的裝備，實力驟增。中共為了擴大解放地區，於34年11月1日，截斷平綏鐵路，以全力包圍猛撲歸綏、包頭。幸賴傅作義採取「空室清野」政策，使共軍補給發生問題，12月18日，歸綏與包頭國軍會師，歸綏城圍方解。在圍城期間，容若以省政府主任秘書身分，襄助秘書長于純齋處理各種突發狀況，沉著應付，解決不少危機。

　　35年夏，國共內戰在東北和西北激烈地進行，10月11日，傅作義在攻取張家口戰爭中建立偉勳，容若亦於是時隨傅作義部隊進入北

平，在善後救濟總署冀熱平津分署工作，他計劃以工代賑興辦永定河水利，並聘請老同學水利工程專家張季春前來負責，惜張季春尚未成行即病逝。

37年6月，容若受推行國語運動老師錢玄同、汪一庵的影響，以及吳稚暉的精神感召，兼自己亦有獻身國語教育的理想與興趣，乃接受北師大教授黎錦熙的意見，與王壽康來台，佐「國語日報社」社長魏建功，籌辦臺灣《國語日報》的刊行。7月間，容若辭去北平《平明日報》總主筆和大學教授職務，來台接受《國語日報》總編輯的職位。容若於10月6日自北平起程，18日抵台北，憑藉他博學識遠，善寫文章，為人又熱心堅毅，編輯部在其領導下，在人力物力均極艱難的情況下，只花5、6天時間的籌劃與編輯，《國語日報》終於在是年10月25日，臺灣光復節正式出刊（一說延至11月19日）。

38年，國共情勢丕變，戰局失利，金圓券貶值，教育部答應給《國語日報》的支援無法兌現。新聘編輯邢海潮由滬飛台，見情況困難，旋返上海，助編李華瓊就職不久，亦棄職西歸，後以經費無著，連社長魏建功也失望返回大陸，整個《國語日報》社，即由代社長王壽康及容若在風雨飄搖中苦撐著。

38年3月12日，《國語日報》成立董事會，羅致了許多從事國語教育的工作者和在臺灣提倡國語教育的名流，如何容、齊鐵恨、王壽康、洪炎秋、方師鐸、王玉川、李劍南、祁賢、汪怡、陳懋治、傅斯年、黃純青、黃得時、游彌堅、李萬居、杜聰明等。吳稚暉被公推為名譽董事長，傅斯年任董事長，容若則為常務委員。時《國語日報》為了要辦一份純教育性報紙，定下極嚴格的標準，要用純正國語寫，

讀得出聽得懂，字字注音，句句精鍊。
改寫新聞，求扼要，求淨化，副刊要深
入淺出，教做人，教學術。

　　而上述目標的達成，有賴堅強的編
輯陣容，時容若請夏承楹（何凡）擔任
副總編輯，專責新聞、繪畫兩版。自己
則專辦副刊，而為了適應中小學生的需
要，又請國語會的魏廉、魏訥兩位先生
主編「少年版」，並請王玉川編寫「看
圖識字」和「三百字故事」，這個版面
天天出刊。另外一版分做七個週刊，有
台大教授夏德儀主編的「史地」，黃得
時編「鄉土」，林朝棨編「科學」，北
投育幼院院長張雪門編「兒童」，齊
鐵恨、朱兆祥兩教授編「語文甲、乙
刊」，何容編「周末」。

　　一個四開小報能得到如此多人義
務的支持，沒有編輯費，也無車馬費，
稿費亦甚微薄。其何能致之，乃因容若
等人都是基於服務社會的精神，傳播國
語教育的理想，無條件的犧牲奉獻；兼
以在這些熱心推行國語運動的人，同心
協力慘澹經營下，終使《國語日報》日

《國語日報》另一大將，何凡全家福

益進步，協助了臺灣的國語推行，也散播了語文種子到各個角落。於是在短短數年間，臺灣人都能用同一語言相互溝通，融合了族群的關係，《國語日報》與容若等人之功，實不可磨滅。

40年6月，「國語日報社」常務董事會通過，聘容若為副社長，總攬社務。而為了要提高讀者的語文程度，幫助讀者自修，容若於是年9月26日，又創辦《古今文選》，每星期一出刊，隨報免費附送；後來被許多高中與大專院校選為參考教材，故非常受歡迎，收入亦可觀。因此能夠擴充報社的各種設備，《國語日報》的基礎因此而奠定。42年，容若將其在《國語日報》、《中央日報》、《聯合報》、《徵信新聞》等副刊；《純文學》、《文壇》、《東海文學》、《東方雜誌》等十幾個報刊發表的小品雜文，結集成冊，名為《坦白與說謊》，由台北開明書店出版。

《書和人》第一輯書影

46年又發表《容若散文集》，亦由開明書店付梓。47年，容若功成身退，離開《國語日報》及師範大學，前往台中擔任東海大學中文系主任。54年3月，容若又應《國語日報》邀請，創辦了《書和人》雙週刊，該刊專門論介古今學人作家及其著作，評介外國漢學者的成就，選載罕見名文加以重訂校正，還有書序書評。台大教授鄭騫云：「論書精當，記人生動，敘事周密翔實，尤其有許多創見。（「書和人」）可謂中肯之論」。

59年，容若67歲，自東海大學退休，60年在靜宜學院兼課並主編《書和人》。63年，容若應女兒梁華、女婿鄭竹園之邀，移居美國印第安那州。70年回中國大陸，並至母校北京師範大學擔任客座教授，容若當年的回歸大陸，曾引起臺灣本地一陣喧嘩。72年8月，容若以眼疾，又自大陸返美，75年，其子梁一成在美車禍逝世，對其打擊甚大。85年，結褵60餘載的夫人傅靜如辭世，容若更是悲慟逾恆，86年5月18日，容若在美逝世，享年94歲。

容若一生筆耕不輟，著作等身，作品有《吳鳳》、《南丁格爾》、《坦白與說謊》、《容若散文集》、《鵝毛集》、《文學三十家傳》、《文史論叢》、《文學十家傳》、《作家與作品》、《藍天白雲集》、《讀書集》、《故鄉集》、《南海隨筆》、《中國文學史研究》、《現代日本漢學研究概觀》、《中國文化東漸研究》、《中國文化與日本文化》、《伊克昭盟日記》等書。

記北宗山水派大師

——劉延濤

劉延濤，名延濤，別號慕黃，蓋取意於欽仰東漢賢儒黃叔度之風格故也。河南鞏縣北山口人，清光緒34年（1908）6月27日生。延濤為中州世家，耕讀傳宗，代有賢能，簪纓不絕。延濤祖父篤裕公，誠敬寬仁，謹守世德，稱譽鄉里。尊人錫政公，立身謹厚，敦品力學；母任太夫人，知書達禮，以淑德懿行相夫課子。

延濤幼承庭訓，自髫齡即熟誦四書五經、古文詩詞，奠定其國學初基。而天賦藝術才情，性近書畫，更以數世家藏名家書畫珍本圖書甚豐，得以隨興視賞臨摹，延濤國畫藝術創作之基礎，自幼即已奠定。

民國肇始，延濤入鞏縣小學肄業，繪畫天分首被校長趙蔭棠與級任老師張春霖所賞識，特以《芥子園畫譜》相贈，以資鼓勵。延濤如獲至寶，精心研習，嘗自言其後於創作國畫之技法，畫理源流，字派衍變，乃至進而吸收消化古人事墨之長處，莫不受惠於

劉延濤

《芥子園》也。民國10年，延濤入開封第二中學就讀，接受制式之四年教育。在校期間，得美術老師魏復乾先生青睞，於素描、速寫深下功夫，裨益匪淺。

14年，延濤考入北京大學中文系預科，在校6年中，除受業於胡適、沈尹默、錢玄同、劉半農諸名師外，更於大二暑假，得識國畫名家胡佩衡先生，並得及門受教。胡公甚賞識延濤之品學與畫藝天分，除悉心指導其用筆、上墨與西畫理論外，更以家藏之歷代大家精品供延濤觀賞臨摹，使延濤對中國繪畫之筆墨精華，得以深入體悟。延濤日後之山水創作，能於歷代大家之技法取精用宏，實緣於此。

民國17年，恩師佩衡先生以延濤創作之兩幅山水畫，送日本參加京都「中日美術展覽會」展出，頗獲日人佳評購藏。20年，延濤以優異成績自北大中文系畢業，業師劉半農本想挽延濤留校續讀中文研究所，延濤以志不在此而婉謝之。隨後經胡佩衡先生

向故宮博物院馬幼漁院長推薦，入北平故宮博物院任《故宮書畫集》編輯一職。

22年，故宮博物院為避日禍南遷，延濤應族叔監察委員劉覺民之邀赴上海。8月，錫政公仙逝，延濤歸里奔喪守制。23年，延濤應聘任南陽中學國文教員。其後，延濤北大畢業論文〈象聲語之研究〉為監察院長于右任所閱及，至為讚賞，乃轉請覺民先生力邀延濤為記室，協助于公整理公私文稿與編輯《標準草書》。

民國25年，延濤《標準草書》編成，由上海漢文正楷印書局出版。26年，抗戰軍興，延濤遵于右任之囑，留滬編輯《草書月刊》與《中華樂府》。後以時局日非，上海已成孤島，乃輾轉至渝，任監察院參事，為于右任日益倚重之助手。

民國34年8月，抗戰勝利，監察院隨政府還都南京，35年，延濤經于右任提名，通過為行憲前之監察委員。36年，延濤復當選為行憲後第1屆監察委員，入主教育委員會召集人，從此柏台論政，戮力從公，舉凡臺灣九年義務教育之推行、職業教育之興革，延濤莫不參與擘劃監督。38年12月，大陸淪陷，延濤隨監察院播遷來台，身經世變滄桑，家國之慨特深，故渡海後，除職司風憲外，全心投入詩書畫之造詣，蓋深有寄託也。

39年，延濤鼓勵友人王廣亞先生辦理商業職業教育，造就商用人才，是以有「育達商職」之創設。42年起，延濤任育達商職董事，對該校創辦人兼校長王廣亞先生協助不遺餘力。民國44年，延濤與當世畫壇名宿馬壽華、陳方、鄭曼青、陶芸樓、張穀年、高逸鴻合組「七友畫會」，按月雅集，各出近作，觀摩攻錯，擇其佳者，定期展覽。

45年，延濤撰述中國第一部草書專史《草書通論》付梓問世，此亦為延濤為三原于公平生知遇之至誠回報。民國51年，延濤於台北市中山堂展出山水畫56幅，時論詡為當今北宗山水第一人。

　　民國52年，延濤與葉公超、馬壽華、姚夢谷、張大千等人，創立「中國畫學會」，其後又與李普同等創「標準草書研究會」，希冀使中國傳統國粹能於臺灣生根。53年11月10日，于右任先生遽歸道山，延濤感念右老提攜之恩，椎心痛悼，作《于右任傳》以揚百世清芬，並繼續推廣標準草書以完成于公遺志。

劉延濤山水畫作

　　民國62年「七友畫會」聯展於美國聖若望大學，延濤提供「一抹斜陽」等作品14件，均為其藝臻逸品之作。67年，延濤作「不冬氣已森」、「多留餘地」等畫以寄慨。70年後，因年事已高，體力不如往昔，故創作漸少，然詩境畫藝更臻圓融。74年4月，歷史博物館展出「七友畫會延年展」，延濤畫雖不見傳人，然一代大師之姿，已為世人所公認。76年8月，歷史博物館又舉辦「當代畫家十人作品展」，延濤出入二王，參化多師，已超出「于髯標草」之外，而卓然獨立一幟。

　　民國78年4月，〈中央民意代表退職條例〉成立，延濤毫不戀棧，率先申請退職，是為監察委員自請退職之第一人。80年5月，延濤以自存精心作品79件，捐贈歷史博物館，該館特辦「劉延濤先生國畫捐贈展」以報高誼，又成立「劉延濤書畫獎學金」，長期鼓勵有志書畫志趣之青年學子。82年，延濤轉任育達商職董事會董事長，該校創辦人王廣亞先生為報其恩遇，乃出資於河南鄭州成立「劉延濤藝術館」，該館於86年竣工，延濤特以精品百幅展出，事後並典藏於該館。87年秋，延濤以年屆耄耋，體氣已弱，時感不適，是年11月4日，以心臟衰竭，病逝台北，享年91歲。

倪超

——功在「成大」

倪超，字卓群，安徽阜陽人，生於清光緒31年（1905）農曆3月1日。世代耕讀傳家，勤儉樸實，樂善好施，望重鄉梓。其先祖文炳公曾應科舉，獲功名拔貢，設塾育才，不幸早逝。倪超之父象周公，9歲失怙，因家境蕭條，限於環境，乃棄學從商，家道稍甦。宣統2年（1910），倪超與其兄長亞伯，就讀於私塾，奠定國學初基。是時西風東漸，為謀日後發展，兼修英數。

民國11年夏，倪超考進上海吳淞同濟大學附屬中學，後以成績優異，直升同濟大學工學院土木工程學系。17年夏，返里省親，適母張太夫人罹疾，親侍湯藥3月餘，竟仍不治，與世長辭。倪超悲慟逾恆，休學在家，守喪1年。

22年秋，畢業於同濟大學，旋即留校任助教2年。24年夏，赴德進修。先於德國高速公路實習4個月，於同年11月方入漢諾威工科大學研究院研究。在校期間，勤學苦讀，名

列前茅，後由白倫（Blum）教授、歐布斯特（Obst）教授指導，以〈新中國鐵路網之研究〉為博士論文，於26年11月口試通過，榮獲工學博士學位，且為同濟大學工學院留德同學中，迅獲博士學位者之一。於此同時，倪超經友人介紹，與斯時亦在慕尼黑大學進修之李定文女士認識，彼此情投意合，不久徵得雙方家長同意，於27年元月在慕尼黑訂婚，及定文女士學成歸國，乃於28年2月8日在昆明結婚。

抗戰軍興，倪超報國心切，學成即於27年束裝返國。其時，戰事失利，母校同濟大學不斷遷校，初移上海，再徙浙江金華。倪超回國之初，先赴陝西西北農學院任教一學期，迨同濟三遷至江西贛州，始回同濟任副教授。其後同濟復屢遷至廣西八步、雲南昆明、四川宜賓與李莊，備嘗艱辛，仍絃歌不輟。29年初，倪超代理同濟工學院院長，押運校產，跋山涉水，不以為苦。

30年，倪超真除院長，並排除萬難，借調師資，以維持正常教學。32

倪超

年冬，其父象周公於家鄉棄養，倪超哀慟不已，唯以戰火熾烈，交通阻隔，僅得於住所設奠祭拜，以盡人子哀思。33年3月，倪超應行政院水利委員會之聘，任視察工程師，不得已乃辭去同濟大學教職，遠赴新疆視察水利，為時8個月，對新疆及西北水利建設與開發頗多建言。

34年8月，日本投降，抗戰勝利，同年12月，倪超隨水利委員會復員返回南京，未幾又奉派視察黃氾區水利，足跡曾遍及蘇北運河區、連雲港、皖北蚌埠、阜陽等地。

37年夏，倪超應臺灣省立工學院院長王石安博士之聘來台，擔任教授兼土木系主任及台南水工試驗所所長。45年夏，省立工學院改制為省立成功大學，校長由原院長秦大鈞博士續任。54年1月，校長閻振興博士升任教育部長，羅雲平博士接任校長，倪超應聘為工學院院長並兼工程科學研究中心主任。

60年8月1日，省立成功大學改制為國立成功大學，倪超奉行政院令派為改制後首任校長，於8月9日舉行新舊任校長交接典禮。致詞時說明校務發展方向，各學院平衡發展、學生質量並重、加強學術研究及增進建教合作等，凡此諸項工作，爾後均一一落實完成。諸如增購砲訓中心（建國校區），整體校園規劃，美化環境，興建中正堂，增加學生體育活動空間、增設學院、系所（如水利及海洋工程研究所等系所），並持續與國內外大學交換合作，建樹頗多。

倪超於校長任內，有鑒於南部地區醫療設施不足，認為成大如能增設醫學院，培養醫師及醫護人員，當可改善醫療品質，提供南部地區廣大人口之醫療服務。乃積極向台大、榮總等醫院著名專業醫師請

益，並與台南地區熱心公益人士交換意見，渠等對於倪超之理念與主張，咸表贊同。62年，倪超出國考察高等教育，先後參訪美、德、韓等國大學醫學院，並榮獲韓國慶熙大學名譽工學博士學位。

返國後，即擬訂國立成功大學籌建醫學院及醫療中心計畫書，於63年、67年兩度呈報教育部，唯皆以經費困難，未能實現。但倪超一秉信心，愈挫愈勇，先籌組基金會，欲以捐資興學方式募款，倪超之執著，感動台南縣鹽水鎮李炎棗先生，願捐3甲土地，提供成大設立醫療中心。後因購置砲訓中心，土地終獲解決，經定名為「建國校區」，亦即現今之醫學院暨附設醫院所在。

醫學院雖未能在其任內完成，然有生之年，倪超仍得親睹成大醫學院之落成，並參加醫學系首屆畢業典禮，與附設醫院之啟用，足可安慰昔時籌建醫學院所受之挫折與艱辛。

倪超在成大主持校務

67年夏，倪超於成大校長任內退休，以兒女孫輩均定居美國，乃與夫人不時往返兩地，樂敘天倫。78年11月初，夫人李定文教授不幸逝世於加州，倪超哀痛不已。84年10月及12月間，倪超以心臟病二度入成大醫院診治。85年元月12日晚11時，終因年高體弱，以心臟衰竭，病逝於其晚年努力奔走之成大醫院，享壽92歲。

倪超學貫中西，論著頗豐，著作有《新中國之鐵路網》、《新疆之水利》、《鐵道工程學》、《路工定線及土工》等專書。

致力教育心理學的艾偉

艾偉，字險舟，湖北江陵人。生於清光緒17年（1891）8月12日，歿於民國44年9月27日，年64歲。

艾偉誕生於沙市，幼時對國學及數理甚有興趣，且進步神速。稍長，襄助父親萬卿公經營錢莊，年19，始入武昌美華書院就讀，攻英語。其後，因發表不滿清廷之思想言論，為書院所忌，遂轉赴安慶聖保羅高等學堂。卒業成績優異，榮獲免費保送上海聖約翰大學。畢業後，民國8年，應聘為北京崇實中學教席。10年秋，赴美半工半讀，入哥倫比亞大學研究心理學，一年獲碩士學位。

11年，續入華盛頓大學深造，在學期間，繼朱經農為我國留美學生監督處秘書，生活安定，得以努力向學，兩年後順利拿到哲學博士學位。

14年，艾偉學成歸國，旋即應聘為南京國立東南大學心理學教授，兼上海大夏大學教授暨高師科主任、中華教育文化基金董事

會贈與科學講座，專門從事中學學科心理之研究，而特別注重國語文之心理。16年，東南大學易名為中央大學，艾偉歷任系主任、教育學院院長、師範學院院長、教育心理研究所主任。因行政及課務繁忙，乃辭去大夏大學教職，專任中央大學教授。並賡續廖世承、朱君毅、陳鶴琴、陸志韋諸教授之工作，致力於各種智力測驗之編製，並做中小學各科教育測驗及英語教學之實驗研究等，成績卓異。

21年，艾偉根據七年之教學經驗，著作《高級教育統計學》大學教科書出版。同年由中美文化基金會資送英國，入倫敦大學蓋爾頓實驗所一年，追隨皮爾森博士研究教育統計學，表現優異，迭獲佳評。一年期滿，皮爾森博士力請再留一年以完成博士論文，終因中央大學校長羅家倫一再電請促其速返國，出任教育學院院長，乃未遂所願。

22年返國，受聘為教育部首屆部聘教授。課餘，一面教學，一面編製中小學各科測驗，親率助教及研究生至京、滬、杭各公私立小學舉行測驗，受試者常在萬人以上。其後測驗地區，復遍及華南、華中、華北各地。在此期間，艾偉尚設立「中國測驗學會」，結合學者專家共同研究，開啟我國運用統計測驗教育心理，以求改進教育設施，增進教學功能之先聲。

23年，除任教中央大學外，並在自宅籌設「萬青試驗學校」，由其夫人范冰心女士任校長，以研究學習心理。校名寓意培植億萬傑出青年，並以「青」諧音「卿」，為紀念其尊翁萬卿公之意。學童入學時，首創應用智力測驗，每班僅收30名；教師均聘自北平之優秀人才，俾學生能習標準國語。由於教師負責，因材施教，對智力優異兒童，提供適當的課外讀物及其他活動，因此進步神速，成績斐然。為

時僅三年，校譽已名聞遐邇，人稱天才學校。本此基礎，原擬進一步擴大規模，積極覓地建築永久校舍，終因26年蘆溝橋事變而中輟。

26年秋，抗戰軍興，中央大學內遷重慶沙坪壩，教育學院改為師範學院，艾偉遂專任教育心理研究所所長。研究重點，一為研究學科心理學；一為編製心理與教育測驗。28年，成立學習心理實驗班，著手研究初中基本學科國、英、算三門學習過程。所刊報告，教育當局異常重視，乃撥款資助其各項設計與實驗之進行。由於績效甚彰，中央大學教育心理研究所在艾偉主持下，又附設中學教育心理實驗班，以為「萬青試驗學校」之繼續。勝利時，已有一班高中畢業生，且全部考取大專學校，出國深造者，多已獲得博士學位。

時以四川與外界阻隔，教育經費短絀拮据，書刊奇缺。艾偉不辭辛勞，四處奔波，甚至致函國外書局、圖書館、師友等，徵募書籍雜誌；並自撰英文論文及研究報告，投稿國外報刊，以稿費換購國外書籍，供研究生閱讀。

抗戰勝利後，民國35年復員至南京，7月，赴澳洲出席國際教育會議並講學半年。次年，應北平師範大學之請，開始作巡迴講學計畫，後因身體不適返京。38年春，共禍猖獗，京滬不安，艾偉應廣東中山大學研究院之聘，前往講學。後因時局關係，艾偉轉赴香港，應香港羅富國師範學院聘為該校二位高級教授之一。

39年，艾偉自港來台，旋被聘為行憲後第1屆考試院考試委員，院設考試技術改進委員會，兼主任委員。艾偉主張用各種測驗，改進考試方式，智力測驗成績，雖未正式列為高等暨普通考試錄取標準，但試行測驗後，證明與其他各科成績，具有顯著之相關度。43年，

考試委員任滿，臺灣肥料公司聘為顧問，艾偉見人事心理研究進展遲緩，感受工業心理學之迫切與需要，乃悉心研究工業心理問題，實驗工人心理測驗。

　　艾偉時患高血壓，仍在病中完成《人事與工業心理學》一書，實開我國工業心理研究之濫觴。艾偉賦性耿直，沉默寡言，畢生從事教育工作，獎掖後進；致力教育及人事心理學之研究，以期促成我國教育之科學化及社會的快速進步。然終因積勞成疾，於44年9月27日，不幸以腦溢血逝世於新竹寓所。著作有《高級教育統計學》、《中學文白測驗結果之比較研究》、《教育心理學論叢》、《澳洲記行》、《漢字問題》、《國語問題》、《英語問題》、《教育心理學大綱》、《中國國文教育心理學》、《人事與工業心理學》、《英語教學心理學》等書，以及小學教育測驗50種，中英文研究報告80餘篇。

左舜生在民國三十五年

一、前言

民國35年，是中國政治史上極具關鍵性的一年，這一年先有「政治協商會議」的揭幕（民國35年1月10日於重慶召開至1月31日閉幕），試圖為解決國共兩黨紛爭及戰後中國的內部問題，尋求一圓滿解決的途徑；後有「制憲國民大會」的召開（民國35年11月12日在南京開幕，後因等待中共及「民盟」提出參加國大名單，延後3日，15日始正式召集），這兩項議程，都是攸關國家長治久安的重大政治工程。

無庸置疑，彼時國、共兩黨，都是決定戰後中國命運極鉅的這兩項重大政治工程的設計者與架構者。但對於當時位居「第三勢力」的中國青年黨，吾人仍不可輕忽，其影響力亦不容小覷。青年黨在這兩項政治工程中所持之態度，始則與朝野黨派共同參與「政治協商會議」，研商戰後中國政治發展的佈局；終則與國民黨及政府共赴國難，參

加「制憲國大」，順利完成「中華民國憲法」的制定，亦使我國順利正式邁入民主憲政之新里程。

唯在「制憲國大」召開前，因國、共之間互信不夠，雙方劍拔弩張，不僅中共杯葛拒絕參加國大，且內戰大有一觸即發之勢。政府為營造全國團結和諧氣氛，不惜委屈求全，事事牽就，不但將預期召開之日期延後3日，還透過各種管道與中共協商溝通，希望中共能按時參加「制憲國大」。期間，以中國青年黨為首的「第三方面」人士，亦站在協助政府的立場，於「制憲國大」召開之前，與中共展開冗長的諮商討論。

這當中青年黨領袖左舜生（以下為行文方便，簡稱「先生」）以其在「民盟」中長期擔任秘書長的職務，親身參與和中共代表的周旋，其政治動向更為各方所矚目。

故本文之作，即嘗試以年表方式，詳細勾繪先生在民國35年之動態。一則可藉此知先生的政治立場及觀念；再則亦可從中洞察彼時之政治背景和現象。更重要的是，吾人或可由先生「第三方面」人士的角度切入，對國、共雙方各持其是的這一段史實，提供另一個較客觀公正的視野和平實的佐證，我想這是頗富歷史意義的。

二、振興中青黨務與創辦《中華時報》

民國35年1月，先生攜眷返滬，與周謙沖、劉東巖3人，組織「東南黨務復員委員會」，籌備中央黨部復員事宜，並恢復東南各省市黨部組織。其後，先生又設立「人文研究所」，重組京滬市黨部及蘇浙皖省黨部，為青年黨於戰後各地之機構，打下堅實的基礎。

　　1月10月，政治協商會議召開，先生雖未參加，但仍與王師曾、劉東巖、張伯倫、劉泗英等人任顧問，隨時提供意見以供參考。有關先生未參加「政協」一事，當時有甚多揣測，其實據先生言：「國共會談的結果，依然發表了一個『會談紀錄』，此即後來『政治協商會議』之所由來。我因為覺得毛直接來談且談不好，再協商也無多大意義，因此對『政協』謝絕參加。」換言之，先生之所以沒有參加「政協」，是因為其已知道和中共交涉斷然無望，內戰終不可避免所致。先生雖未參加「政協」，但間接對「政協」貢獻仍大，蓋政治協商會議，便是以由先生所積極參與的「憲政期成會」和「憲政協進會」對於五五憲草研討的結果，作為制憲最主要的參考資料。

民國43年，左舜生（左2）與陳誠（中）、王雲五（右2）攝於台北

5月4日，先生與周謙沖在上海創辦《中華時報》，發刊詞題為〈我們的諾言〉為先生手筆，文中先生言：「我們有決心要把整個國家民族的利益看成至高無上，我們有決心把它拿來與整個世界人類的和平幸福等量齊觀，我們絲毫沒有意思，在這樣艱難困苦的物質條件之下，把我們一張報紙辦成時下流行的所謂『黨報』，我們將消極的委婉曲折叫出人民的痛苦，我們將積極的平實合理追求人民的幸福。」先生身為報人，此一發刊詞，把報人對國事的警懼、真誠和胸懷，躍然紙上，表露無遺了。

《中華時報》由先生擔任社長，崔萬秋任副社長兼總編輯。社員有宋益清、劉鵬九、張希為、左幹臣、王辛郭、陳善新諸人，俱為報人一時之選。8月，青年黨內有若干人如周濟道、朱法思等人因不滿中央之領導，另組所謂的「革新派」，造成青年黨的分裂。先生以中青宣傳部長之身分發表聲明：「本黨過去確有周某，但以其在抗戰期間，違反黨紀，早經開除在案，其假名招搖，或另有目的，不值識者一笑」以駁之。

是年秋，青年黨在上海召開中央委員全體會議時，選舉7人為參政候選人，此7人為曾琦、余家菊、常乃惪、何魯之、李璜、陳啟天及先生。

三、周旋於國、共之間

10月17日，吳鐵城、邵力子、雷震到上海。是晚，他們同第三方面接觸，希望勸說周恩來回南京。第三方面乃推出章伯鈞、羅隆基、黃炎培、張君勱、李璜、胡霖及先生連夜向周恩來轉告同國民黨代表會談的經過。

10月18日，先生和所有關心和談的人士主張第三方面應再努力，促成繼續和談。是晚，先生應周恩來邀，聚餐於其寓所，參加者尚有張君勱，蔣勻田、沈鈞儒、黃炎培、李璜、羅隆基、郭沫若、陳嘉庚、華崗、李維漢諸人。席間，周除報告國、共兩黨自6月初恢復商談之略況外；還利用李維漢以同鄉之誼勸先生不要再為文批評中共了，先生為顧及場中氣氛，笑而未答。

民國35年11月，左舜生與留滬政協代表合影於吳鐵城寓所前。前排左起：張君勱、陳啟天、沈鈞儒、邵力子、周恩來、左舜生、郭沫若、李維漢、曾琦、吳鐵城。二排左起：黃炎培、楊叔明、秘書、章伯鈞、余家菊。三排左起：羅隆基、胡霖、蔣勻田、李璜、秘書

10月19日，中國民主社會黨在上海愚園路749弄31號舉行茶會，招待國民黨、青年黨、共產黨和社會賢達各政協代表及主要人物，計到吳鐵城、邵力子、曾琦、李璜、陳啟天、余家菊、楊永浚、周謙沖、胡政之、周恩來、李維漢、陳家康、華崗、黃炎培、章伯鈞、郭沫若及先生諸氏。會中四黨代表先後發言，一致強調和平、民主、統一之必要。彼此握手交談，情緒至為愉快，實亦各黨派和談前最後之一次盛會也。

10月20日，先生與蔣勻田、黃炎培、沈鈞儒、羅隆基、李璜、胡霖、邵力子、吳鐵城諸人聚於張君勱寓所協商。決議力邀周恩來一齊赴京，繼續和談。

10月21日，先生與第三方面的張君勱、黃炎培、沈鈞儒、章伯鈞、羅隆基、李璜、曾琦、胡政之、郭沫若等13人同機赴南京。王世杰和雷震在機場迎候，旋與蔣晤面。

10月22日，第三方面出面與國民政府及中共兩方治談，同時先生與張君勱訪晤孫科。

10月23日，午後3時，第三方面人士齊集交通銀行樓上會議室商談。參加者計有先生、黃炎培、張君勱、莫德惠、沈鈞儒、梁漱溟、章伯鈞、羅隆基、李璜、陳啟天、繆雲台、曾琦、徐傅霖、錢新之、蔣勻田、楊永浚等。會中，先生與張君勱負責職務為商談政協憲草，消除不同之意見。會議開始，先討論認為可能影響將來和談者之事。先生首先發言道：「現在最有障礙於和談者，莫過於國大開會，已有定期。惟要求國大延期事，不可出於第三方面之口，只可使政府瞭解其為故障，而自行延期。」

　　至於國府委員名額分配問題，先
生說：「國府、行政院、國民大會是主
要的程序。十四名國府委員保證否決權
的問題。如果國府委員會議時，民盟與
中共堅持某一案應用否決權時，其事件
必定關係重要，可以與青年黨成立一協
定。在此場合，維持政協決議，三分之
二才可以變更和平綱領的前提下，青年
黨有其義務，只要一票或一票以上支持
民盟，那便有實在的辦法了。」是晚6
時半，先生與楊永浚、余家菊、陳啟
天、李璜、曾琦、黃炎培、蔣勻田、梁
漱溟、張君勱、莫德惠、章伯鈞、沈鈞
儒、羅隆基等及國民黨的王世杰、雷震
到孫科公館聚會。

張君勱

　　10月24日，午後3時，第三方面又
集會於交通銀行會議室，先生對中共4
項諾言問題，未有具體的表示。會中第
三方面推先生與張君勱、莫德惠3人代
表署名發出信函，催請蔣主席回京。

　　10月25日，第三方面於午後3時仍
集會於交通銀行，出席者有先生、黃
炎培、梁漱溟、張君勱、余家菊、曾

琦、陳啟天、羅隆基、李璜、繆雲台、蔣勻田、章伯鈞、沈鈞儒、郭沫若、莫德惠、徐傅霖等16人。會議中，先生報告日前會見孫科之情形，並說孫氏言及蔣主席特別注意東北駐軍的解決，對於憲法，倒容易商量。

10月26日，先生晤王世杰，報告第三方面探詢對時局之意見，唯王世杰仍本於8項原則答覆問題。王氏並主張第三方面宜速行拿出辦法，如果拖延，恐怕局面很快破裂，並希望將前日第三方面所擬的3條辦法研究定稿，以完成第三方面之責任。

10月27日，由於距當時政府已公佈11月12日召開國大的日期已近，第三方面人士急謀速決問題，乃加緊會商。上午10時，先生主張要想個辦法，勸說兩方即日停戰。下午3時，先生等到孫科公館，國民黨代表者有王世杰、陳布雷、吳鐵城、雷震等。先生言：「我們本來希望趕快辦到停戰，而使調停工作，告一段落；但現在因安東問題，而發生困難。如此演變，即使在政府改組以後，仍有許多問題待決。希望大家把事情放長看，不可專看一時之事。」時第三方面黃炎培頗有倦勤之意，先生勸其曰：「我們要先有一個方案拿出來，對將來的歷史作交代，才能說走。」職是之故，是日下午8時，第三方面推先生與張君勱、繆雲台3人見中共代表；又推先生、張君勱、莫德惠、黃炎培4人見政府代表。

10月28日，上午10時，第三方面代表黃炎培、張君勱、余家菊、陳啟天、梁漱溟、李璜、章伯鈞、蔣勻田、莫德惠、徐傅霖及先生等11人，集會於交通銀行會議室，討論竟日，終得一初步建議。先生亦連署第三方面這一建議，即希望國、共雙方獲致諒解，並急速停戰。

其意見為：（1）雙方立刻頒發停火令，部隊各駐留於現防陣地。（2）全國地方政府根據「政協決議」及「和平建國綱領」，由改組後之國府委員會加以處理。（3）根據政協決議和已通過之程序，應召開政協綜合小組會議，以籌劃改組政府。

10月29日，先生以中共蠻橫，政府亦不退讓，而民盟又已失客觀風度及公正立場，立刻聲明脫離民盟，不再參加調停和談會議，青年黨將即考慮參加國民大會。

11月6日，先生與李璜、莫德惠赴張嘉璈約，交換對於國、共和談與國大問題意見。會後，先生又與莫德惠、張君勱、羅隆基、沈鈞儒等第三方面人士集會商討和談。先生言：「國大看樣子非開不可，絕不會延期。國大一開，則政府軍一定攻打延安。」羅隆基不耐起而反駁先生。唯先生說：「最後五天，一定要辦到雙方可能商談之基礎，庶幾國大開會而不開議，俾可繼續商談。」席間，沈鈞儒說：「若想談和，國民黨要有商談之誠意。」先生不以為然的說：「雙方都要有誠意。」總之，「在此五天之內，定要弄清兩方所索之真價錢，且須具體明白。一過十一月十二日，國大開幕，就要正式武打了。」為此，先生於是晚邀晤周恩來，作最後之努力。周說：「政府已決心國大如期召開，國大開成，政府軍必即進攻延安。我們必放棄延安，改變戰略，進行全面抗戰。現在第三方面熱心調停，我們對任何方式之和談，都願參加。」

11月7日，距國大會期僅剩5天了，第三方面內部已有明顯的分歧，唯尚皆不願放棄歷史的責任，仍集會於交通銀行會議室，不過出席人數已形寥落，僅莫德惠、張君勱、張申府、沈鈞儒、李璜、蔣勻

田及先生7人。先生表示：「倘中共願談，國大開會而不開議，時間還來得及。但萬一政府不答應和中共談，則前景恐怕黯淡。」是晚6時，先生同張君勱、羅隆基、張申府、沈鈞儒、莫德惠、繆雲台、胡政之、蔣勻田、李璜等10人，再度約晤周恩來、鄧穎超，李維漢亦來。席上，先生與周恩來之間為覆信問題，有所爭執，頗為不快。

11月9日，政府代表在孫科副主席官邸宴客，邀請第三方面在該天上午10時召開臨時會議。出席者有張君勱、羅隆基、張申府、胡政之、莫德惠、繆雲台、李璜、陳啟天、蔣勻田及先生等10人。孫副主席宴請各黨派政協代表，司徒大使亦在座，餐後舉行非正式綜合會談。先生言：「此次停戰令，就等於政協一筆勾消，然前途波折尚多，照這樣演變，六個月後普選，我們很難有結果。」是晚，第三方面再推先生與羅隆基、繆雲台往見周恩來。先生見周時，直接問他三個問題：（1）估計3人小組，何時可以開完；（2）軍事要配合政治，他該知如何平衡；（3）勸他不要再發表刺激性的聲明。

11月10日，上午11時，第三方面又集會於交通銀行會議室，出席者有莫德惠、繆雲台、胡政之、張君勱、羅隆基、李璜、張申府、陳啟天、曾琦、蔣勻田及先生等。莫德惠以主持會議的身份，請與會代表分別報告，到中共及司徒大使，兩方談話的情形。先生言：「應使國、共兩方了解我們的目的，在求解決問題，同時我們首先也要知道他們是否還有誠心的談和。」

11月11日，上午11時，第三方面最後一次調停會議，出席者有錢新之、莫德惠、繆雲台、胡政之、曾琦、李璜、陳啟天、張君勱、張申府、章伯鈞、沈鈞儒、羅隆基、蔣勻田及先生等。席間，章伯鈞指

責先生曰：「左先生不是說過國民黨不讓中共參加行政院嗎？目的即在讓弱小者參加，不讓有力者參加。名為各黨聯合政府，實仍一黨握權，用心之險，可想而知。民主同盟絕不參加片面召開的國大，也不再參加這樣的調停會議。」先生對民盟的自失立場及偏袒共產黨態度亦深不以為然的言道：「伯鈞，共產黨不能有百是而無一非；國民黨也不能有百非而無一是呀！停戰令不是下了嗎？延期的時間雖短，總算延了。既是你們不願再作調停人，任何人也不能勉強。我們青年黨即作聲明，也不再參與調停人的會議。同時政府既接受我們的意見，延期三日，我們也不能不考慮參加延期後的國大。」於是第三方面乃不歡而散。

11月13日，先生晉見蔣主席，蔣主席向先生保證憲法會為國大所接受。

11月14日，先生最後一次參加第三方面的集會，會議結果是雙方分道揚鑣，青年黨參加國大。當事人之一的羅隆基日後有一段精彩的追述：「轉瞬，國大延期的三天又要滿期了。十一月十四日在南京交通銀行的會議室裡，所謂的第三方面的代表演出了最後攤牌的一幕。那天開會時，民盟只到了黃炎培、章伯鈞和我三個人。其他方面的代表差不多都來了。主持人問大家，關於和談還有什麼下一步的做法嗎？大家相視而笑。只有一兩個冷冰冰、低沉沉的聲音說：『只好開了國民大會再說了喲！』於是主持人就說：『是不是大家對參加或不參加國民大會，來表示一下態度呢？第一個發言的仍然是青年黨的左舜生。他照他的習慣，拍著胸膛，提高著嗓子說：『我們青年黨參加，我自己也參加。話也真簡單爽快，不說半句理由，也不帶半分遲疑。」

其實先生之所以堅持青年黨參加制憲國大，是有其理由及苦心，不是羅隆基所言的「不說半句理由」。先生好友李璜曾說：「舜生彼時是決定以孤注一擲的心情來與國民黨合作的。因他認為共產黨既以我們參加制憲為罪大惡極，則國民黨如打不贏共產黨而失敗，我們即使不參加政府，也是一樣的罪在不赦，與國民黨同歸於盡。何況國民黨這回要求與青民兩黨平等合作，三黨共同決定施政方針，一半固為共產黨所逼成，一半也由馬歇爾臨行所說：『盼望蔣先生能在改組政府中使自由分子得著權力，能有政治的控制力，俾實現良好政府。』因是青民兩黨參加政府之後，如有成績，能得美國繼續援助，共產黨雖比國民黨厲害，也未見得便一下就把對手方消滅得了的。」第三方面和談破裂後，是晚，先生與曾琦、李璜至南京謁蔣，談青年黨參加國大代表名單事。

11月15日，制憲國民大會揭幕，先生代表青年黨發表談話，嚴申參加制憲國大之理由與立場。在預備會議中，先生當選為大會主席團主席。

11月16日，先生代表青年黨，提出參加國大代表名單。並在第三方面調解失敗後，以青年黨中央宣傳部長身分發表談話如下：

自上月二十一日，第三方面人士承政府邀約，聯袂來京，經過二十餘日之奔波商談，其間不少可歌可泣之事實，對問題癥結之所在，雖大體明瞭，但政府與中共之間仍有若干意見無法接近，即第三方面之本身之所見，亦不無出入，延至本

月十一日夜間八時，即國大原定開幕之前夕，仍無法獲得一致之決議，本黨及若干社會賢達始決定表示可以提名，但仍希望政府將開會日期延遲數日，以作最後之努力，此即國大開幕日期延緩三日之由來。不幸在此最後之三天，民盟既作暫不參加之決議，中共力主停開，吾人為促成民主憲政之實施，並與若干社會賢達表示一致之行動，更不願引起全國日陷水深火熱之人民，發生過度失望之感，始將本黨代表名單，毅然提出。溯自數年以來，吾人對全國團結之工作亦曾奔走調停，不遺餘力，其所懷抱之目的：一為爭取和平；二為促成統一；三為實現民主！此不僅朝野各方絕無異詞，即全國人民亦莫不對此殷殷期待，所不同者，有人認為參加國大，足以破壞和平，吾人則認停戰既已實行，惟有一致參加國大，和平始有繼續維持之希望，有人認為參加國大足以招致分裂，吾人則認為分裂本為數年來已成之事實，惟有一致參加國大，始有促進全國統一之可能，有人認為參加國大，足以妨害民主，吾人則認為惟有將政協改訂之憲草在本屆國大通過，獲得舉國一致之支持，民主始能獲得一有力之保障，凡此若干主要目的之完成，實為本黨創黨以來基本立場之所在，至國大召集日期之如何決定，國府將行政院改組於國大開幕以前或稍遲數日，雖亦與政協決議有關。然比較前所列舉之大者遠者，則尚屬次要，敢以此意，昭告國人，見仁見智，一切惟有訴諸當代賢豪及後世史家之公斷。

11月29日，先生主持制憲國民大會第四次會議，會議主題為出席代表對憲法草案廣泛發表意見。

　　11月30日，國民大會開會期間，政治協商會議憲草審議會召集人孫科邀先生、王寵惠、張君勱、陳啟天、王雲五、繆雲台；及專家吳經熊、林彬；秘書長雷震集議，對憲草修正案訂正稿重行審議修正。

　　12月12日，先生在中央宣傳部中外記者招待會上表示，在國民大會制定中的憲法，雖然有些缺點，但仍願意接受。因為「欲求憲法每一條每一字均令人滿意，實為不可能之事。」蕭公權謂，先生此舉，為明情達理，具有政治家風度的一個看法。

　　12月19日，青年黨由先生代表發表談話，聲稱「政協原則多被推翻，憲草如不照原案通過，青年黨將退出國大」，蔣為拉住青年黨，不得已在憲法上作出相當大的讓步。

四、結論

　　細究先生在民國35年，尤其是周旋於國、共談判中的那一段，無疑可以說是一部中華民國憲法艱辛制定，得來不易的歷史。抗戰勝利後，民心望治，人民渴盼結束訓政，實施憲政。故「制憲國大」的召集，已成刻不容緩之事，過去爭執最烈的舊代表身份問題，既經中共及其他黨派在 「政協」中取得一致的協議，則國大的召開已不成問題。不料中共想以國大的召集來交換軍事和地方政權的擴張，以致談判一再拖延，反覆了幾次，國大的召集經政府幾次延緩，仍不能解

決。民國35年7月4日，國民政府重新下令定於11月12日在南京召集制
憲國大後，國、共關係對此問題的僵持愈趨惡化。

　　而中青及先生在此期間，仍多方溝通國、共間之歧見，希望大局
可以好轉。迄於11月12日前夕，先生與中青仍聯合民社黨、「民盟」
和社會賢達共同勸告政府再行延期3日，以等待中共的最後決定。直
到11月15日，中共與「民盟」的拒絕參加國大已為無可挽回的事實，
先生和中青為遵守「政協」決議，提早結束訓政實施憲政起見，乃毅
然提出1百名代表的名單，決定出席國大。

民國55年8月21日，左舜生自港返台，國民黨中央委員會秘書長谷鳳翔等
在機場迎接。左起：谷鳳翔、劉子鵬、左舜生、黃伯度、陳啟天、陳建中

先生及中青的參加「制憲國大」，曾遭到中共及「民盟」的撻伐和詆毀。說「青年黨單獨向蔣介石國民黨提出了青年黨參加『國大』代表名單。青年黨公開投入了蔣介石國民黨的政治懷抱。它與另一個小黨派中國民主社會黨一起充當了蔣介石國民黨踐踏民主和進行反共內戰的御用工具。」

　　平情而言，此種評論是不客觀、不公正的。由本文可證，其實「第三方面」人士，尤其是青年黨和民社黨，在參加「制憲國大」的態度及立場上，是有相當的獨立性與自主性。不僅如此，以往中共攻擊「制憲國大」之口實，每每說是國民黨徹底撕毀「政協」決議及一黨包辦。然揆諸「制憲國大」召開之前，中共的別具用心，百般刁難，即便國民黨萬方忍耐讓步，「第三方面」人士的風塵僕僕奔走斡旋，最後仍歸失敗，本文之作，恰可得一佐證。

曾琦與「超黨派救亡運動」

一、前言

　　民國37、8年，是中國最風雨飄搖的年代，隨著戡亂局勢的逆轉，赤焰高張，國命如絲，危在旦夕。在此之際，有多少昔時自命忠貞之士投降了；有多少食國家俸祿之人靠攏了。和談之聲響徹雲霄，反政府示威層出不窮，學生罷課、商人罷市；軍隊無士氣、官員無定見，整個社會、國家形成一片棲遑不可終日的慘象。

　　但是「疾風知勁草，板蕩識忠貞」，在那黑暗如晦的日子裡，仍有少數孤臣孽子，為國家民族盡大忠大義。他們平時也許政見互異、黨派不同，但在此國難當前之時，一切的歧見、所有的黨派之私統統放下了，捐棄私見，共赴國難成了他們心中唯一的目標。只要能拯救國家民族，任何的個人小我，均可犧牲，均可拋卻。中國青年黨（以下簡稱「中青」）主席

曾琦，即秉此認知，提出了啟聵發聾的
「超黨派救亡運動」。

二、超黨派救亡運動

　　要談超黨派救亡運動前，首先我
們要知道，「中青」成立的宗旨為何？
「中青」的宗旨是「本國家主義的精
神，採全民革命的手段，以外抗強權，
力爭中華民國之獨立與自由，內除國
賊，建設全民福利的國家」由此宗旨可
知，「中青」的創黨，係建立在國家主
義精神之上的，所以對於一切妨及國家
生存獨立的理論和行動，絕對不能遷就
妥協。

　　而國家主義者何？簡單的說，就
是國家高於一切，國民要走向愛國的
一種運動；具體說，就是要國家能夠獨
立，人民能夠自由，而在國際上能夠立
足的愛國運動。民國37、8年，中共的
叛亂，因受蘇俄的卵翼扶持，其本身只
是淪為蘇俄帝國主義侵略中國的傀儡工
具。因此其為「中青」所反對，甚至於

曾琦晚年攝於美國華府

推翻之列，這就是曾琦發起「超黨派救亡運動」時的背景與目的。

民國37年10月，曾琦扶病赴美，考察憲政，兼從事國民外交。那時正是國軍在東北戰事逆轉，華北岌岌可危的時候。國際友邦袖手旁觀，甚至落井下石，尤其美國的自由主義者，顛倒是非，實比國際共產黨更為可怕。當時，曾琦以年屆60；兼以多病體弱之軀，在美義正辭嚴的痛斥彼輩親共論調。他嘗對美國朝野提出十大質問，並慷慨激昂的要求美國與中國攜手，一致對付比洪水猛獸更兇狠的國際共產黨，此乃其發起「超黨派救亡運動」的真正動機。

〈超黨派救亡運動〉一文，是他於民國39年元旦，在美京華盛頓發表的。在這之前，民國38年2月，他曾向美國朝野提出十大質問，該年雙十節又有〈國人速起搶救中華民國〉一文發表。該文強調：「吾人正當舉國騰歡追懷過去慶祝將來之際，而出賣祖國於蘇聯甘為異族鷹犬之中共已將中華民國腰

曾琦民國40年之日記原稿

斬矣！此四萬萬五千萬人托命之國家，竟為赤色漢奸一手斷送，凡有血氣，孰不痛心！……舉三十八年之光榮國號而廢於一旦，擅自僭號稱尊，歸命蘇聯。自古亂臣賊子之窮凶極惡，未有若斯之甚者也」。

接著他舉出中共之罪行有五：（一）利用工人階級，（二）背棄農民階級，（三）玩弄知識階級，（四）欺騙資產階級，（五）分化少數民族。憑茲鬼蜮，稱兵作亂，賣國殃民，莫此為甚。痛心之餘，他又敬質國人二事：「（一）中華民國之光榮國號，其果因共產黨之擅自廢除，而竟成歷史陳手？抑將賴海內外愛國反共人士之團結奮鬥，以維護之錦繡河山，至於億萬斯年手？（二）中華民國之錦繡河山，其將任共產黨拱手奉獻於蘇聯，淪為鐵幕，成為附庸而受斯拉夫民族之奴役手？抑將賴仁人志士之心血頭顱，以維護而保持之，使其巍然雄立於宇宙間手？

如其國人皆願受共產黨之支配，聽其出賣祖國於異域，則吾尚復何言？亦惟有效魯仲連義不帝秦蹈東海而死耳！倘或不甘受赤色漢奸之擺佈，願為保國衛民而奮鬥，則『搶救中華民國』，此其時矣！」至於如何搶救之道，他以為只有地不分東西南北、人不分男女老幼，凡是有心肝、血氣、能力、資產、工人、農人等，均應速起反共，速起搶救中華民國。而這篇擲地有聲的文章，亦為其隔年〈超黨派救亡運動〉一文的先聲。

〈超黨派救亡運動〉一文，是民國39年元旦，曾琦在美京華盛頓發表的。時國府已播遷來台，蔣尚未復職，共軍則虎視眈眈的欲渡海犯台，國家處於危急存亡之秋。曾琦有睹於此，適於斯時發表此文，不僅有安定人心之功，亦有鼓舞士氣之用。該文首先述說：「中華民

國由八年抗日血戰所爭得之五強地位，因國勢之逐漸衰微而一落千丈，寢假而仰人鼻息，為人輕視，任人處分；國權為匪盜竊，拱手以獻於莫斯科，而國格隨之蕩然矣！由『排滿』、『討袁』以建立並維持之『民主政體』，因共產黨之假借外力，奪取政權，大好河山，淪入鐵幕……國號亦不復存在，……紅旗遍於大陸，國命懸於孤島。當此之時，回顧祖國，茫茫禹甸，莽莽神州，紅光滿地，白骨如山，其亡其亡，繫於苞桑；……愛國之士，憂時之彥，孰不為之椎心泣血，豎髮裂哉！然則救亡運動之興起，其可一日緩乎！愛國志士之團結，其可托諸空言乎？……」。

　　蒿目時艱，既不可懷憂喪志，亦不可徒托空言，確實可行之道，只有眾志成城，團結一致。他說：「夫救亡運動，乃偉大神聖而長期奮鬥之事業，非一手一足之力所能為也，非一朝一夕之功所能竟也。由是而團結各方面愛國反共民主自由份子，集群策群力以共趨一的，乃成為絕對必要毫無可疑之真理」。但是他怕國難當前，仍有少數國民黨短視之士，抱殘守缺，昧於潮流，不肯放棄一黨一派之私，所以大聲疾呼：「一黨一派包辦含有『優越感』與『排他性』之思想，則宜根絕而永以為戒」。蓋曾琦以為，大陸之失，雖有諸多因素，然國民黨之一黨獨裁、專制腐化乃難辭其咎，故痛定思痛，宜拋卻偏狹心態，廓然大公，容納眾黨派，精誠相見，共撐危局。如此方能「眾擎易舉」，「眾志成城」。

　　因為就力量而言，「一矢易折」，「五矢難摧」。一派之力，終不及全黨，一黨之力，終不及全民。縱使其中有一黨力量，超過其他各黨之總和，然為集中力量，加強陣容，以我之得道多助對敵之失

道寡助，自宜廣結友黨，以厚聲援，豈可拒人千里之外，自蹈孤立之危？彼無黨無派之自由份子，尚應羅致於共同旗幟之下，何況有黨有派之集體份子，各自有相當力量，安能因黨而劃鴻溝，以自阻其勢力之強化哉？明乎此，庶可進而談「超黨派救亡運動」矣。

曾琦之言，不言可喻，其所指的是，國民黨在大陸之所以失敗，主要是囿於黨派之私，既不開放政權，又不廣結友黨奧援，終致弄到眾叛親離，孤立無助的慘狀。其一方面為國民黨哀，一方面也希望各政黨捐棄前嫌，以超黨派之態度，善盡國民一份子之責任，共赴國難，力撐危局。為了怕引起其他黨派的誤會，曾琦又說：「所謂超黨派救亡運動，並非合各黨為一黨也，亦非使參加各黨各派份子放棄其原有立場」，而是彼此互相尊重、互相合作，先暫時放棄其黨員資格，而以國民資格議論國事也。他申論說：「今各黨黨員之合作……不以『黨員資格』，而以『國民資格』，不說『黨事』而談『國事』，愛國之宗旨相同，反共之目標一致，有何不可攜手以克服當前之國難，撲滅共同之大敵哉？予以所敢頻以『超黨派的救亡運動』敬質於各黨各派政治鬥士與無黨無派自由份子之前，而強調『團結奮鬥』、『急起直追』者此也」。

這真是「推倒一世智勇，開拓萬古心胸」，在曾琦的心目中，國家至上、民族至上、國高於黨，沒有了國家，黨之存在又有何意義呢？所以說，這不僅是國家主義的表現，也是曾琦大公無私的最佳典範。接著，為了使其理論得到進一步的證明，他舉了民國以來的三個例子為佐證。他說：辛亥革命之復國運動是革命派與立憲派合作的結果；丙辰革命之護國運動，是民黨與梁啟超之進步黨協力之傑作；反

對侵略之抗日運動，更是國民黨偕同在野各黨如共產黨、青年黨、民社黨、黃炎培之職教派、梁漱溟之鄉建派等集大成之偉大成果。

所以說：「欲期偉大之成功，必須本身具有『廣大的包容性』與『強烈的吸引力』，『故步自封』、『狹隘為懷』，不啻『自限前途』、『自種荊棘』，使目的不克早達，實革命者之所宜切戒也」。從這段暮鼓晨鐘的獅子吼中，我們不難看出曾琦那種認定「國家高於黨派」、「國之不存，黨於何有」、「皮之不存、毛將焉附」的偉大襟懷。難怪當此宏文讜論在紐約《美洲日報》一發表，立刻就被南北美洲各華文報紙爭相轉載，一時洛陽為之紙貴。

曾琦晚年與劉東巖（右）
攝於美國華府

三、民主自由聯盟

民主自由聯盟（以下簡稱「民聯」），是民國38、9年間，一群在美國的海外忠貞份子，見國際姑息逆流，匪禍高張，國勢凌夷，政府退守來台，前途岌岌可危之刻。身為自由世界盟主

的美國，惑於共產黨的宣傳，不僅袖手旁觀，撒手不管，反有日漸同情；甚至承認中共之舉。而中美關係，更因國務卿艾奇契白皮書的發表，而跌到谷底。

際此政府士氣低迷，美國昧於共黨之時，「民聯」宣告誕生了。「民聯」之成立，實有其特殊之歷史意義，一則是藉此鼓舞政府士氣；再則為喚起美國朝野之重視遠東局勢的逆轉，對美國本身的利益也有著重大的損失。根據發起人賴景瑚的回憶說到：「一九四九年春夏之間。那時中國大陸正被萬惡的毛共所侵凌、赤燄滔天、烽火遍地。我和他（按：指曾琦）及于斌總主教鑒於毛共暴戾恣睢，國家危如累卵，一致認為我們必須團結海內外同胞奮起救國。我們就至紐約聯絡各黨各派及無黨無派人士，成立民主自由聯盟，誓死反抗賣國求榮的毛共和專制獨裁的國際共產黨」。

「民聯」初創時，篳路藍縷，既無經費，又無補助，完全靠幾個人胼手胝足在那裡苦幹！是什麼樣的理念，使他們如此勇敢的奮鬥呢？賴景瑚說：「我們雖馨香禱祝國內軍民在我政府領導之下英勇抗爭，轉敗為勝，可是我們旅居海外的炎黃子孫，也應該不分畛域、不談黨派，各盡反共救亡的責任。我時時記得當年中山先生赤手空拳，奔走四方，倡導革命，竟能推翻滿清，創造民國。今日縱令中國大陸全部淪陷，我們也要效法國父，先在海外樹立基礎，再與國內軍民結合，造成一個極堅強的聯合陣線。這是我要組織『民主自由聯盟』的信念」。

而支持這信念背後最大的一股力量便是曾琦。賴景瑚說：「民國三十八年，他（按：指曾琦）聽見我要聯合各黨派及無黨派的人，組織

反共救亡的『民主自由聯盟』，他便高
舉雙手贊成，而且說他必毫無保留的願
以全力作我的後盾」。「民聯」的初步
構想好了後，就假《美洲日報》的三樓
大廳舉行成立大會。大會中通過了慰勞
前方將士和勖勉政府拒絕和談、堅持到
底的電文。第二天，《紐約時報》等
大小各報都在顯著地位，發出「民聯」
聯絡各黨派反共救亡的新聞；還有記者
要「民聯」發表如何推動此項艱苦工作
的意見。合眾社和美聯社更拍發了專
電，報導當日開會的概況。但是由於左
派咄咄逼人，一部份海外官員動搖，也
有不少華文報紙改變它們的立場而逐漸
左傾，甚至有標榜言論自由的報紙，
居然公開為匪張目，顛倒黑白，混淆
視聽。因此在這樣的刺激下：「民聯」
決定要創辦一個獨立經營的「華美通訊
社」，發佈反共消息，刊登反共文章
以為之對抗。

民國39年曾琦攝於美京華盛頓，手持之
報紙為其與賴璉所辦的《美洲日報》

　　「華美通訊社」的成立，曾琦貢獻
很大，一則是曾琦以其辦通訊社的豐富
經驗，提供不少寶貴建議；再則經費的

支出，也是由他與賴景瑚分擔。此外參加者尚有劉東巖、潘朝英、胡先進、楊西崑、翁德林、陳裕清、蔡任漁等10餘人。當時工作雖然辛苦異常，但這辛苦是有代價的。「華美通訊社」每週出版1次，每期2、3頁，免費航寄南北美洲華文報紙雜誌發表，當時東自古巴、西至檀香山；北達加拿大，南到秘魯，都有「華美通訊社」所刊佈的消息。

而曾琦也常有文章登載其上，此後由於經費短絀，兼以曾琦又因病臥榻，「華美通訊社」逐漸支持不下去，但賴景瑚等人仍不死心，經多方的奔走籌措，在陳立夫、徐可亭、陳裕清、項定榮等人的支持下，於紐約華埠又出版了《華美日報》，延續「華美通訊社」的精神，在美國為反共輿論作宣傳。在那段艱難困苦的歲月，「民聯」能以極棉薄的人力和物力，做了許多人認為愚蠢而不討好的工作，這當中包括訪問國會議員及聯絡美國新聞界和反共人士。

不僅如此，「民聯」還舉行一連串餐會，敦請名人作支援中國反共抗俄的講演；又以出售餐券的方式，去慶祝雙十國慶，並在慶祝會上發表救國主張。賴景瑚說：「我們便是這樣做了一些『知其不可為而為之』的工作，只知埋頭去耕耘，不問將來有無收穫。我們覺得最足安慰的，就是我們不但已把留學生和華僑社會的人心安定下來，而且還使美國朝野都知道我們在美國的知識界，都是積極反共，並且堅決擁護中國政府的。同時，我們引以自慰的，就是我們這班孤臣孽子，都能推誠相見，徹底合作，尤其是那位年高德劭，扶著病對我們繼續不斷『打氣』的曾先生」。此後由於臺灣局勢已因蔣的復職而漸趨穩定，曾琦的健康情形也日益惡化，兼以主要當事人賴景瑚迫於生活所逼，無暇他顧，「民聯」最後終於解散而風流雲散矣！

四、結論

綜上所言，我們可以知道，曾琦對於超黨派救亡之呼籲確是真誠而莊嚴的，且他這一動念，其來有自，非出自一時之激憤。他在「九一八」事變之後，領導青年黨人從事抗日運動，即高呼「政黨休戰」以禦外侮。由此一念之發動，而有國難會議與廬山會議之參與；及至國防參議會而國民參政會的加入，而各政治黨派和社會賢達，也因此由休戰而進一步共同參議國事。在曾琦的觀念裏，苟有利於國家，政黨既可休戰；為著救亡圖存，政黨自可超越，我們若再往下探究，其實從青年黨創黨的理想來看，曾琦之超黨派主張亦非偶然，而是有其思想理論基礎。

青年黨人所奉行的為國家主義、愛國主義，那就是「祖國超出一切」，先有國家而後有黨，決不可置黨於國家之上，而為「黨國」之說；甚至必要時黨可以廢，而國則不能無存。從曾琦的「超黨派救亡運動」及參與「民聯」事看來，不僅充分流露出這位一代政治家，對於大陸淪陷這幕世紀悲劇的悲憤沉痛心情，也表明了他對國家持有強烈的責任心與使命感，且更顯示其足以令人傾倒的政治識見和政治智慧。比之於昔日國民黨的「黨外無黨，黨內無派」和共產黨初期的向蘇聯「一面倒」政策；以及現今臺灣諸多自私自利的政黨，曾琦的政治風格、襟懷，豈不更令吾人尊崇景仰嗎？

簡述五〇年代香港「第三勢力」運動

民國36年1月7日，美國總統杜魯門特使馬歇爾在調處國、共兩黨爭端失敗，離華返美時，曾發表一聲明，將調處失敗的責任歸咎於國、共「雙方之極端分子」，並認為要挽救這種情勢，「唯有使政府中與小黨派中之自由分子居於領導者的地位」，才有可能根本改變這種情況。馬歇爾的這個觀點，一般咸認為是中國「第三勢力」一詞之濫觴。

至於這種政策正式提出實施是在民國38年，對象則是李宗仁。38年夏，美國使館駐廣州代表魯易士・克拉克（L. Clark）由使館顧問何義均陪同，在廣州訪問李宗仁。談話間對蔣介石及國民政府的腐敗無能頗為悲觀。克拉克且喟然嘆道：「中國只有共產黨的勢力和蔣介石的勢力，卻沒有介乎兩大勢力之間的第三勢力，難道地大人多的中國，沒有主張民主自由的中間分子嗎？」克拉克的用意很明顯，美國大有贊助「第三勢力」的味

道，弦外之音，聰明如李宗仁者，當然心領神會，躍躍欲試，準備一展身手了。

38年8月15日，李宗仁與美使館顧問何義均、立法院長童冠賢、總統府秘書長邱昌渭等反覆研究，最後決定在香港組織「第三勢力」，並成立「自由民主大同盟」，推顧孟餘出面領導，由他從旁支持，程思遠負責居中聯繫。9月初，「自由民主大同盟」在廣州秘密舉行第一次會議，選舉顧孟餘為主席，童冠賢、程思遠、邱昌渭、黃宇人、甘家馨、李永懋、尹述賢為幹事。

會議並推舉童冠賢為書記，程思遠為副書記，周天賢為組織組長，涂公遂為宣傳組長，何義均為政治組長，陳述文為財政組長。李宗仁援助港幣20萬元為開辦費。10月初，因戰局急轉直下，「自由民主大同盟」從廣州遷到香港，在香港又吸收一批新成員，其中有前清華大學教授張純明，前東北大學校長黃如今，原屬CC派小組織革新俱樂部的立法委員王孟鄰、邵鏡人和前北平市教育局長王季高等人。「自由民主大同盟」幹事會每週舉行一次，並決定辦一宣揚刊物，名為《大道》，顧孟餘自告奮勇為總編輯。

除上述李宗仁所支持的這一股「第三勢力」外，另一股也是由美國所奧援的「第三勢力」運動亦在香港滋長。事情緣於民國38年底，廣州嶺南大學校長香雅各（Dr.Henry）於解職過港返美時，曾對張發奎說：蔣介石的國民政府大勢已去，要張出來組織「第三勢力」，在香雅各的鼓動之下，張開始有大幹一場之心。其後張以自己實力未逮，桂系軍隊在大陸又已全部被殲，而時已飛美的李宗仁，在美藉故養病亦非良策，張乃想到，乾脆捧李出來，辭去「代

總統」，以在野之身來從事「第三勢
力」運動。

39年1月13日，李宗仁桂系之親密
戰友黃旭初致函李辭職組黨，李覆電則
認為「組黨尚非其時」。於是香港的
「第三勢力」運動，遂以顧孟餘、張發
奎二者為中心，分途發展。二者都希望
取得美國的支持，張發奎後來因有香雅
各在背後撐腰，顧遂與張合作，號稱
「張顧聯盟」。1月17日，菲立普·傑
塞普從台北飛抵香港，指示駐港美國總
領事館有關負責人員，積極設法支持海
外「第三勢力」組織。於是原本流亡香
港的軍政人員和知識份子，為打通美國
這條國際路線，遂八仙過海各顯神通，
紛紛舉行座談會，醞釀組織「第三勢
力」團體，蔚然成風。

張發奎八秩壽辰伉儷合影

此時在香港的「第三勢力」運動，
又增加了青年黨、民社黨的領導人李
璜、左舜生和張君勱等人。其中且傳出
美國欲日本及菲律賓撥出一小島以充當
幫助「第三勢力」建立海外軍事基地之
說，引起了張發奎、許崇智、李微塵、

許崇智

顧孟餘

顧孟餘等人莫大的興趣，唯最後均以空歡喜一場收場。但由於美國人公然到香港散美鈔，特別是有傳聞美國軍人參與支持「第三勢力」活動，卒引起了港英當局的注意。

民國40年，在港英當局的干涉下，「第三勢力」在香港的行動不得不有所顧忌及收斂。「自由民主大同盟」已名存實亡，所辦的《大道》雜誌也只出了四期，便無疾而終。未幾，甘家馨、涂公遂等人主張另起爐灶，另辦一刊物，定名為《獨立論壇》，甘家馨、涂公遂任編輯，於40年4月1日出刊。不久，由青年黨謝澄平所主導，邀請羅夢冊、張國燾、程思遠、董時進、伍藻池、黃如今等人加入的「民主中國座談會」亦宣告成立。

而顧孟餘在與美國哈德曼見面後，有了美國的支持，亦不甘示弱的聯合了張發奎、伍憲子等人，重行活躍起來，並決定辦一週刊，取名《中國之聲》，以張國燾為社長，宣傳「第三勢力」運

動，張國燾的琵琶別抱，「民主中國座談會」旋告結束。

民國41年10月10日，就在臺灣國民黨7全大會開幕之日，張發奎、顧孟餘又另行籌建「自由民主戰鬥同盟」，以和臺灣國民黨唱對台戲。該盟以顧孟餘、張發奎、張君勱、童冠賢、張國燾、李微塵、宣鐵吾等7人為中央委員，甘家馨為秘書組長，周天賢為組織組長，涂公遂為宣傳組長，黃如今、何正卓、邵鏡人、王孟鄰等也分配在各組工作。

張國燾，民國43年攝於香港

諷刺的是，「自由民主戰鬥同盟」在未正式對外「戰鬥」之前，內部就開始了「戰鬥」，張國燾、涂公遂等人被開除出盟，顧孟餘亦銷聲匿跡，遠走日本。「自由民主戰鬥同盟」無形解體，《中國之聲》停刊，五〇年代在香港盛極一時的所謂「第三勢力」運動，終告風流雲散。

五〇年代在香港反蔣、反共的「第三勢力」運動，雖以淒涼悲劇下場乍

起旋滅，但當時張發奎、顧孟餘等人，尚能利用美援，集合了一批文化學術界人士，以言論從事民主反共，宣揚「第三勢力」運動，出版了若干相當不錯的書籍雜誌。專書探討者有民社黨人孫寶毅的《第三勢力必興論》、王厚生的《中國之路》（一名《第三勢力與中國前途》）、司馬璐的《平民政治》、李微塵的《中國局勢的必然發展》、于平凡（即許冠三）的《中國自由民主運動史話》等。

刊物較著者有《大道》、《獨立論壇》、《中國之聲》、《再生》、《中聲日報》、《中聲晚報》、《民主與自由》、《主流月刊》、《前途》及《自由陣線》等。由於國人對「第三勢力」運動所知者不多，僅提供上述資料與刊物，供有興趣研究者作參考。

動盪時代的印記
——《自由人》三日刊始末

一、前言——《自由人》三日刊創刊之背景

民國38年，是中國歷史上驚天動地的一年，隨著戡亂戰局的逆轉，中共取得大陸政權，國民政府則敗退臺灣，此際真是國命如絲風雨飄搖，人心惶惶危急存亡之秋。在此動盪時代，大批軍民同胞除了追隨政府播遷來台外；尚有一部分人選擇避難香江，南下港九一隅，這些人當中不少是知識份子。

平情言之，當年選擇避秦來港的知識份子，其心態上，一則對國、共兩黨均失望不滿；再則也是看上香港為自由民主之地，較能有揮灑發展的空間。此情況考量，誠如雷嘯岑所言：「在1949-1950年之間，因大陸淪陷，香港乃成了反共非共的中國人士望門投止的逋逃之藪。」

這些投奔港九的政治難民，以高級知識份子居多；兼以香港時為英屬自由之地，所

以只要不違背港府法令，一般而言，從事任何活動是百無禁忌，相當自由的。不僅可以高談政治問題，甚至於從事政治活動亦不加以限制。

於是，「從大陸流亡到港九的高級知識份子群，乃相率呼朋引類，常舉行座談會，交換對國事意見，而美國國務院的巡迴大使吉塞普，斯時亦在香港鼓勵中國人組織「第三勢力」運動，目的以反共為主。」在此背景下，港九地區的自由民主人士，在美國幕後撐腰下，「各種座談會風起雲湧，熱鬧非凡；而諸多以反共為職志的大小刊物，更是應運而興，琳瑯滿目了。」

基本上，《自由人》三日刊，就是在此大時代氛圍下孕育而生的。

二、《自由人》三日刊誕生之經過

《自由人》三日刊醞釀誕生之經過，最早鼓吹者，一般而言，說法有二，一為由王雲五號召發起。據其《岫廬八十自述》書中提及：

王雲五先生於台北市
新生南路寓所留影

自民國三十九年開始以來，由於中共匪幫建立偽政權，並先後獲得蘇俄、緬甸、印度、巴基斯坦及英國的承認，於是匪幫的勢力在香港突然大振，不少反共分子漸呈動搖態度。旅港有識之士深感罡風日長，漸使全港華人隨而動搖，乃相與集議挽救之道。我因在港主辦一個小規模出版事業（註——按：即華國出版社），尤以一貫堅持反共方針，遂由多數參加集議人士推任領導。由臨時的集會，變為固定的座談；其地點經常利用國民黨在銅鑼灣某街所租賃之四樓房屋一層。每次參加座談者，多至三十餘人，少亦一、二十人，皆為文化界人士，或為舊日與政治有關係者，各政黨及無黨派人士皆有之。後來我以香港政府最忌政治性的集會，凡參加人數較多，尤易引起猜疑，動輒干涉。加以如此散漫的座談，亦未必能持久，因於某次座談中提議創辦一小型之定期刊物，每週或半週出版一次，既可藉此刊物益鞏固反共人士之維繫，且刊物一經向港政府註冊，則在刊物辦公處所舉行的座談，皆可諉稱編輯會議，可免港政府之干涉。此議一出，諸人咸表贊同，遂計劃如何組織與籌款。結果決辦三日刊，定名為自由人，其資金由參加座談人士各自量力提供。我首先代表華國出版社提供港幣一千五百元，此外各發起人分別擔任，或一千，或五百不等；並經決定撰文者一律用真姓名，以明責任。其後，又決定委託香港時報代為印刷發行。因是，籌備進行益力，發起人等每星期至少集會一次，間或二次，一切進行甚為順利。

雷嘯岑

阮毅成，民國44年攝於台北

二為眾人集議，早有志於此，雷嘯岑即主此說。雷言：「這時候，即有原在大陸上服務新聞界的報人成舍我、陶百川、程滄波，協同青年黨人左舜生、民社黨人金侯城，以及國民黨人阮毅成、無黨無派的王雲五，外加香港時報社長許孝炎、新聞天地雜誌社社長卜少夫一干人等，於每週末午後在香港高士威道某號住宅中，舉行文化座談會。大家談來談去，得到一項結論，要辦一份刊物，以闡揚民主自由思想，在文化上進行反共鬥爭。……適韓戰爆發，預料東亞局勢將有變化，刊物必須及時問世，刊物取名「自由人」，由程滄波書寫報頭兼撰〈發刊詞〉，標題是〈我們要做自由人〉。」

然由當事人之一的阮毅成事後追記，似乎《自由人》三日刊能草創成功，仍是由王雲五一手主導的。

阮說：「民國三十九年十二月二十日，雲五先生在香港高士威道約大家茶敘，其中特別提及『今日我約諸位來，

是想創辦一份反共的刊物,以正海外的視聽。間接幫助臺灣,說幾句公道話。我們讀書人,今日所能為國家效力的,也只有此途。』」

由阮之記載,合理推論,《自由人》三日刊能順利催生問世,王氏為登高呼籲之首倡者,可能性是很高的!

但就在王氏積極創辦《自由人》三日刊之際,突發一件暗殺事件,則頗值得一述;且對後來《自由人》三日刊的發展不無影響。事緣於39年12月下旬,王氏在《自由人》三日刊諸人集會散會後,在香港寓所遭遇暗殺,幸子彈未命中,逃過一劫,然這突如其來之舉,使王氏決定立即離港赴台定居。

此事來台後,王氏曾將真象告訴不久亦來台的成舍我。王謂:「到臺以後,除將此次提前來臺的秘密暗中告知兒女外,他人皆不使知。後來事過境遷,才漸漸透露給若干至好的朋友,首先是對於不久繼我而來的成舍我君;因為他覺得我向來很少患病,在約定聯合宴客之日,我竟稱病缺席,舍我不免將信將疑。其後到我家探病,見我毫無病容,更不免懷疑。及我不別而赴臺,他懷疑益甚,所以在他來臺後,偶爾和我詳談及此,我也就不好意思對朋友有所隱瞞了。」

上述言及的12月下旬時間,實際上是民國39年12月31日,除夕。阮氏說:「是日王雲五先生約在高士威道午餐,我應約前往,王臨時以腹瀉未到,由成舍我兄代作主人,謂『自由人』籌備事,大致已妥。」

而40年的元月3日,阮氏也說到是日,「應卜少夫、程滄波二兄之約,到高士威道二十二號四樓午膳。據滄波兄言,是日原應由王雲五先生作東,而王於當天上午,離港飛台,臨行前以電話托其代為主人。」

《自由人》第一期封面

王氏的不告而別倉促離港赴台，也使得後續有不少參與「自由人」社同仁跟進，紛紛來台，這對於原本人力吃緊、資金短絀的《自由人》三日刊之發展，當然有不小的影響。

至於《自由人》三日刊籌組的經過梗概，雖在王氏離港來台後，仍按部就班的進行。40年元月10日下午，阮毅成與程滄波及左舜生又約至高士威道聚談，關於創辦刊物事，左舜生主張宜立即出版，卜少夫則以需現款收有相當數目，方能創刊。

是月31日，雷震自臺灣來，亦參加「自由人」社活動，會中大家一致決定《自由人》三日刊，於農曆年後出版。並在職務安排上初步有了規劃，即推程滄波撰〈發刊詞〉，以辦報經驗豐富的成舍我任總編輯，陶百川為副總編輯。又另推編輯委員14人，分別是劉百閔、雷嘯岑、陶百川、彭昭賢、程滄波、陳石孚、許孝炎、張丕介、吳俊升、金侯城、成舍我、左舜生、王雲五、卜少夫。

40年2月9日，內定為總編輯的成舍我自香港致函王雲五，說到：「自由人半週刊已將登記手續辦妥，『館主』係由少夫出名，因渠後來未再提出不能兼任之困難，……編輯人經由弟以本名登記。股款雖交者仍不太多，但讀者則頗踴躍。……據弟觀察，維持六個月，在經濟上當可辦到。惟編輯方面，則危機太大，因主力軍如我兄及秋原兄均不在此，其他如滄波兄等不久亦將赴臺，（即弟本身亦恐將於三月間來臺）稿件來源，異常枯涸，然既已決定辦，弟亦只有勉力一試。」

尚未正式創刊，但資金人才捉襟見肘的窘境，已被成氏料中，這對好事多磨的《自由人》三日刊日後之發展，已埋下艱困之伏筆。

2月14日，成舍我向雷震、洪蘭友等人報告，《自由人》三日刊已得港府核准登記，一俟臺灣方面准予內銷，即行出版。28日，成舍我向「自由人」社同仁報告：臺灣內銷事已辦好，《自由人》三日刊即將出版，並出示創刊號大樣。因與會者多係辦報老手，提供不少意見，而成舍我也很有風度，博採眾議，為慎重起見，同意改遲數日出版，以便從容改正，並呼籲社員踴躍撰稿以光篇幅。可見在王氏離港後，《自由人》三日刊真正之台柱角色，已責無旁貸的落到成舍我肩上。

3月7日，《自由人》三日刊正式創刊，社址位於香港德輔道中149號4樓。目前所知參與的發起人有王雲五、王新衡、王聿修、端木愷、程滄波、胡秋原、吳俊升、黃雪村、閻奉璋、樓桐孫、陳石孚、陳訓悆、陶百川、雷震、阮毅成、劉百閔、左舜生、雷嘯岑、徐道鄰、徐佛觀、陳克文、成舍我、金侯城、張丕界、彭昭賢、許孝炎、卜少夫、卜青茂、范爭波、陳方、張純鷗、張萬里、丁文淵等30餘人。

發刊後，一紙風行，各方咸予重視，發行之初，每期印8千份。為打開臺灣銷路市場，內容安排方面，特別增加一些軟性文字，勿使論文過多，淪為說教。

雷嘯岑即言：「『自由人』的作者確實很自由，各人所寫的文字題材雖相同，而見解不必一致，祇要不違背民主憲政與反共抗俄的大前提，儘可各抒己見，言人人殊，真有百家爭鳴，百花齊放的景象，⋯⋯首任的『自由人』主編是成舍我兄，他包辦大陸通訊版，把大陸上的共報消息，參以陸續從國內逃到香港的難民所述情形，寫成有系統的通訊稿，可謂費苦心。」

《自由人》三日刊在台發起人及贊助人聚餐合影（民國72年12月）

誠然如是，由於文章精彩，見解深入，內容多元，析論入理，所以出版後不久，南洋各地僑報即紛紛轉載《自由人》文章。故在香港一隅辦一刊物，無形中等於在數地辦了幾個刊物，影響所及，至為廣大。

不僅如此，有關《自由人》所發揮的影響力，可以曾任該刊主編雷嘯岑之回憶為證，雷說：「自由人半週刊，頗受臺灣以及海外；尤其是美國一般華僑的注意，原有的每週座談會照常舉行，參加的人亦陸續增多了，風聲所播，國際人士來到香港的，亦來參加我們的座談會，交換政治意見，如美聯社遠東特派員竇定，南韓內閣總理李範，日本工商與新聞界人士前來訪談者尤多，……唯有駐在香港鼓勵華人組織『第三勢力』的美國巡迴大使吉塞普，始終沒有接觸過，大概是他認為『自由人』半週刊這些人，多數係國民黨員，氣味不相投，我們亦以對『第三勢力』之說，不感興趣，因而絕交息游，毫無來往。」

雷氏這段記載很重要，他不只說明了《自由人》發刊後之影響力；也道出了《自由人》與「第三勢力」毫無瓜葛，這對坊間有不少人一直以為《自由人》是「第三勢力」刊物有澄清作用。

《自由人》三日刊甫發行，負責盡職的成舍我隨即寫信給王雲五提到：「連日為自由人半週刊事，頭昏腦暈，尊函稽答，至為罪歉。現半週刊已於今日出版，附奉一份，即希鑒察。大著分兩期刊佈，並盼源源見賜。今後應如何改進之處，統希指示為荷。」

另針對外界對《自由人》諸多揣測，如與「自由中國協會」之關係等等，「自由人」社也在3月21日的高士威道聚會中做出決議，

大家皆一致表示，「自由人」應獨立組織，以別於其他團體，乃推定董事9人，以左舜生為董事長。監事3人，為金侯城、王雲五、雷震。成舍我為社長兼總編輯，卜少夫為總經理。

為了稿源，3月22日總編輯成舍我又致函王雲五拉稿，其中說到：「自由人在香港銷路尚好，一般觀感亦不錯。惟共匪刊物正以全力抨擊，弟等亦一反過去自由派刊物置之不理的辦法，強烈反攻。臺灣發行未辦好，少夫兄不日來臺，或能有所改進。同人撰稿，此間仍不太踴躍，盼公能以日撰五千字之精神，多寫數篇，並乞即賜惠寄，無任感幸。又此間稿酬，公議千字港幣十元，前稿之款，已送託香港書局轉交。此數雖微細不足道，然吾輩合力創業，知識勞動之所獲，在道德標準上說，固遠勝於以吃人為業之共匪萬萬矣。盼尊稿如望歲，望即賜寄，以慰饑渴。」

除簡略報告社務外，重點仍是稿源問題，而此問題也是《自由人》三日刊以後長期揮之不去的夢魘。

雷震

三、《自由人》之命名與經費及 發刊宗旨

　　篳路藍縷，創業維艱，有關《自由人》之命名，似乎是由阮毅成所起。原本成舍我欲名為《自由中國》，因與臺灣雷震負責的《自由中國》半月刊同名而不獲採納。故阮毅成認為可參考臺灣趙君豪所辦之《自由談》，而稍改其為《自由人》，卒獲大家一致同意，名稱問題因此而敲定。

成舍我

　　其實若從五〇年代的背景去觀察，刊物取名為《自由人》並不足為奇。蓋彼時海外正刮起一陣「自由中國反共運動」浪潮，其中尤以香港地區為最。為壯大「自由中國反共運動」，於是乎，海內外的一些知識份子刻意以「自由」二字為雜誌刊物名稱，以凸顯有別於大陸的獨裁極權。

　　職係之故，各種以自由為名之刊物如《自由中國》、《自由陣線》、《自由談》、《自由世界》等雜誌，如雨後春筍般紛紛出籠，《自由人》三日刊之

命名，應該也是在此時代背景下而正名的，且的確有其時空的特殊意義存在。

　　至於現實的經費來源問題，早在39年12月20日的聚會中，王雲五即定調說：「我要先與諸位約定，這是一份自由的刊物，所以，一不能接受外國的幫助，二不能接受政府的支援。同仁不但要寫稿，還要負擔經費。」王氏之所以要如此約法三章，是要避免外界將《自由人》視為拿美國人錢所辦的「第三勢力」之刊物的疑慮或揣測；另外，不接受政府支援，也是想以獨立身分之姿，能在言論上暢所欲言，而不受政府限制，更不想貼上政府刊物的標籤。

　　揆之《自由人》草創之初，因經費來源由各會員出資，確實能夠如此。例如在籌備階段，王雲五首捐港幣3千元，各會員至少認捐港幣1千元，所以誠如雷嘯岑言：「大家分途進行，未到一個月，即籌募到港幣一萬七千元了。」創刊經費有著落，但接下來長期的經費支出，恐怕就不是由會員認捐可解決，到最後仍不得不仰賴臺灣國府的金錢支助，此在《雷震日記》中即披露不少箇中內幕，茲舉日記一則為證。

　　民國40年5月25日：「雪公（按：指王世杰（字雪艇），時任總統府秘書長）來電話，可助《自由人》三千港幣，但不可明言，因《新聞天地》一再要求援助而未允許也。……《自由人》因經費困難，而負責又無專人，致有停頓之可能，由予（雷震）約集雲五、滄波、孝炎、毅成、端木愷、少夫諸君會商，由予等籌款接濟，每月假定虧二千五百元，至年底約為一萬七千五百港元，改組組織，推定成舍我為社長，左舜生代理董事長，予負臺北催稿及催款之責，總統府之三千元，由予負責，予另外再籌五百元。」

由《雷震日記》可知，創刊才兩月餘之《自由人》，經費已拮据如此，而不得不仰賴政府補貼了，在此情況下，其日後之文章言論，就頗受臺灣國府當局的制約與影響了。另有關《自由人》之創刊宗旨，其實早在刊物出版以前，對於未來言論與編輯方針，「自由人」社同仁即已做了幾點規約：（一）發揚民主自由主義；（二）發起人按期撰寫頭條論文，且須署出真姓名；（三）文責各人自負，但須不違背民主自由思想暨反共救國的大原則；同時將全體發起人的姓名列在報頭下面，表示集體責任。

創刊後，首由程滄波撰發刊詞，題為〈我們要做自由人〉，擲地有聲的強調：「我們今天大膽向全世界人類提出一個問題：便是世界人類，現在與將來，要不要做人？如果想做人，從什麼地方去著手奮鬥？……今天世界人類只有兩個壁壘，一個是『人的社會』之壁壘，一個是「非人社會」之壁壘。這兩個社會的磨擦，今天已到了白熱化的程度。」『人的社會』中每一個人，是有人性，有人格，根據人性與人格，發揮其個性，以增加社會之幸福與個人之生活水準，從而增進世界的和平與人類的文明。反觀『一個非人社會』中，人除了具備人的形態外，沒有思想與靈魂。『非人社會』中，人只是一群動物，既不許其有人性，亦不讓其有人格，他們是奴隸、是機器。」

程滄波言：很不幸的，今天的中國大陸，全大陸數萬萬同胞一年來，即陷入共匪的非人社會中。因此我們和全世界愛好和平民主的人們，要發動正義的呼聲，救自己，救同胞，救人類。我們要扛著自由的大纛，叫著「做人」的口號，開始「自由人」的運動。爭自由，爭人性，發動全人類自由人性的力量，去打倒與剷除共產帝國主義反人

性的非人社會。不殘殺，不掠奪，在不流血革命的原則下，使人人有飯吃。本此目的，以建立新中國新世界。所以，「從今天起，根據以上主張，我們謹以此小小刊物『自由人』，貢獻於全世界凡是不願做奴隸的人們，也就是我們這一群人，決心獻身於這一運動的開始。全世界和平民主的人士：我們要做人，我們要做自由人。每個人爭取了自由，世界才有民主和平，人類才有幸福與光明。」我們要做人，我們要做自由人，起來，不願做奴隸的人們！程滄波這篇發刊詞，簡直是一篇慷慨激昂的宣示詞，代表全世界不願在「非人社會」生活下的自由人，向共產專制極權政權，發出堅決的怒吼。

四、《自由人》的艱苦經營

憑良心說，《自由人》三日刊從40年3月7日發行，到48年9月13日停刊，維持約8年餘。這8年多的歲月，可謂艱辛撐持，多災多難。首先為組織渙散不健全，於是才有民國40年下

端木愷

半年的重組之舉，此中最大原因為「自由人」社大多數同仁均已離港在台，分別有王雲五、王新衡、端木愷、程滄波、胡秋原、吳俊升、黃雪村、閻奉樟、樓桐孫、陳石孚、陶百川、陳訓悆、雷震，及阮毅成，幾乎佔了一半以上；而在港的僅有左舜生、金侯城、許孝炎、成舍我、劉百閔、卜少夫、雷嘯岑等人。其後在台參加的，又增加徐道鄰，共22人。為連絡方便起見，在台同仁乃公推王雲五為董事長，但又因刊物在港出版，故推左舜生為在港之代理董事長，就近處理刊物，成舍我則為社長。

且「自由人」社因未有組織章程，也未在台辦理社團登記。41年1月10日，在台同仁乃在王新衡家商議。適端木愷甫自香港返台，報告港方同仁最近決定取消社長制，並推左舜生為代董事長，成舍我為總經理，劉百閔為總編輯。此事，在台「自由人」社同仁又有不同意見，在3月7日及15日的兩次餐敘商討中，決定仍採社長制，並續推成舍我為社長。

只是一個30餘人的「自由人」社，就為了區區的刊物人事組織問題，港、台同仁即不同調，其他之事就可想而知了。所幸意見儘管有異，但同仁感情尚佳，阮毅成即言：「自由人在香港創辦之初，同仁常有餐會，交換意見。在臺同仁，於民國四十年七月十二日起，舉行聚餐或茶會，由同仁輪流作東，平均每兩週一次。除談自由人社各事外，亦泛論時局，交換見聞。」

民國41年2月9日，「自由人」社在台同仁餐敘時，有鑒於《自由人》三日刊創刊已近一年，但組織與人事及編輯立論之困擾問題仍在，因此大家有必要提出意見交換，以尋求解決之道。席間程滄波首

次提出編輯態度問題，但遭雷震反對。程又謂：「劉百閔不宜任總編輯，上次，此間同仁推成舍我任社長，何以改變？此間皆未知悉。」雷震與陶百川又認為，台方不宜干涉港方人事，雙方爭論甚久。

最後由阮毅成提出折衷解決方案為：（一）自由人本係超黨派立場，只知民主、自由、反共，不知其他，此後仍須守定此項立場。（二）港方報刊如對臺灣中華民國政府，有惡意攻訐，或無理批評，自由人不可自守中立，須起而加以駁斥。（三）人事問題，另函在港之許孝炎查詢，不作決議。

眾皆贊成阮毅成之方法，並請其起草一函，致在港之左舜生、許孝炎、成舍我、劉百閔、雷嘯岑諸人。阮函送各人簽名後發出，信中報告：「弟等今午聚餐，談及自由人編輯態度。回溯創辦之初，原屬超於黨派之外。……兄等在港主持，辛勞至佩，自亦必贊同弟等態度也。邇後港方報刊如對於臺灣中華

民國46年左舜生（右）與李璜攝於香港

民國政府惡意攻訐，或無理批評，自由人似不便自居中立，宜即加以駁斥。如有中國之聲作者來稿，希勿予以刊登，以嚴立場。再則，此間對第三方面各事，多持私人消息。語多片斷，難窺全貌。斯後尚懇時將各方動態，擇要見示。既可為撰稿時之參考，亦為知彼知己之一道。自由人素以民主反共為宗旨。署名：王雲五、程滄波、黃雪村、王新衡、樓桐孫、吳俊升、陳石孚、陶百川、雷震、阮毅成。」

民國41年3月15日，《自由人》創刊已屆滿一年，留台「自由人」社舉行全體會議。會議主席推王雲五擔任，其中：

（一） 報告事項：經費小組許孝炎報告——擬募集港幣3萬元（其中成舍我、許孝炎約洪蘭友，被分配擬向各紗廠募台幣1萬元）。

（二） 編輯小組成舍我報告：（1）組織擬仍採現制，並請加推一人為必要時接替編務工作之用。（2）發行擬請先行籌集基金以期達到日後之自給自足。（3）編輯方針方面：積極在倡導民主自由，消極在反共抗俄，至對於臺灣態度應仍許有批評，但不可損及自由中國之根本。（4）在台同人集體意見推定專人執筆寄港，決登載第一版，並不易一字，如係個人稿件，在編輯方面擬請仍保有斟酌之權。（5）每期需要稿件2萬4千字，在港同人無多未能盡任，在臺同人時惠稿件。

（三）　討論事項：（1）自由人三日刊社是否仍採社長制案。決議：仍採社長制，成舍我擔任社長。（2）自由人三日刊社費應如何加募案。決議：一、經費小組在進行籌募之港幣3萬元，於兩個月內籌足，作為基金，備日後擴充發行之用。二、另由經費小組加募港幣1萬元，作為最近數月經常費不足之需，在未募起前由許孝炎、成舍我負責維持現狀。三、加推樓桐孫、程滄波參加經費小組，並以王董事長雲五兼經費小組召集人。

（四）　自由人立論態度應如何確定案：（1）除積極的主張民主自由，消極的反共抗俄外，並須維護現行憲法倡導議會政治。（2）凡外界對臺灣有惡意攻擊影響國本時，應予駁斥，立場務須堅定，態度務須明確。（3）除專門問題研究外，宜多載通訊及趣味性文字，理論文字及新聞性宜各佔三分之一。

　　此次會議至關重要，它為已紛擾年餘的《自由人》定調，但此為台方同仁之共識，港方同仁只是被動告知，並不見得完全同意，所以日後港、台雙方仍存有歧見。其次更嚴重的是經費短絀，入不敷出，以至於時有停刊之議。這棘手問題其實打從創刊起即已浮現，只是苦撐待變，能維持多久算多久，但情況並沒改善且持續惡化中。

　　41年6月14日，王雲五、阮毅成與程滄波等聚會，商議如何應付《自由人》三日刊之困難。王雲五謂得左舜生與成舍我二君信，信

上，成舍我堅辭社長，又每月不足港幣2千元，如無法解決，則自本月18日起停刊。劉百閔則說香港紙價日跌，印刷係由《香港時報》代辦，印費可以欠付，以往亦每月虧空，並不自今日始。

對此，王雲五建議是否能改為月刊，移台出版，但眾意覺得移台出版，則《自由人》功用全失，仍宜繼續在港發行。最後決定由王雲五函復，請成舍我維持至7月底止。是年12月2日，「自由人」社同仁又再行會商，由王雲五主持，會中卜少夫表示願接辦，至少可免招致停刊命運。然旋未幾（12月6日），卜少夫以有人表示異議，乃謂其《新聞天地社》同仁不贊成其再兼辦另一刊物，打消原意。王雲五即席宣布仍在港出版，推成舍我回港主持，並改為有給職。

成謙辭不成後，旋即表示接受，並當場推定王雲五、程滄波、樓桐孫、胡秋原、陶百川、黃雪村為在台撰述委員，程為召集人；另推成舍我、程滄波、胡秋原3人起草言論方針。王雲五、端木愷、王新衡為財務委員。香港方面撰稿委員，由成到港後約定人員擔任。事後，當事者之一的阮毅成，對是晚之會結果表示很滿意，還稱為是《自由人》中興之會，同仁莫不感奮。但其後，主要的重點之一，《自由人》未來的言論方針並未草成。

42年3月14日下午，「自由人」社同仁聚集在成舍我處，參加茶會。會中，成舍我出示香港許孝炎來信，謂《自由人》又不能維持，因已積欠《香港時報》印刷費港幣6千元，稿費11期；且人力亦明顯不足，雷嘯岑將來臺灣，左舜生又將赴日本旅行，主持無人，不如停刊。經同仁交換意見，仍認為不能停辦，並催成舍我速赴港負責。因茲事體大，3月21日，「自由人」社另一要角阮毅成，也在家中約集

在台同仁茶敘。會上，成舍我表示其有困難不願赴港，而港方近日來函，支持為難，眾意乾脆移台編印，仍推成舍我主持。

25日下午，阮氏親訪成舍我，成表示三點立場：（一）決不去香港。（二）《自由人》如移台出版，願意主持。（三）未移台前，可先在台編輯，寄港印行。同月28日下午，以《自由人》問題緊迫，急待解決。「自由人」社同仁乃在端木愷家中餐敘，對《自由人》前途，共有四種主張：（一）停刊。（二）移台出版。（三）在台編輯，寄港印行。（四）推成舍我赴港主持。討論結果，決定用第四法，成亦首肯。然成謂：《自由人》除發行收入外，每月須虧4千元，此問題亟需解決。

4月18日，因港方同仁頻頻催促速做決定，眾議又思移台編印，王雲五亦同意移台出版，但謂須改為半月刊或月刊。30日下午，成舍我與端木愷、阮毅成、王新衡、程滄波等人，又應王雲五約茶敘。時端木愷甫自港返，謂港方「自由人」社已無現款，勢不能繼續。因以由今日到會者商定：（一）香港方面自5月10日起停刊。（二）在台登記改為月刊，推王雲五為發行人，成舍我為總編輯。

然不久，港方同仁又變掛，5月11日，阮毅成訪成舍我，成說卜少夫前日到台，攜有左舜生致王雲五函，主張《自由人》仍在港出版。此事經緯，雷震在日記中亦提到：「見到雷嘯岑來函，對我們囑香港停刊，決議移臺辦月刊則大不以為然，來信措詞甚劣，決定去電並去函說明，以免誤會。」

雷嘯岑甚至為此來函欲辭去社長職務，《雷震日記》記載：「今日午間約來臺之《自由人》報有關各位來鄉午膳，除端木鑄秋、阮毅

成、吳俊升、胡秋原外，到有十五人，即王新衡、樓桐孫、陶百川、張純鷗、陳訓悆、卜少夫、卜青茂、程滄波、范爭波、王雲五、成舍我、黃雪村、閻奉璋等及另約陳方。飯後討論雷嘯岑來函辭去社長職務一事，經決議慰留。」

為此事，雷震感慨的說：「《自由人》發起人在台者，不過10餘人，港方不過數人，兩方意見不合，終會扯垮。民主自由人士之不易合作，於此可見一斑。」由於雷嘯岑堅決請辭社長職務，8月1日，《自由人》在台同仁藉茶敘機會，聽取甫自香港來台之劉百閔報告，劉謂：在港同仁意見為（一）必須在港繼續出版。（二）改推陳克文任社長。（三）每月不足港幣8百元，在港有辦法可以籌得。王雲五說：「左舜生有信來，克文係其物色，本人絕對贊同。」眾亦皆表示贊成。

但成舍我認為每月800元之說，計算必有錯誤，至少每月亦需賠2500元，所以決定請王雲五再去函新社長，請重為估計。其實《自由人》經費之短絀，可由總攬其事的總編輯均不支薪一事即可看出。43年7月10日，左舜生自香港致函王雲五即說到：「弟意，自由人編輯者，原規定每月可支三百元，以舍我、百閔兩兄任編輯時，未支此款，後任編輯一年，亦即未支。」如此窘境，要不是有臺灣國府當局在幕後經費贊助，《自由人》三日刊能支撐8年餘，根本是不可能的。

最後則為文章尺度問題，除上述言及《自由人》三日刊甫創刊，即面臨稿源不濟的困難外，更麻煩的為自從接受政府補助後，《自由人》的言論立場在相當程度上已受政府箝制。以至於在很多議題上，

不僅不能秉公立論、暢所欲言；且須為政府妝抹門面，極力辯解，稍一不慎，隨即惹禍，遭致抗議。

如民國41年6月1日，「自由人」社王新衡拜訪阮毅成，談話重點就說到，《自由人》最近兩期，刊載左舜生〈論中國未來的政黨〉一文，有人表示不滿。為避免誤會，乃一起同訪王雲五，請其以董事長身份，致函香港總編輯成舍我，請其勿再刊出此類文字。雖係如此，但言論自由乃是知識份子的普世價值觀，用強制力約束是沒用的，果然在民國44年，又發生更嚴重的文字賈禍事件，差一點讓《自由人》無法在台銷售。

事緣於是年3月23日，王雲五接到司法行政部部長谷鳳翔來函，表示《自由人》三日刊，登載雷嘯岑文章，影響政府信譽，要求王雲五代向該社方面解釋。全函內容為：

> 頃閱本月二十三日自由人刊載「自由談」及「半週展望」雷嘯岑先生文內謂，揚子公司貪污案牽涉本部，曷勝駭異，此種無稽之詞，殊足影響政府信譽，茲特寄上函稿二份，送請察閱，並祈賜檢一份轉致雷君查明更正，仍乞代向該報社方面照拂解釋為幸。

由於《自由人》所刊文章得罪當道，引起了國民黨中央黨部對《自由人》言論的不滿。3月26日，時任《中央日報》社長，亦是「自由人」社同仁的阮毅成到中央黨部參加宣傳政策指導小組會議時，即受到中央黨部秘書長張厲生的警告：「香港《自由人》三日

刊，近日言論記載，愈益離奇，須採取停止進口處分。」

　　幸阮毅成趕快緩頰，除報告《自由人》艱難創辦經過外，並謂：

> 現在台北各同仁，久未與聞港事。王雲老曾去函港方，請以後勿再刊載不妥文字。又以所載台省情形，與事實相距甚遠，曾通知港方，以後遇有記載台省情形稿件，先行寄台複閱。認為可用者，方予刊布，亦未承照辦。惟自由人參加者，多為各方知名之人。如忽予停止進口，恐反而使海外人士，對政府有所批評。不如一面先採取警告程序，依照出版法，由內政部為之。一面通知在台之董事長王雲五氏，促其改組。如再有違反政府法令之事發生，則採取停止進口處分。

　　為此，是晚10時，阮氏先訪成舍我，說明會議經過；再與成同訪王雲五，報告此事。王雲五似乎對此頗為不悅，乃決定於3月30日下午5時，在端木愷家中，約集「自由人」社在台全體同仁會商。在3月30日的決議中，提到《自由人》的現實問題，「本刊如不能銷台，勢必停刊。為避免使政府蒙受摧殘言論之嫌，希望政府妥慎處理，使其能繼續出版。在台同仁，願意退出。惟在港同仁意見如何，亦盼政府逕與洽商。」並推阮毅成與許孝炎2人將此項決議，轉達黃少谷，另函告在港同仁。

　　換言之，針對當局對《自由人》的不滿，「自由人」社在台同仁採取了委曲求全的態度，一方面願意退出，此舉可能有兩層深意，一為逼香港「自由人」社同仁，小心謹慎，莫在刊登批評政府之文章，否

則與渠無關，二為多少有向政府交心之意，明哲保身，不想惹禍上身；再方面亦有請政府介入之意，希望儘量保留能讓《自由人》繼續在台銷售。

果然如此，4月7日，王雲五即致函總統府秘書長張群，說明「自由人」之情形，並建議將「自由人」社改組，由政府指定負責主持言論之人實行接辦。信的內容為：「惟是該刊經費本奇絀，全恃內銷而維持，一旦停止內銷，勢必停止刊行，外間不察，或不免對政府妄加揣測，弟愛護政府，耿耿此心，竊認為消極制裁，不如積極輔導，將該刊改組，由政府指定負責主持言論之人實行接辦，可變無用為有用，弟當力勸原發起各人，本擁護政府之初衷，竭誠合作。」

一週後，以國民黨並無接手之意，在恐不能銷台的情況下，成舍我與王雲五、陶百川、徐道鄰、陳訓悆、程滄波、胡秋原、吳俊升、端木愷、黃雪村、阮毅成等決議：「茲因環境困難，經濟無法支持，決議停刊，由主席（王

胡秋原伉儷

雲五）根據本決議徵求在港同人意見。」

其後，在台同仁復在成舍我宅聚餐，決定在台同仁既已必須退出，而中央黨部又規定不得再與《香港時報》發生關聯，則無地可以印刷，亦無處可再欠印刷費。外界聞知中央處分，亦必不願再行認指，環境困難如此，只好宣布停刊。並請王雲五函詢港方同仁意見，如港方同仁堅持續辦，在台同仁自不能再行參加。

由於文章得罪當局，以致有禁止銷台之聲，在港負責《自由人》編輯工作之陳克文旋即致函阮毅成、王雲五等人，表示「咎衍實無可辭」。「自由人停止出版，唯覺可惜，形勢如此，亦復無可如何，文與左劉兩公對此均無成見，惟此間尚有其他股東，又年來出錢出力者，頗不乏人，此事似不宜由文等三人遽作決定，即為港方同人之全體意見，擬於最近邀集會議，提出報告，徵求多數意見，再作正式答覆。」

但不久，事情又有遽變，4月29日，一向敢言的左舜生，終於自港來函，明確表示反對《自由人》停刊，並謂在港「自由人」社同人決暫予維持。信中言：

雲老賜鑒：四月七日阮毅成兄來信，並附有留台同人退出決議一紙，十八日奉　公手書，知同人復有集議，以經濟環境關係，主張停刊；均已誦悉。此間於當地環境，已洞悉無遺；對　公等所採態度，並無不能諒解之處。惟念同本刊宗旨，一面在『堅決反共』，一面在『爭取民主』，四年以來，奉此週旋，雖不無一、二開罪他人之處，但大體上並未

逾越範圍。今赤燄正復高張，而民主亦勢非實現不可；大約在二、三月內或有變化，前途殊未可知！故此間同人，經過再三考慮，仍決定暫予維持，並囑舜代為奉復，即乞轉達諸友為荷。　公等即不得已而必須退出，仍望不遺在遠，隨時予以指導，除宗旨不能犧牲以外，同人無不樂於接受。海天遙望，曷勝悲憤憂念之至！

從此以後，《自由人》三日刊似乎終於渡過了這段風風雨雨的歲月，儘管港、台大多數「自由人」社同仁情誼依舊，但經費、稿源、立論尺度等問題仍在。《自由人》三日刊即帶此痼疾，跌跌撞撞的支撐8年餘，在民國48年9月13日劃下句點，宣佈停刊。

五、結論——從《自由人》到《自由報》

無論如何，在五〇年代那段風雨飄搖的歲月，《自由人》能以香江一隅之地，在內外環境相當險惡的情況下，擎起「我們要做自由人」的大旗，反抗共產極權，與中共做誓不兩立的言論鬥爭，其勇氣和決心仍令人感動。另一方面，《自由人》雖義無反顧的支持臺灣國府當局，但在「恨鐵不成鋼」的期待心理下，對臺灣當局若干錯誤的舉措，仍一本忠言逆耳之立場，毫不留情的提出批判或建言，即使在經費斷炊的威脅下，亦不為所動，這份苦心孤詣之意，也令人感佩。

而此即所以《自由人》在發行的8年餘中，雖屢有遷台之議，但大多數同仁始終仍以在香港立足為佳之看法，因其言論立場較客觀中立，雖稍偏向國府，但非無原則的一面倒，兼以香港為基地，較少政

府、政黨色彩之觀感，且因對國、共雙方均有批評，是以其在香港作用較大之故也。當然《自由人》之悲劇，除上文已詳述之經費、稿源、言論立場受到制約等外緣因素外，尚有深一層內緣因素存在，此即中國傳統知識份子屬性使然。知識份子主性強的「書生本色」，誰也不服誰之個性，常落人「秀才造反，三年不成」之譏。因渠主觀意識強，所以容易堅持己見，是其所是，不大能夠為大局著想，且因自視太高，未能屈己就人，所以較乏團隊精神。

此情況在「自由人」社這批高級知識份子間亦是如此，雷嘯岑曾舉一事證明之：在《自由人》是否遷台之際，王雲五以董事長資格，致函於我，囑將自由人報遷赴臺北發行，且將繳存港府的押金萬元一併匯去。旋由代董事長左舜生召集在港同仁會商，決議仍在香港出版，但在臺北的同仁，亦可刊行臺灣版，然王雲五很不高興，說我不以他為對象，悻悻然嘖有煩言，殊堪詫異。未幾，許孝炎由臺北回港，主張自由人停刊，他怕我不贊成，先囑我莫持異議，我表示無所謂，而自由人三日刊，即於1958年9月12日宣告停刊了。現代中國高級知識份子之沒有團隊精神，於此又得一實驗的證明，曷勝慨嘆！

所以當年左舜生在《自由人》創辦之初，樂觀的夸談「自由人」社同仁可以組織聯合政府，永遠合作無間之見解。雷嘯岑說，實係幼稚幻想。文人相輕，自古而然，《自由人》三日刊的緣起緣滅，依然落得一個「殺雞聚會，打狗散場」的結局，這也是中國現代高級知識份子的悲劇，想來不禁令人浩歎！

《自由人》雖然走入歷史停刊了，但未及五個月，一份延續《自由人》精神的《自由報》在民國49年2月17日，另起爐灶又在香港創

刊了。《自由報》社址位於香港銅鑼灣高士威道20號4樓，也是採取半週刊（三日刊）的形式，於每個星期三、六發行。社長為雷嘯岑，督印人黃行奮，在第1期有以本社同人署名撰寫的〈我們的志願和立場〉為發刊詞。

該文強調「我們是一群崇尚自由主義的文化工作者。對社會生活篤信『人是生而平等的』這項義理，珍重個人的人格尊嚴；對政治生活認定『政府是為人民而存在的』，要求基本人權之確立與保障。……我們曆受著共產極權主義的荼毒，深感國破家亡之痛苦，流落海隅，於茲十載，內心上大家不期然而然地具有強烈的愛國情操和政治理想，要從文化思想方面，努力培育民主自由精神，發揚其潛能，成為救國救民的偉大力量。職是之故，本報的言論方針是國家至上，民生第一，我們的立場是超黨派的。」

簡言之，民主、自由、愛國、反共乃為《自由報》創刊之四大宗旨。嚴格言，此宗旨乃是延續《自由人》三日刊的精神而來。阮毅成說：「後來，雷嘯岑兄在香港出版自由報，乃係另一新刊物，與原來的自由人，完全無關。」此話恐有商榷餘地。《自由報》在《自由人》的基礎上，發行到民國60幾年才結束，期間刊布了《香港自由報二十年合集》、《自由報》合訂本、《自由報二十週年年鑑》，影響力不在《自由人》之下。

從蔣經國到雷震的傅正

傅正，本名中梅，民國16年12月11日生於江蘇省高淳縣。父母早年貧困失學，以傅正為長子，故寄望甚殷。也因此傅正自幼乃勤奮好學，胸懷大志。然其生不逢時，民國27年，適值中日抗戰爆發後不久，故鄉江蘇隨即淪陷，不得已傅正和家人開始逃難，期間飽嚐顛沛流離之苦，故學業時續時輟。

民國33年，傅正上高中時，抗日戰爭正邁入最艱苦的歲月。傅正有感於國難方殷，乃響應政府「十萬青年十萬軍」的號召，棄學從戎，加入蔣經國擔任政治部主任的抗日青年軍。民國35年，青年軍復員後，傅正經分發至上海大同大學經濟系就讀，旋即參與學運，並因積極反共，表現優異，復選入「延安參觀團」，且至蔣經國親自主持的嘉興夏令營受訓，朝夕親聞其革命民主理論。此時，傅正對國民黨的改革，可說尚存一線希望。

民國36年，傅正逐漸認識到國民黨團操控學運之黑暗，深悟不厚植學術根基，將來必無以貢獻國家社會，遂毅然轉學武漢大學政治系，遠離世局之風暴，專心治學，追求真理。據其自己所寫的：「武漢大學政治系所讀到的那點政治知識，特別是民主理念，在我腦海中不斷盤旋，終於使我堅信唯有民主可以救中國」。

　　民國38年5月，大局逆轉，武漢棄守，傅正復輟學逃難，期間曾一度為中共所俘，旋即脫險。隨華中軍政長官公署白崇禧部隊輾轉撤退，親眼目睹30萬大軍覆滅之悲劇，使他更深惡痛絕槍桿子出政權之惡性循環，也體悟到「政治不民主，乃國家動盪之根源。」因此更加堅信，只有民主自由方為救國之不二法門，下定決心立誓終身為民主自由而奮鬥。

　　民國39年4月，傅正自海南島撤退來台，行程中遺失全部的行李，包括多年所寫的詩集、小說、論著和日記。到臺灣後，民國40年，參加國防部政幹班，隨即奉派至駐守嘉義的75軍政治部服務。民國41年7月，傅正再調到政工幹校，又回到蔣經國的政治圈內，並由軍中的政工升到訓練政工幹部的職位。他自己說：「成了政工的政工，更成了蔣經國先生直接領導下的政工搖籃的政工」。

　　民國42年，傅正終於認清了蔣氏父子家天下的心態，不惜以本名投稿由雷震所負責的《自由中國》半月刊，向政工幫公然挑戰。並用請長假的方式，不到政工上班，正式脫離與其理想背道而馳的政工幹校，開始從「蔣經國之路」走向「雷震之路」。

　　民國44年，傅正以學有未逮，插班臺灣大學政治系二年級，繼續完成未竟之學業。期間，他一面堅持民主反共的立場，一面為《自由

中國》半月刊、《自立晚報》及《自由人》撰稿，對臺灣時局提出批判，深獲雷震激賞。其於台大肄業時，成績極為優異，深得當時教政治系的彭明敏教授之賞識，並鼓勵他畢業後繼續投考研究所。然傅正以為改變臺灣時局不在學術而在政治，邅變的大時代不允許個人躲入象牙塔中，乃於反覆思考後，進而積極投入政治改造行列，在雷震力邀下，到「自由中國社」擔任編務，後來接管主編工作。

民國46年4月3日，傅正攝於台大宿舍，時為台大政治系四年級寄讀生

傅正在《自由中國》撰文，抨擊時政，力斥一黨專政，尤以對蔣經國所主控的中國青年反共救國團提出強烈的批判，堅決反對蔣介石違憲連任第3屆總統，所有的文字無不鏗鏘作響，擲地有聲，為當局所不容。「自由中國社」後期之活動，以籌組反對黨為首務，傅正既以實現民主之行動家自許，又蒙雷震之信任，自然義不容辭，以「中國民主黨」籌備委員兼秘書身分南北奔波，數訪臺灣各地之黨外領袖，交換意見。

民國49年，臺灣地方選舉，國民黨公然舞弊，激起反對派人士的公憤。組黨時機漸趨成熟，旋即由雷震出面號召，邀請郭雨新、高玉樹、許世賢、李萬居等自由派知識份子及本省籍政治菁英，決定籌組「中國民主黨」。傅正為雷震之得力助手，所有的文稿起草工作，幾乎均由其負責。同年9月4日，當局以「任意批評政府反攻大陸政策」、「宣揚失敗主義」、「為匪宣傳」等莫須有罪名，逮捕雷震，傅正亦同時被捕下獄。所有他保管的組黨文件，亦被辦案人員全部搜去。

國民黨政府警備總部之所以逮捕傅正，用意在威脅利誘他以陷害雷震，但其堅守正義，不為所動。而為防止傅正出庭辯論，乃由軍事法庭裁定：以反對終身總統之言論破壞法統，呼應匪幫統戰，為有利於叛徒之宣傳，交付感化3年，移送生產教育實驗所執行。待感化時間屆滿，警總又誣陷他拒不接受感化教育，再度裁定交付，感化3年，且移送綠島新生訓導處，全面隔

民國48年11月，《自由中國》社十周年紀念，前排（左2）為傅正

離，禁止接見、通信、閱讀達兩年之久，以報傅正當年拒與官方合作之舊恨。民國55年12月21日，傅正終於獲釋，喪失自由先後達6年3個月又17天。

民國56年，傅正應世界新聞專科學校之聘，初次執教杏壇，講授世界近代史。他學識淵博，講課生動有趣，深受學生肯定與喜愛。民國61年，復應東吳大學端木愷校長邀，至東吳大學政治系任教，直到去世前，先後講授中國政府、行政法、中國政治學名著選讀、中國憲法與政府、地方政府、中國近代政治史、中國政治思想史等課程。傅正授課，準備充足，資料豐富，講解認真，嚴守經師人師之分際，因此甚得學生之敬愛與尊重，在校園中聲望卓著。

「雷案」事件後，臺灣民主運動經過15年之停滯，始有民國64年8月《臺灣政論》之刊行，這個臺灣人第一個論壇，可以說是黨外運動新的里程碑。民國68年8月16日，復有《美麗島雜誌》的創辦，這兩份雜誌皆隱然有師承《自由中國》之遺緒，惟均曇花一現，即遭扼殺。

傅正憂慮民主香火失傳，乃不顧一切又介入黨外運動，與當時年輕一輩之意見領袖交往，在黨外雜誌為文鼓吹，屢次為黨外公職候選人助選，並協助黨外公職問政。由於有先前「中國民主黨」前車之鑑，他雖有心組黨，但不得不謹慎佈局，鄭重著手。故自民國74年起，黨外人士雖有數次重要聚會，然皆未能進入組黨主題。

雖然客觀環境如此，但傅正仍組黨心切，並不氣餒。於民國75年7月初，即邀請黨外人士聚餐，探詢組黨意向，從而約定每週聚會一次。參與的人除他外，尚有費希平、黃爾璇、尤清、江鵬堅、張俊雄、周清玉、謝長廷、游錫堃、陳菊等人。大家秘密協商組黨方式、

黨章、黨綱及創黨宣言等事項，黨名也由該小組商定，此即為民主進步黨創黨所謂「十人小組」之由來。

傅正在該小組及其後的「十八人工作小組」，擔任重要文件之研擬，對於創黨文字之斟酌，周密精微，對制度參襄策劃，貢獻良多，遇困難則悉心調和排解，使創黨工作不致轉趨消極。是年9月28日，民進黨宣布創黨後，傅正更秉持著人可以抓，黨不可毀的決心，提醒同志隨時作萬全的準備，乃有第二波及第三波的人選安排。傅正以外省人身分，有組黨前科，無公職地位之保障；兼以特務跟蹤環伺，處境之艱難，可謂危險萬狀。但他毅然挺立，絕不退縮，終底於成，民進黨之有今日，其功不可沒矣！

傅正在民進黨中央，歷任執行委員、政策研究中心主任及顧問等職，每會必準時出席，有聞必錄，雅號太史公。創黨之初，若干重要聲明、決議文、對外宣言，大多出自他的手筆，為長期組黨奮鬥留下重要證言。民國76年春，他又參與發起「外省人返鄉探親」運動，呼籲「想家，是最原始的人性！回家，更是最起碼的人權！」積極促進外省人返鄉活動。

民國78年底，尤清競選台北縣長，邀他在台北縣競選立法委員。傅正認為尤清競選縣長，以台北縣人口之多，國民黨黨政軍涉入之深，對臺灣民主運動之前途必然影響深遠，乃慨然應邀。以立委候選人身分全力護持，務求尤清當選，置自身之成敗於不顧，其大公無私之心，於此可見。

在競選期間，他無錢無勢，有的只是一腔奉獻民主運動的熱血，為籌募基金而出版《傅正文選》3冊，分別以《對一黨專政開火》、

《向蔣家父子挑戰》、《為中國民主黨・民主進步黨戰鬥》命名。因競選而整理舊作,出版文選,其無意立言而立言,但卻為臺灣民主運動留下極重要的紀錄。同時有感於《雷震回憶錄》的被銷毀,歷史真象不容成灰,乃積極主編出版《雷震全集》的工作,既使於競選百忙之中,猶親自抽空認真編校,不敢稍有懈怠,並於每一重要部份特別撰寫序文與編注,以彰顯雷震作為歷史人物的非凡情操。

傅正平日精神充沛,感情豐富,因隻身在台,無所牽掛遂轉而熱愛學問工作,篤信民主自由,身體力行關心社會國家。民國79年因罹患骨癌而體力漸衰,但仍念念不忘各項工作,尤盼身體康復後,能為雷震先生撰寫完整傳記,為中國民主黨及民主進步黨撰述組黨歷史。惜天不假年,終於不起,於民國80年5月10日逝世於孫逸仙治癌中心醫院,享年64歲。

從《雷震回憶錄》焚燬談雷震

自古以來，中國便一直以擁有悠久歷史而自豪，綿延不絕的正史相傳，早已蔚為中國史學的特色之一。雖然歷代亦有焚書之事，但那些均是統治者為鞏固其政權的無恥之舉，不容異己之說的存在，乃是專制獨裁下的產物。豈料至民國時代，堂堂以民主自由相號召的政府，卻效法兩千多年前始皇的焚書之舉，燒了回憶錄，還不肯認錯。更可悲的是，負責調查的柏台大人，不僅歷史知識貧乏的程度令人瞠舌，且還大放厥詞，以為己辯。

說什麼回憶錄所言與高中歷史記載不符，隨便妄論其荒誕不經，是謗書而無史料價值。觀其言語，似乎有燒之亦無謂；毀之也無惜之意。殊不知，我們所謂的高中歷史教科書，尤其是現代史部份，早已被刻意竄改得面目全非，稍微唸一點歷史的人都曉得，政治鬥爭者常是以竄改歷史為能事。我不知道柏台大人是無知，抑或是另有他意，

總之，《雷震回憶錄》無疑是具有重大歷史價值，觀雷震一生，便可明悉。

雷震，字儆寰，浙江長興人，清光緒23年（1897）生，日本京都帝國大學畢業，曾先後擔任政府各項要職。民國20年，當選國民黨南京市黨部委員，兼任書記長及常務委員。21年又被延聘為國民黨南京市代表大會主席團主席，對當時首府之區的南京基層黨務，該有相當詳實的記載才是。「蘆溝橋事變」起，抗戰軍興，政府為謀全國意志之集中、匯合輿情、落實抗戰建國並進、擴大政治參與層面，乃於民國27年，成立國民參政會以為戰時最高之民意機關。

《雷震案史料彙編——
雷震回憶錄焚燬案》書影

雷震恭逢其會，任國民參政會秘書處秘書兼議事組主任，爾後又升副秘書長，對於參政會初期各黨各派之捐棄成見、共赴國難、議論國是、為民喉舌之諍言；及其晚期，國、共摩擦已現，身為參政會秘書之雷震，當別有一番體會！

32年，因前年皖南「新四軍事件」，政府因抗戰適值最艱苦時期，不

欲擴大事端，乃派王世杰、張治中赴西安，與中共代表林祖涵談判，雷震亦是此行隨員之一。王、張此行之結果為何？吾人暫且不論，但形之於文字之外的，應有不少珍貴之聞。抗戰勝利後，為因應國內的政治情勢，35年，「政治協商會議」開鑼，雷震任秘書長，對勝利後國、共雙方的劍拔弩張、貌合神離的政治鬥爭，其實際情形，當有一番異於官書之記載。

同年3月，雷震又任國民大會籌備委員會委員，翌年，當選第1屆國大代表兼國民大會秘書長，對此國民大會召開前後之風風雨雨，其回憶錄之記載，當不下於蔣勻田的《中國近代史轉捩點》之史料價值。

38年，大陸已大部沉淪，處此風雨飄搖、危疑震撼之際，雷震義不容辭，基於知識份子愛國救國的大義血忱，與湯恩伯、谷正綱，方治等人共謀上海保衛戰，與共黨周旋，作最後一搏。無奈形勢比人強，保衛大上海失利，雷震等人也只有揮淚別申滬。抵台

傅正主編，《雷震全集（1）——雷震與我（一）》書影

後，於38年底與胡適等人創辦《自由中國》半月刊，希望能以輿論救國，督促政府，弘揚民主自由以為反共復國之利器。

嗣後因《自由中國》半月刊言論日趨激烈，為當道所忌，43年，雷震因〈挽救教育危機〉一文，攻擊政府，被開除黨籍。49年，雷震又與李萬居、高玉樹等人籌組「中國民主黨」，為政府所不容，乃以涉嫌叛亂及《自由中國》半月刊之言論，有資匪宣傳之嫌，為警總拘捕，判刑10年。58年，刑滿出獄，頭髮已白，雙鬢已蒼，而當年之在野反對黨早已胎死腹中，昔日之盟友亦風流雲散矣！68年3月7日，此一畢生為中國民主自由奮鬥之硬漢，終敵不過病魔的摧殘，而含恨以終，享壽83歲。

來台後30年的雷震歷史，其中充滿著傳奇，時而驚濤駭浪，時而暗潮洶湧，寒天飲冰水，點滴在心頭。雷震在身陷囹圄的午夜，當會秉史遷之筆而述其血淚之跡吧！豈奈其嘔心之作，已餵

雷震與馬之驌（左）合影

祝融之食，而無緣重見天日了。更可嘆的是，為祝融者，至今仍無啥悔意呢？悲夫！

滾滾長江東逝水，浪花淘盡英雄，多少叱吒風雲的英雄豪傑，終也難逃時間之河之流失而齎志以歿。觀雷震83年璀璨的一生，經歷中國政壇半世紀的宦海狂濤，身居黨政核心要人，其撰述之回憶錄若謂無史料價值，不是睜著眼睛說瞎話，就是欺世人為無識之民，思及此，每令人擲筆興嘆，為之氣短。

吾人在此願沉痛的呼籲，所謂「國可滅，史不可滅」，別再糟蹋歷史了，處於21世紀文明的今天，我們可以原諒一個犯錯的政府，但絕對不能原諒一個死不認錯的政府。高喊民主自由的當權者，該是反省的時候了，請不要再做一些愚不可及的事吧！

謹以曾琦遺著《國體與青年》之發現

——紀念近代史學家沈雲龍師逝世三周年

光陰荏苒，歲月如梭，先師沈雲龍（耘農）先生仙逝倏忽已屆3年。這3年來，身為耘農師最後一位入室弟子的我，因一事無成而一直不敢提筆寫些哀悼的文章。今年由於自己在蒐集中國青年黨史料上，有些區區之得，其中尤以宇內孤本曾琦先生遺著《國體與青年》之尋獲，更是一大快事，由是而引起筆者握管敘述其經緯，並感懷先師教誨之恩。

民國75、6年間，筆者方肄業於政大歷史研究所，夏日閒居海島澎湖，正為碩士論文題目發愁。炎夏酷暑，正如張潮所言：「夏日宜讀史之刻」，案頭堆滿諸多歷史、傳記書籍。某日偶閱《傳記文學》中多篇李璜、左舜生、張夢九、黃仲蘇、沈雲龍、秦賢次等人所寫有關於「少中」的文章，一時靈泉湧上，精神百倍，內心雀躍不已。

何故？因覺此一風雲際會、網羅五四菁英，影響民國歷史深遠的學會，尚有諸多可供研究之處，由是決定以此為題目，繼續探

就之。爾後時日，在眾多友好的協助幫忙下，一切研究工作進行的尚且順利。此其中尤以秦賢次先生及先師給我的啟迪指導最大，賢次兄提供我眾多珍貴資料；先師給我擬定大綱方向。然唯一美中不足處，係尚有很多基本、重要的史料付之闕如，《國體與青年》乃為其中之最者。

白雲蒼狗，世事多變，兩年來個人、國家都發生了不少的劇變。政府開放大陸探親後，兩岸的學術交流也日趨頻繁，而個人則因76年10月先師的仙逝而感悽愴。雲山遠遙，江水阻隔，倘先師能多活數載，對中國近、現代史料之蒐集整理，諒必有更大的貢獻來嘉惠士林，豈奈造化弄人，先師不及親見目睹，即已撒手人寰，遽歸道山了。

先師謝世後，其青年黨職務由黃欣周先生接任，欣老早年畢業於中央大學，學有專精，其人慈祥和藹，對晚輩更是愛護有加，因先師之關係，筆者亦與之遊，遂成莫逆，訂忘年交。年前青年黨黨史會承李幼老（中國青年黨主

沈雲龍先生70歲攝影

席李璜先生字幼椿）託，欲於明年（80年）曾琦（慕韓）先生百歲冥誕及
逝世40週年時，出版《曾琦全集》以茲紀念，而蒐集資料之責，承幼
老、欣老不棄，委筆者代勞。

唯慕韓先生生前文章甚多，有的早已亡佚而不知去向；有的散
落港、台、大陸等地，蒐羅不易。這段期間，筆者席不暇暖，東奔西
跑，國內各大圖書機構，幾已跑遍。香港部分，承李金強、陳敬堂二
教授幫忙，代為留意；大陸方面，則擬親往蒐集。雖是如此，但慕韓
先生早期最重要的長文《國體與青年》仍如石沉大海，杳無音訊。

今年7月間，中央研究院近代史研究所陳三井師為筆者介紹美國
學者林如蓮博士（DR. Marilyn Levine），此人係研究趙世炎及中共留法
勤工儉學運動，曾去大陸訪問多日，承其轉告大陸方面亦有不少學者
研究中國青年黨，且已有專書問世。林博士持名片為筆者推薦多人，
其中一位為北京清華大學社會科學院之劉桂生教授。日前筆者專函致
意劉教授，不料竟有天大收穫。

劉教授回函告知筆者，其在五〇年代北京東安市場舊書攤，曾
無意間購得慕韓先生的《國體與青年》一書，至今雖幾經變亂，尚保
存完整，並已拷貝一份，準備寄與筆者。這真是「踏破鐵鞋無覓處，
得來全不費功夫」，也許是筆者的真誠，感動了慕韓先生；抑或是先
師在天之靈的庇佑。總之，以先師治史之精、蒐史之勤，在晚年猶念
茲在茲，一再以無法覓尋到《國體與青年》為憾。而大陸各大圖書機
關，筆者也曾託友人代為尋找，然一直勞而無功。如今《國體與青
年》居然尋獲，誠如劉教授自己所言：此書大概是宇內孤本了，何其
不易！

名壇風謠

9月11日，筆者收到香港李金強教授轉來此書的複印本，睹物思情，百感交集，內心感觸，久久不能撫平。珠沉滄海40年，今後當將此書列為《曾琦全集》之一部分，付梓發行，廣為流傳。一則紀念此一偉大的學者與中國青年黨領袖；再則亦可告慰先師在天之靈！

《國體與青年》書影

記憶深處有餘哀

——懷李璜先生

時序進入初冬，偶閱桌曆，驚見11月15日將至，時光飛逝如電，幼老辭世轉屆一年。猶憶去年此時，晨間閱報，數行黑體鉛字突映眼簾，「中國青年黨領袖李璜昨晚病逝榮總，享年97歲」，一時情緒翻攪，百感交集，淚不禁滑下臉頰。課堂上，正講授「紅星誕生——中國共產黨之成立」，期間講述青年黨與中共黨人在歐之鬥爭，學生不解，居然問道：青年黨伊為何物？甚有學生質疑彼是否在台成立？為國內「泡沫政黨」之一？思及學生之無知，又想到幼老剛謝世，青年黨的沒落如風捲殘雲，暮秋葉落，一股悲涼悽愴之情，莫名的湧上心頭，佇立講台，頓時哽咽結舌，無以為續。

久聞李璜大名，早已是高中時代的事了，但真正與之遊，親接謦欬，且成忘年交，則是最近5、6年的事。民國76年，因筆者碩士論文〈少年中國學會之研究〉完成在即，然尚有若干問題待澄清，知幼老是國內

「少中」少數碩果僅存者，乃懇請耘農師引薦，往詣於中央新村。當天依稀記著幼老清癯的身材，笑容可掬，個子小但聲音嘹亮，侃侃而談，品評天下人物。幼老說：外間中了共產黨的謠言，常誤以為青年黨與軍閥勾結，實際上，無論是曾慕韓或余家菊、陳啟天，他們與軍閥周旋，無非是想改變軍閥思想，甚至借力使力，將軍閥力量援為己用。

在一個無任何憑藉的書生集團——青年黨，不如此，又何能與國、共兩黨相抗衡。那次談話後，承幼老不棄，常邀筆者有空至其處坐坐，但念及幼老年事已高，筆者不敢常去叨擾。

76年10月，耘農師不幸遽歸道山，幼老哀痛逾恆，見幼老涕淚縱橫，筆者也跟著鼻酸良久。幼老常對我說：先師最後的一個入室弟子即是我，希望我能繼先師之業，在史學界有一番作為。筆者不敏，頑劣魯鈍，何敢望先師項背於萬一，面對幼老期望之殷，也只能報以靦顏一笑。先師走後，青年黨

筆者參加曾琦先生逝世四十週年追悼會，由李璜主祭，於台北青年黨總部「中園」召開（民國80年5月7日）

黨史會主委一職，由黃欣周先生接任，欣老待我如子，常對我打氣鼓勵。時幼老交下一重大任務，即欲於曾慕韓百歲冥誕及逝世40週年之際，出一《曾慕韓全集》以茲紀念。此艱鉅工作，蒙幼老厚愛，專責筆者完成。

筆者何能？豈可膺此重任，在推卸不得的情況下，只有勉力為之。兩、三年來，「上窮碧落下黃泉，動手動腳找東西」，資料的蒐集，為工作的第一步，拜眾多學術友人之助，提供不少遺文篇章。其中尤以南京大學歷史系陳謙平教授最熱心幫忙，曾積極替筆者搜尋曾慕韓當年在《上海新聞報》之通訊稿，珠沉滄海，終有重現天日之刻。此外，北京清華大學劉桂生教授贈與的《國體與青年》一書，更是先師生前遍尋不得，臨終猶有憾者之著。如今由筆者尋獲，快慰之情，足可告先師在天之靈，而幼老也因筆者的不負所託，頻頻嘉勉。

78年夏，有一次筆者偕內子去探望幼老，那天，幼老突然正顏的向內子說：他晚年最欣賞的年輕人有二：一為謝學賢；一為筆者，如今謝學賢已離他而去，他再也不能寵我了，因為年輕人容易恃寵而驕。其實筆者才學淺薄，能得幼老青睞，已是無上榮譽，那敢有驕寵之心呢！但幼老正襟危坐一席話，卻讓筆者永銘五內，感激不已！幼老天資穎悟，一向自視甚高，評論民國人物，他認為蔣介石之敗，敗一「私」字，徒有權謀之術而乏治國之才，氣度偏狹，無容人之量。

幼老以親身經驗說：民國38年，神州陸沉之際，蔣介石在台猶不放心其在四川率領青年黨員，成立軍隊反共一事，竟然請陳啟天邀我（按：指幼老）至台談政治。並說：「李先生忽然要談軍事！哈！哈！哈！請啟天兄去請他到台北來與我談政治罷！哈！哈！哈！」。幼老

說：依其個人觀察，因蔣介石如此不容異己，有很多人如熊克武、龍雲之類，才因洩恨而投靠共產黨。自秦朝以至民國，幾千年來都是私人政治，所以他分析中國政治的變局，不可以不特別注意私人恩怨於政治的影響。幼老的話，印證當今眾多原國民黨的幹才加入民進黨，如出一轍，豈不令人深思。

至於在青年黨人物中，幼老說：除曾琦外，他最佩服的是鄧孝情和常燕生兩人，可惜此二公均天不假年，青壯之歲即已辭世，因此勸我養生之道很重要，鑽研學問之餘，健康的身體才是本錢。他說：民國以來的政治人物最享高壽者，當屬張岳軍，但他勝過張岳軍應不是問題，豈知……。去年（民國80年）4月中旬，一天午後，幼老來電，叫我至其處取墨寶，幼老愛我，親自揮毫蘇東坡〈念奴嬌〉赤壁懷古一詞贈我，當筆者匆忙趕到時，幼老已在廳堂候我，將墨寶親交給我，並客氣的直道歉說：年紀大了，腕力不行了，寫錯寫漏了好幾個字，且感慨的說：這大概是我一生最後一幅墨寶了。

李璜墨寶，書蘇東坡〈念奴嬌〉詞贈筆者

　　驚聞之下，心中突生不祥之感，幼老今日何出此言耶！急忙慰道：寫錯字亦是一偏格，漏寫也是一特色，何須在意。時筆者對研究青年黨甚有興趣，且與多數青年黨人如劉子鵬、黃欣周、梅漸濃、常崇寶、宣以文諸君熟稔，往還甚歡。故幼老勸我改變「諍友」立場，正式加入青年黨，共同戮力為國家主義而奮鬥。曾來函力邀筆者，惜筆者對實際政黨政治興趣不高，不置可否，有違幼老厚意。

　　5月7日，適值曾慕韓百歲冥誕，在「中園」舉行追思紀念，幼老邀筆者及紹老（劉紹唐）等人參加。筆者慚愧，無法剋期完成《曾慕韓全集》事，只能將曾慕韓畢生最重要之長文《國體與青年》先行付梓，以茲紀念。席間，幼老豪情萬千，「不信青春喚不回」，兄弟再與各位奮鬥20年，如今餘音猶存，空留回憶。9月初，聞幼老因嚴重黃胆住進榮總，中秋節那天，筆者專程由學校趕赴榮總探望，偌大的病房，除幼老及護士外，空無一人，寂寞冷清憑

李璜致筆者函
（民國80年4月13日）

添一股淒涼。畢竟，他們那個時代已經過去了，有誰知道躺在這裡的這位老人，是當今中共最高領導人，世界當紅人物鄧小平的法文老師。

一生堅持愛國、民主、反共的嶙峋知識份子，在今日臺灣功利主義氾濫下，又有誰會去注意，這位他們自以為是「過氣」的人物呢？病榻前，幼老最後向筆者提到二事：一是鄧小平曾多方透過管道，力邀他至大陸訪問，均遭其拒絕；二是對他回台定居頗有懊悔之情，言外之意可能暗指其回台後並無作為，且一手創建的青年黨也搞的四分五裂，我知道那是幼老心中永恆的痛，趕緊岔開話題。

那次別後，總以為幼老一定會康復，並不常趨前探望，直至去世，未曾再見，至今想來，猶有餘恨。幼老逝後，果不出筆者所料，在人情澆薄的臺灣社會，坊間媒體雜誌報導少的可憐，除了青年黨的刊物《全民半月刊》外，就屬劉紹唐先生的《傳記文學》最顧故人情了。如今幼老辭世將屆一週年，撫今追昔，念及與幼老的一段緣，遂草此短文，以示紀念。寫作中，不禁淚盈於眶，情何以堪，幼老，魂兮歸來。

追憶先師沈雲龍先生

日前接獲陳三井師電話，談及今年10月，為先師沈雲龍先生逝世20周年。劉紹唐先生夫人王愛生女士，不忘故人，欲藉《傳記文學》篇幅，邀請先師的故舊門生，撰文追思紀念，這是件很有意義的事。因此，當三井師希望我也寫一篇文章，談談親炙先師時的點點滴滴，身為先師關門弟子之一的我，亦覺此事非常有價值，敢不從命，故特撰此短文，緬懷昔日先師的教誨之恩，與帶給我深遠的影響。

時光飛逝如電，倏忽已屆20年，先師當年的音容笑貌，仍栩栩如生，如在目前，深印腦際。猶記民國79年，在先師逝世3周年時，我曾撰文〈謹以曾琦遺著「國體與青年」之發現——紀念近代史學家沈雲龍師逝世三周年〉，發表在《傳記文學》第57卷第4期。一晃17年又過去了，當年追隨先師的我，還年少輕狂志比天高，如今已年屆半百，滄桑中年了。尤其是近20年來，我亦側

身執教杏壇，雖不敢忘記先師教誨，勉力研究，薄有成績，然和先師相較，不啻霄壤，實在汗顏，有違當年先師對我之厚望期許。

回想我與先師之結緣，不得不從在政大讀歷史研究所時談起。75年暑假，正為碩士論文題目發愁時，於翻閱大量《傳記文學》文章中，突然覓得題目靈感。緣於在《傳記文學》某期中，有多篇李璜、秦賢次、張夢九、黃仲蘇、沈雲龍等人，所寫有關於「少中」之文章。閱覽之餘，發現這個五四以來，影響中國政治、社會層面甚鉅的社團「少年中國學會」知之甚少且備感興趣，覺得此一關係民國歷史深遠的學會，還有諸多可供研究之處，因此乃決定以〈少年中國學會之研究〉為題，欲作進一步的探討。

民國34年冬，攝於台灣省行政長官公署（今行政院）樓頂平台。
左起：柳健行、沈雲龍、陳萬基、林炳坤

　　暑假結束返校後，遂將此題目告訴所長王壽南師，王師認可，唯所裡頭沒有合適的指導教授，王師因此建議，可能要找外校教授指導。由於「少中」內部的國家主義派，在「少中」分裂後，創立了「中國青年黨」，基於此淵源，所以王師想到或許可以找青年黨籍，著名史學家沈雲龍先生擔任指導教授。久聞先師大名，也在《傳記文學》上拜讀其不少文章，但聽聞其人個性耿介直爽，脾氣甚大，內心不免有點忐忑。

　　經王師聯繫後，記的是當年的10月某日，懷著些許緊張的心理，到新生南路「星雲大廈」12樓，青年黨黨史會謁見先師，因先師時尚兼任青年黨黨史委員會主任委員，所以每週有一、兩天在黨史會上班。初次見面的印象，至今還深深烙在腦海，先師身材矮小微胖，滿頭白髮，帶個深度眼鏡，步行緩慢，親自出來應門。坐定後，只見其和藹可掬，聲音宏亮，個性爽朗，嚴而不厲，先前設想的嚴肅緊張畫面，頓時一掃而空。尤其是先師話匣子打開後，聽其幽默風趣的談吐，放言高論，臧否時局，月旦人物，見解獨到，真是獲益匪淺。

　　坦白說，已記不得初次晤談聊些什麼？只記得他勉勵我，習史者宜視野寬廣，要發人所未發，能言亦復敢言。是其所是，非其所非，千萬不可人云亦云，毫無自己見解，但也不可新奇立異，譁眾取寵，他覺得胡適的「有多少證據，說多少話」的治史態度仍值得學習。其次要多觀摩學習，閱覽群書，尤其是「大師」的作品，往往是嘔心瀝血的傳世之作，更要好生研讀。先師並以自己為例，談及曾點讀《資治通鑑》甚勤，收穫良多。近人梁任公、孟心史、柳詒徵諸氏，有關的歷史研究法和明清史料考證述作，對其啟迪也很大。最後，先師提

及治史心態與樹立撰史風格的重要性，他說，讀歷史，除天生秉賦外，要隨時訓練記憶，勤於歸納分析，大膽假設外，更要小心慎用資料佐證。

先師說，有自己原創論點固佳，但不可「語不驚人死不休」，一切立論還是要有證據才是，否則只是「妄人」。先師年輕時留學日本明治大學，對日本漢學家治學一絲不苟的作風非常佩服，常說日本治史者，有中國乾嘉樸學遺風。因此，治史者，一切以證據來說話，仍是最基本條件。另外，在眾多史家當中，如何異軍突起，有別於他人呢？先師以為取決於撰史者「史體」之風格。「李敖體」的風格即為一例，但先師認為不必學「李體」，倒是特別提到徐凌霄的「一士

民國58年7月，沈雲龍（後排右1）與李璜、左舜生與青年黨同志及友人在台留影

隨筆」之史體，對其影響不小，近人左舜生與高拜石，撰史亦頗有特色，都可以一學。

　　初次見面，如沐春風，聆聽一席話，勝讀十年書，先師之諄諄教誨，使我如醍醐灌頂，茅塞頓開，不覺傍晚將至。方欲起身告辭時，先師特別留我，說他一定要請我吃飯，於是師徒倆坐車到永康街的「秀蘭小館」打牙祭，繼續聊天並飽餐一頓。席間，在閒話家常中，先師知我來自離島澎湖，且家裡經濟不甚寬裕，主動提出要幫我推薦學校兼課，賺些零用錢也不無小補。我以寧可快點畢業，再全心投入工作為由婉拒，先師亦以為然。

　　其後，先師又用心良苦的以另一種方式幫我，即鼓勵我要勇於嘗試，多寫文章投稿。先師常強調寫文章，尤其是寫歷史文章，不僅可以訓練文筆，幫助思考，更可以磨練膽識。初不解何以能磨練膽識？先師說，因為文章一旦寫完投稿出去，即要接受登不登的折磨。刊載出來固然可喜，但接下來還有讀者公評，史實有無錯謬，引證是否確實等等，這些都是考驗作者是否膽大心細，和見解立論能否站得住腳的重要關鍵，尤其是撰寫歷史文章更是如此。至於退稿，心情自然不好受，但也要檢討何以文章遭退，是題目選材不當、還是文筆欠佳有違史實、抑或是資料引錯立論偏頗。總之，是那個環節出了問題？這些均是磨練作者敢不敢投稿之膽識。

　　先師以為既然要走上治史一途，寫論文投稿是必要的訓練。職係之故，先師以其青年黨籍之關係，鼓勵我為文，可先投於《現代國家》、《青年中國》、《全民半月刊》、《民主國家》等青年黨刊物雜誌。並囑咐我投稿前，文章可先行請他過目，一則可潤飾修改拙

文，再則披載後磨練膽識，建立起自信心，也稍微打響知名度；最後當然奉上稿酬以解阮囊羞澀之窘境。其後我一連串有關青年黨史事或人物介紹之文章，都先後陸續發表於上述刊物，先師愛護學生之心，於此可見一斑。

坦白講，當時每個月，與先師一、兩次的見面，是我最快樂的時光。除可領取稿費外；又有美食可吃，解解嘴饞。而每當先師與青年黨同志朋友聚餐時，亦常邀我座陪，席間除聊掌故軼聞外，先師主要目的，是要將我介紹給彼輩認識，認為此舉對我將來也許會有所幫助。也因如此，李璜、劉泗英、劉子鵬、陳翰珍、朱垂鋤、朱祖詒、黃欣周、梅漸濃、陳德煥、關德辛、常勝君、宣以文等諸青年黨元老前輩，都是在此種飯局下，談笑風生而有緣識荊的，先師之用心，令我銘感五內。

因為先師身兼數職，教學研究忙碌異常，不敢時常打擾。一段時間後，反而是先師來電關切，叫我前去報告研究進度。先師一直以為，寫論文要有「大氣」，不一定要循學術界常規的所謂「小題大作」方式為之。他認為祇要自己掌握的資料夠，肯用心爬梳整理，具基本的史學專業訓練，選擇題目不一定要侷限於「小題大作」，就算「大題小作」、「大題大作」、「大題深作」又何妨。總而言之，就是要有氣魄膽識，不要畏首畏尾，此「大題三作」之論，即使事隔多年仍言猶在耳，記憶深刻。

我的論文題目，先師認為可以做，當時秦賢次先生也有志研究「少中史」，曾在《傳記文學》發表不少有關「少中」的文章。尤其秦先生還親訪少數來台之「少中」會員，如陳啟天、余家菊、方東

美、朱鏡宙、湯元吉、李璜、劉泗英等,並分別撰寫曾琦、余家菊、方東美與「少中」之文章。所以,欲研究「少中」,一定要向秦先生請益和借閱資料。我因和秦先生不認識,又是先師代為央請,使我如願的見到秦先生,並蒙秦先生贈與不少寶貴資料。

另有一事,也是先師賣老臉得來的,「少中」是五四最大、最重要之社團,但當時國內各大圖書館,藏有「少中」原始資料,幾乎可說沒有,因此只有想辦法弄到大陸出版史料,論文才能作下去。時大陸適有張允和等編的《五四時期的社團》一書,及上海書店影印出版的《少年中國月刊》,前書內容對「少中」介紹非常詳盡,是研究「少中」不可或缺的必備專書;後者更是研究「少中」的第一手資料,無此期刊根本無從研究起。然當時兩岸尚不能交流,大陸的出版品,只有中研院或政大「國關中心」等少數機構才有,且欲借閱也十分麻煩。先師不知從何管道,將該書及期刊全部影印,並裝訂成10餘鉅冊送給我,先師待我之厚,令我感動不已。

77年元月,我只花兩年餘時間,就完成碩士論文畢業了,但欲將成果獻給先師時,先師已不在,委實令我十分遺憾。平情而言,我與先師結緣僅一年,先師即遽歸道山,但先師之於我,影響卻是至深且遠。我的學術研究路向,完全依先師軌跡前行,20年來,我所研究的「少年中國學會史」、「中國青年黨史」,以及專注於民國政治人物傳記之撰寫,完全是亦步亦趨,追隨效法先師之結果。

唯一對不住先師的地方,是因為先師隸屬於青年黨籍,對青年黨有份厚愛之情,因此他對於青年黨來台分裂後的擾攘紛爭之局,始終痛惜,避而不談。我因無此包袱,近年來反而以來台後之青年黨史為

研究重點，撰述不少青年黨不為人知的分裂內幕經緯。站在學術研究立場，這本無可厚非，但每一想到先師身前，為保護青年黨形象而絕口不提，心中總有股歉然之情。

至於先師對我的獎掖提攜之情，讓我獲益良多。拙文能屢刊於國內聲譽口碑甚佳的《傳記文學》雜誌，先師推薦之功不可沒；我能有幸認識劉紹唐先生，也是先師介紹的。期間，還蒙提拔後進不遺餘力的紹老，作東請客多次，除飽餐美食一頓外，紹老愛請同道座陪，所以才疏學淺的我，於此良機結識不少仰慕已久的史學前輩和學者專家，終身受益不少。

沈雲龍（後排左2）與張群（前排左1）合影於台北（民國52年）

　　例如，因著先師的人脈關係，我才能在先師仙逝後，繼承其衣缽，孜孜矻矻於青年黨史的鑽研。這20年來，承蒙與先師有舊的陳三井師，為我出版《曾琦先生文集》及《左舜生先生晚期言論集》6大鉅冊，且由最高學術殿堂中研院近史所付梓問世，備感殊榮。另外，因先師先前為我與青年黨建立的良好關係，是以在先師逝世後，我仍受青年黨前後任主席李璜、劉子鵬等重託，賦予蒐羅青年黨史料工作。10餘年前「上窮碧落下黃泉，動手動腳找東西」，僕僕風塵於大陸各大圖書館間，終於不負所託，覓得相當多青年黨留在大陸的珍貴原始期刊和資料。尤其難能可貴的是，國史館不計成本，將其以「中國青年黨史料叢刊」之名，影印成21鉅冊出版發行。而我也利用這批資料，先行撰寫了青年黨領袖《曾琦先生年譜》與《左舜生年譜》二書，亦由國史館出版。

　　積累近20年研究青年黨之心得，3年前終於交出了一點成績，撰寫了《在野的聲音——青年黨人的時代關懷及其政治參與》和《傳記與思想——青年黨領袖群像》二書，僥倖通過教授升等，也算是稍許可以告慰先師的教誨之恩了。特別要說的是，因著當年先師之引薦，認識青年黨梅漸濃先生，梅先生當時兼課於台北光武工專（今改名為北臺灣科學技術學院），為該校校長單繩武的小學老師。由於這層關係，我在研究所畢業後，即由梅先生介紹至該校任職迄今。甫入社會即得貴人相助，直接者雖係梅先生，間接人實為先師也。

　　先師原習政治，來台後轉而對近、現代史研究有興趣，史德、史識、史才三者兼備，卓然有成，不愧為當代著名史家。民國47年《中國共產黨之來源》，可說是首開國內研究共產黨史之先河。其後鄭學

稼、王健民、郭華倫等研究共產黨史有成之學者，都是循先師腳步而行的。尤其在那個禁錮的年代，姑不論該書內容立論為何？僅此題目即夠醒目「大氣」的了，這也是先師一再強調的，習史者要有膽識氣魄之故。

爾後先師主要以《傳記文學》為發表園地，寫過百餘篇頗具份量的論文，陸續輯印成書約有16種，經其編纂校勘的史料，由李振華的「文海出版社」景印發行為《近代中國史料叢刊》凡3編，共計3300餘冊。該叢書是出版界的浩大工程，由先師主編，起自民國55年10月，至民國76年7月，即先師逝世前3個月止，歷20年之功，共編成正

沈雲龍與中央研究院近代史研究所諸同好合影

編100輯、續編100輯、三編50輯。內容搜集了近現代名人奏疏、政書、年譜、筆記、日記、詩文集及經世文編、碑傳集等至夥，其中尤多海內外孤本。所以此叢刊甫一問世，即成為國內外各大圖書館，競相搶購收藏之寶貝，尤其對研究中國近現代史學者，更是不可或缺的必備叢書。僅此一點，即知先師嘉惠士林，對學界的重大貢獻了。

　　整體來說，先師的史學成就是有目共睹的，與先師亦師亦友的陳三井教授，曾在民國75年9月的《近代中國史研究通訊》第2期，撰〈史學家沈雲龍傳略及其著作〉一文，對先師的生平與治史特色和學術成就，評論甚詳，於此不再贅敘。上述追憶，僅就我個人與先師接觸的經過與感受，平實道出先師的偉大，及個人至今尚受先師之恩惠遺澤。光陰荏苒，20載歲月匆匆已過，任憑時光飛逝，並不減少我對先師的崇敬追思之情，感覺上，先師的身影，在我生命中的份量，反而愈來愈巨大。

《各擅風騷——民國人和事》圖片來源

談吳稚暉與章太炎之交惡

章太炎。	《中國文化綜合研究》（台北：中華學術院印行，民國 60 年 10 月初版）。
吳稚暉。	周雲青編，《吳稚暉先生文存》（台北：河洛圖書出版社出版，民國 67 年 5 月台景印初版）。
吳稚暉先生揮毫神情。吳稚暉與蔡元培合影。	湯承業著，《吳敬恆述傳》第一冊（台北：世界書局出版，民國 76 年 3 月初版）。
《蘇報案紀事》。	《蘇報案紀事》（台北：中國國民黨中央委員會黨史史料編纂委員會發行，民國 57 年 9 月影印初版）。
《民報》。	楊博文編撰，《孫中山圖傳（1866－1925）》（北京：團結出版社出版，2006 年 10 月 1 版）。
鄒容。	秦孝儀總編纂，《中國現代史辭典——人物部分》（台北：近代中國出版社印行，民國 74 年 6 月出版）。
《新世紀》第一號封面。	丁守和主編，《辛亥革命時期期刊介紹》第二集（北京：人民出版社出版，1982 年 10 月 1 版）。
馮自由著，《革命逸史》第一集書影。	馮自由著，《革命逸史》（台北：商務版，民國 65 年 11 月台 3 版）。

記晚清末年的《醒獅》月刊

《醒獅》月刊封面。

丁守和主編，《辛亥革命時期期刊介紹》第二集（北京：人民出版社出版，1982年10月1版）。

青年黨《醒獅週報》封面。

作者提供。

論清末川省的保路運動

端方。

秦孝儀總編纂，《中國現代史辭典——人物部分》（台北：近代中國出版社印行，民國74年6月出版）。

《晚清的收回礦權運動》封面。

作者提供。

盛宣懷。

宋路霞著，《百年家族——盛宣懷》（台北：立緒版，民國90年1月初版）。

趙爾豐。

保路同志會至川署請願圖。

以上二張圖片：李榮村編撰，《中國歷史圖說——現代》（十二）（台北縣：世新出版社出版，民國73年10月再版）。

王人文。

《民初議員列傳》（台北：天一出版社，民國64年5月再版）。

記民八的「巴黎通信社」

周太玄。

《傳記文學》第56卷第1期（民國79年1月）。

顧維鈞著國際法院法官禮服所攝。

袁道豐著，《顧維鈞其人其事》（台北：商務版，民國77年6月初版）。

「少年中國學會」大事記

「少年中國學會」成都分會出版物《星期日》週刊。

《少年中國學會週年紀念冊》書影。

五四時期刊物《曙光》。

以上三張圖片：中共中央馬克思、恩格斯、列寧、斯大林著作編譯局研究室編，《五四時期期刊介紹》第一集（上冊）（北京：三聯書局，1979年）。

王光祈。

郭正昭、林瑞明合著，《王光祈的一生與少年中國學會》（台北：環宇版，民國63年5月初版）。

北京大學學生街頭講演。

汪榮祖編，《五四研究論文集》（台北：聯經版，民國68年5月初版）。

少年中國學會部分會員合影。

《少年中國》月刊。

以上二張圖片：周陽山編，《五四與中國》（台北：時報版，民國74年12月初版8刷）。

余家菊。

作者提供。

陳啟天。

陳啟天先生紀念集編輯委員會編輯，《陳啟天先生紀念集》（台北：中國青年黨中央黨部印行，民國74年8月出版）。

談「少中」與中共之建黨

民國 10 年 5 月 31 日，為沈怡赴德，孟壽椿赴美，「少中」北京同人攝於香廠美芳相館。前排由左而右：蘇演存、沈君怡、孟壽椿、劉仁靜；後排由左而右：黃日葵、高君宇、陳愚生、李大釗、章一民、鄧中夏。

原件存於沈怡處，秦賢次先生惠贈。

年輕時代的毛澤東。

葉永烈著，《大機密——國共軍政真相秘檔》（台北：風雲時代出版，1992 年 5 月初版）。

少年中國學會的分裂與五四時代知識份子

民國 8 年曾琦（前排左 1）與「少中」友人合影於上海。

作者提供。

少年中國學會《會務報告》與〈年會消息〉。

張允侯等編，《五四時期的社團》（一）（北京：三聯書局，1979 年）。

從李璜先生想到「少年中國學會」

李璜（右）與「少中」同人合影於法國。

作者提供。

少年中國學會會員終身志業調查表。

少年中國學會會員通訊錄。

以上二張圖片：張允侯等編，《五四時期的社團》（一）（北京：三聯書局，1979 年）。

曾琦與五四運動

曾琦。

羅家倫。

五四運動北京學生的示威遊行。

作者提供。

以上二張圖片:周陽山編,《五四與中國》(台北:時報版,民國74年12月初版8刷)。

從〈旅歐日記〉數則看曾慕韓的愚公精神

民國12年曾琦留歐時攝影。

陳正茂等編,《曾琦先生文集》(上)(台北:中央研究院近代史研究所,民國82年11月初版)。

曾琦〈旅歐日記〉。

《曾慕韓先生遺著》(台北:中國青年黨中央執行委員會編印,民國43年12月出版)。

中國最早的反共團體——中國青年黨

曾琦(中)與劉厚(右)合影於法國(民國12年)。

作者提供。

少年中國學會在台會友合影。

余家菊著,《余家菊(景陶)先生回憶錄》(台北:慧炬出版社出版,民國83年元月初版)。

李大釗。

葉永烈著,《大機密——國共軍政真相秘檔》(台北:風雲時代出版,1992年5月初版)。

發揚青年黨的「打拼」精神

曾琦與李不韙合影於日本（民國 16 年）。

《先聲週報》手寫稿一角。

《追悼曾琦先生紀念刊》（台北：曾琦先生追悼會編印，民國 40 年 6 月）。

作者提供。

聞一多與國家主義派

民國 3 年之清華幼年生。中有何浩若、羅隆基、潘光旦、薩本棟、時昭涵、聞一多、姚崧齡。
流亡中的清華師生（中蹲者為聞一多）。
大陸清華大學，聞一多先生紀念園中的聞一多座像。

以上三張圖片：龐洵，《清華地圖》（台北：高談文化出版，2005 年 4 月出版）。

《大江季刊》第 1 卷第 1 期（民國 14 年 7 月）。
《大江季刊》第 1 卷第 1 期（目錄）。

以上二張圖片：《大江季刊》第 1 卷第 1 期（民國 14 年 7 月）。

為軍閥所殺的共產黨烈士——施洋

施洋。

《傳記文學》第 58 卷第 6 期（民國 80 年 6 月）。

民國 7 年 6 月 19 日，武昌互助社部分社員合影。惲代英（前排左 3）、林育南（前排左 4）。

許德珩等著，《回憶惲代英》（北京：人民出版社，1982 年）。

《舊時代之死》作者──柔石

柔石。　　　　　　　　　　　　作者提供。

柔石作品《瘋人》。　　　　　　中央研究院中國文哲研究所圖
　　　　　　　　　　　　　　　書館編，《秦賢次先生贈書目錄》
　　　　　　　　　　　　　　　（下冊）（台北：中央研究院中
　　　　　　　　　　　　　　　國文哲研究所發行，民國 97 年
　　　　　　　　　　　　　　　7 月初版）。

魯迅在書房。　　　　　　　　　蔡登山，《魯迅愛過的人》（台北：
　　　　　　　　　　　　　　　秀威版，2007 年 2 月 1 版）。

魏時珍先生學術思想片斷

劉子鵬會見魏時珍。

魏時珍晚年與女兒合影。　　　　以上二張圖片：〈悼念一代大師
　　　　　　　　　　　　　　　魏時珍先生〉，《全民半月刊》13
　　　　　　　　　　　　　　　卷 12 期（民國 81 年 7 月 10 日）。

魏時珍著《孔子論》手稿。　　　作者提供。

李劼人──其人及其作品

李劼人。

《少年中國》月刊。

少年中國學會叢書。

《國論月刊》封面。

曹聚仁。　　　　　　　　　　　以上五張圖片：作者提供。

「少中」成都分會刊物《星期日》週刊。　汪榮祖編，《五四研究論文集》

（台北：聯經版，民國 68 年 5 月
初版）。

閒話周揚

周揚。
1956 年在昆明溫泉。左起：葉君健、王任叔、老舍、周揚。

以上二張圖片：顧驤著，《晚年
周揚》（香港：時代國際出版有
限公司出版，2004 年 12 月 1 版）。

雜談張恨水

張恨水。
後人對張恨水之研究。　　　　　　　　以上二張圖片：作者提供。

「澄社」、胡適、《獨立評論》

「澄社」報導 46。　　　　　　　作者提供。
胡適。　　　　　　　　　　　　沈衛威，《一代學人──胡適傳》
　　　　　　　　　　　　　　　（台北：風雲時代出版，民國 79
　　　　　　　　　　　　　　　年 11 月初版）。

《獨立評論》周刊封面。　　　　　作者提供。

國民黨山東黨務操盤手──王仲裕

丁惟汾。　　　　　　　　　　　秦孝儀總編纂，《中國現代史辭

典──人物部分》(台北：近代中國出版社印行，民國74年6月出版)。

王仲裕。　《傳記文學》第56卷第1期(民國79年1月)。

國民黨華北黨務拓展者──張子揚

任冀察政務委員會委員長之宋哲元。　李雲漢著，《宋哲元與七七抗戰》(台北：傳記文學出版社出版，民國67年9月初版)。

張子揚。　《第一屆立法委員名鑑》(台北：立法院立法委員名鑑指導委員會編印，民國71年2月出版)。

陳紹賢──盡瘁國民黨務

朱家驊。　楊翠華、龐桂芬編，《遠路不須愁日暮──胡適晚年身影》(台北：中央研究院近代史研究所，民國94年8月初版)。

陳紹賢。　《第一屆立法委員名鑑》(台北：立法院立法委員名鑑指導委員會編印，民國71年2月出版)。

閒話「民盟」

《中國民主同盟歷史文獻》封面。　中國民主同盟中央文史資料委

員會編，《中國民主同盟歷史文獻（1941 － 1949）》（北京：文史資料出版社出版，1983 年 4 月 1 版）。

「中國民主政團同盟」發起之初探

第一屆國民參政會合影（民國 27 年）。　《傳記文學》第 35 卷第 2 期（民國 68 年 8 月）。

《光明報》旬刊封面。　作者提供。

民國 35 年 11 月 14 日，周恩來在梅園新村設宴招待民盟代表，圖為宴後合影。
孟廣涵主編，《政治協商會議紀實》（下卷）（重慶：重慶出版社，1989 年）。

民盟成立後，主席張瀾（左）與秘書長梁漱溟合影。
梁漱溟口述，艾愷採訪，《這個世界會好嗎？》（台北：博雅書屋出版，2008 年 1 月初版）。

參與暗殺韓復榘的王兆槐

韓復榘。　李榮村編撰，《中國歷史圖說——現代》（十二）（台北縣：世新出版社出版，民國 73 年 10 月再版）。

王兆槐。　《傳記文學》第 55 卷第 5 期（民國 78 年 11 月）。

蔣介石與戴笠。　張霈芝著，《戴笠與抗戰》（台北：

國史館印行，民國 88 年 3 月初版）。

記平民教育家——車向忱

西安事變前蔣介石與張學良合影。
民國 25 年 12 月 16 日上午 10 時，西安各界在革命公園舉行群眾大會。

以上二張圖片：蘇墱基編著，《張學良生平年表》（台北：遠流版，民國 85 年 12 月初版）。

川軍楷模——陳宗進

陳宗進。

孫震（德操）著，《楙園隨筆》（台北：川康渝文物館發行，民國 72 年 11 月初版）。

研究中古史有成的張儐生教授

《魏晉南北朝史》書影。

張儐生著，《魏晉南北朝史》（台北：幼獅版，民國 76 年 10 月再版）。

一代地理學大師——沙學浚

沙學浚。

王爾敏，〈沙學浚先生傳〉，《國史館館刊》復刊第 35 期（2003

《學原月刊》封面。

《學原》第一卷總目錄。

年 12 月）。

以上二張圖片：《學原月刊》（台
北：東方文化書局景印本，1979
年）。

沙學浚著，《國防地理新論》封底。

作者提供。

「九三學社」發起人——勞君展

民國 14 年 4 月 16 日，許德珩與勞君展結婚照，攝於法國。

民國 21 年 9 月，許德珩與勞君展及其子女合影於北平。

以上二張圖片：許德珩著，《許
德珩回憶錄》（北京：中國青年
出版社出版，2001 年 1 月 1 版）。

《國語日報》奠基者——梁容若

梁容若。

《中華民國當代名人錄》（二）（台
北：中華書局印行，民國 67 年
出版）。

《國語日報》另一大將，何凡全家福。

《傳記文學》第 82 卷第 2 期（民
國 92 年 2 月）。

《書和人》第一輯書影。

作者提供。

記北宗山水派大師——劉延濤

劉延濤。

《中華民國監察院第一屆監察委
員名鑑》（台北：監察院秘書處

劉延濤山水畫作。

編印，民國 77 年 3 月出版）。
作者提供。

倪超──功在「成大」

倪超。

《中華民國當代名人錄》（二）（台
北：中華書局印行，民國 67 年
出版）。

倪超在成大主持校務。

作者提供。

左舜生在民國三十五年

民國 43 年，左舜生（左 2）與陳誠（中）、王雲五（右 2）攝於台北。

陳正茂主編，《左舜生先生晚期
言論集》（上）（台北：中央研究
院近代史研究所，民國 85 年 5
月初版）。

民國 35 年 11 月，左舜生與留滬政協代表合影於吳鐵城寓所前。前排左起：張
君勱、陳啟天、沈鈞儒、邵力子、周恩來、左舜生、郭沫若、李維漢、曾琦、
吳鐵城。二排左起：黃炎培、楊叔明、秘書、章伯鈞、余家菊。三排左起：羅
隆基、胡霖、蔣勻田、李璜、秘書。

陳正茂編著，《曾琦先生年譜》
（台北：國史館印行，民國 85 年
6 月初版）。

張君勱。

《張君勱先生百齡冥誕紀念文
集》（台北：中國民主社會黨
中央總部印行，民國 75 年）。

民國 55 年 8 月 21 日，左舜生自港返台，國民黨中央委員會秘書長谷鳳翔等在
機場迎接。左起：谷鳳翔、劉子鵬、左舜生、黃伯度、陳啟天、陳建中。

陳正茂編著，《左舜生年譜》（台北：國史館印行，民國87年12月初版）。

曾琦與「超黨派救亡運動」

曾琦晚年攝於美國華府。

曾琦晚年與劉東巖（右）攝於美國華府。

曾琦民國40年之日記原稿。　　　　　　　以上三張圖片：作者提供。

民國39年曾琦攝於美京華盛頓，手持之報紙為其與賴璉所辦的《美洲日報》。

陳正茂編著，《曾琦先生年譜》（台北：國史館印行，民國85年6月初版）。

簡述五〇年代香港「第三勢力」運動

張發奎八秩壽辰伉儷合影。　　　　　　　廣東省政協文史資料研究委員會編，《揮戈躍馬滿征塵——張發奎將軍北伐抗戰紀實》（廣東：人民出版社出版，1990年2月1版）。

許崇智。　　　　　　　　　　　　　　　關玲玲著，《許崇智與民國政局》（台北：大安出版社印行，1991年3月1版）。

顧孟餘。　　　　　　　　　　　　　　　秦孝儀總編纂，《中國現代史辭典——人物部分》（台北：近代中國出版社印行，民國74年6月出版）。

張國燾，民國 43 年攝於香港。	張國燾著，《我的回憶》第一冊（香港：明報月刊社出版，1974 年 2 版）。

動盪時代的印記──《自由人》三日刊始末

王雲五先生於台北市新生南路寓所留影。	王壽南編，《王雲五先生年譜初稿》第一冊（台北：商務版，民國 76 年 6 月初版）。
阮毅成，民國 44 年攝於台北。	阮毅成著，《八十憶述》（台北：聯經版，民國 73 年 11 月初版）。
民國 46 年左舜生（右）與李璜攝於香港。	陳正茂編著，《左舜生年譜》（台北：國史館印行，民國 87 年 12 月初版）。
雷震。	傅正主編，《雷震全集（1）──雷震與我（一）》（台北：桂冠版，1989 年 3 月初版）。
雷嘯岑。	雷嘯岑著，《憂患餘生之自述》（台北：傳記文學出版社出版，民國 71 年 10 月初版）。
《自由人》第一期封面。	作者提供。
成舍我。	《第一屆立法委員名鑑》（台北：立法院立法委員名鑑指導委員會編印，民國 71 年 2 月出版）。
端木愷。	〈端木愷百年冥誕紀念專輯〉，《傳記文學》第 82 卷第 5 期（民國 92 年 5 月）。
《自由人》三日刊在台發起人及贊助人聚餐合影（民國 72 年 12 月）。	
	陶百川著，《困勉強狷八十年》

（台北：東大版，民國 75 年 5 月
增訂初版）。

胡秋原伉儷。

〈胡秋原先生逝世紀念專輯〉，
《傳記文學》第 85 卷第 2 期（民
國 93 年 8 月）。

從蔣經國到雷震的傅正

民國 46 年 4 月 3 日，傅正攝於台大宿舍，時為台大政治系四年級寄讀生。
民國 48 年 11 月，《自由中國》社十周年紀念，前排（左 2）為傅正。

以上二張圖片：宋英等著，《傅
正先生紀念集》（台北：桂冠版，
1991 年 11 月初版）。

從《雷震回憶錄》焚燬談雷震

傅正主編，《雷震全集（1）——雷震與我（一）》書影。

傅正主編，《雷震全集（1）——
雷震與我（一）》（台北：桂冠版，
1989 年 3 月初版）。

《雷震案史料彙編——雷震回憶錄焚燬案》書影。

《雷震案史料彙編——雷震回憶
錄焚燬案》（台北：國史館印行，
民國 91 年 8 月初版）。

雷震與馬之驌（左）合影。

馬之驌著，《雷震與蔣介石》（台
北：自立版，1993 年 11 月 1 版）。

謹以曾琦遺著《國體與青年》之發現
——紀念近代史學家沈雲龍師逝世三周年

沈雲龍先生 70 歲攝影。

《傳記文學》第 51 卷第 5 期（民國 76 年 11 月）。

《國體與青年》書影。

曾琦遺著，《國體與青年》（台北：中國青年黨黨史委員會出版，民國 80 年 5 月台 1 版）。

記憶深處有餘哀——懷李璜先生

李璜墨寶，書蘇東坡〈念奴嬌〉詞贈筆者。

李璜致筆者函（民國 80 年 4 月 13 日）。

以上二張圖片：作者提供。

筆者參加曾琦先生逝世四十週年追悼會，由李璜主祭，於台北青年黨總部「中園」召開（民國 80 年 5 月 7 日）。

〈青年黨創黨人——曾琦逝世四十週年紀念專刊〉，《全民半月刊》11 卷 9 期（民國 80 年 5 月 10 日）。

追憶先師沈雲龍先生

民國 34 年冬，攝於台灣省行政長官公署（今行政院）樓頂平台。左起：柳健行、沈雲龍、陳萬基、林炳坤。

沈雲龍著，《耘農七十文存》（台北：汲古書屋印行，民國 68 年 11 月初版）。

民國 58 年 7 月 沈雲龍（後排右 1）與李璜 左舜生與青年黨同志及友人在台留影。

《沈雲龍先生紀念集》（台北：

　　　　　　　　　　　　　　　　　家屬自印，民國 79 年 10 月）。

沈雲龍（後排左 2）與張群（前排左 1）合影於台北（民國 52 年）。

　　　　　　　　　　　　《傳記文學》第 51 卷第 5 期（民
　　　　　　　　　　　　國 76 年 11 月）。

沈雲龍與中央研究院近代史研究所諸同好合影。

　　　　　　　　　　　　《傳記文學》第 91 卷第 4 期（民
　　　　　　　　　　　　國 96 年 10 月）。

世紀映像叢書

世紀映像叢書

世紀映像叢書

世紀映像叢書

國家圖書館出版品預行編目

各擅風騷——民國人和事 / 陳正茂作.
-- 一版. -- 臺北市：秀威資訊科技, 2009.03
面； 公分. -- (史地傳記類；PC0075)

BOD版
ISBN 978-986-221-187-8(平裝)

1.傳記　2.學術思想　3.現代史　4.中國

782.18　　　　　　　　　　　　98003633

 史地傳記　PC0075

各擅風騷——民國人和事

作　　者 / 陳正茂
主　　編 / 蔡登山
發 行 人 / 宋政坤
執行編輯 / 藍志成
圖文排版 / 陳湘陵
封面設計 / 蕭玉蘋
數位轉譯 / 徐真玉、沈裕閔
圖書銷售 / 林怡君
法律顧問 / 毛國樑　律師
出版印製 / 秀威資訊科技股份有限公司
　　　　　台北市內湖區瑞光路583巷25號1樓
　　　　　電話：02-2657-9211　傳真：02-2657-9106
　　　　　E-mail：service@showwe.com.tw
經 銷 商 / 紅螞蟻圖書有限公司
　　　　　台北市內湖區舊宗路二段121巷28、32號4樓
　　　　　電話：02-2795-3656　傳真：02-2795-4100
　　　　　http://www.e-redant.com

2009 年 03 月　BOD 一版
定價：　480 元

讀　者　回　函　卡

感謝您購買本書,為提升服務品質,煩請填寫以下問卷,收到您的寶貴意見後,我們會仔細收藏記錄並回贈紀念品,謝謝!

1.您購買的書名:＿＿＿＿＿＿＿＿＿＿＿＿＿＿＿

2.您從何得知本書的消息?

　　□網路書店　□部落格　□資料庫搜尋　□書訊　□電子報　□書店

　　□平面媒體　□ 朋友推薦　□網站推薦　□其他＿＿＿＿＿

3.您對本書的評價:(請填代號　1.非常滿意 2.滿意 3.尚可 4.再改進)

　　封面設計＿＿　版面編排＿＿　內容＿＿　文/譯筆＿＿　價格＿＿

4.讀完書後您覺得:

　　□很有收獲　□有收獲　□收獲不多　□沒收獲

5.您會推薦本書給朋友嗎?

　　□會　□不會,為什麼?＿＿＿＿＿＿＿＿＿＿＿＿＿＿＿＿

6.其他寶貴的意見:＿＿＿＿＿＿＿＿＿＿＿＿＿＿＿＿

＿＿＿＿＿＿＿＿＿＿＿＿＿＿＿＿＿＿＿＿＿＿

＿＿＿＿＿＿＿＿＿＿＿＿＿＿＿＿＿＿＿＿＿＿

＿＿＿＿＿＿＿＿＿＿＿＿＿＿＿＿＿＿＿＿＿＿

讀者基本資料

姓名:＿＿＿＿＿＿＿＿＿　年齡:＿＿＿＿　性別:□女 □男

聯絡電話:＿＿＿＿＿＿＿　E-mail:＿＿＿＿＿＿＿＿＿

地址:＿＿＿＿＿＿＿＿＿＿＿＿＿＿＿＿＿＿＿＿＿

學歷:□高中(含)以下　□高中　□專科學校　□大學

　　　□研究所(含)以上 □其他＿＿＿＿＿＿＿

職業:□製造業 □金融業 □資訊業 □軍警 □傳播業 □自由業

　　　□服務業 □公務員 □教職　□學生 □其他＿＿＿＿＿

To：114

台北市內湖區瑞光路 583 巷 25 號 1 樓

秀威資訊科技股份有限公司　　　收

寄件人姓名：

寄件人地址：□□□

(請沿線對摺寄回,謝謝!)

秀威與 BOD

BOD（Books On Demand）是數位出版的大趨勢，秀威資訊率先運用 POD 數位印刷設備來生產書籍，並提供作者全程數位出版服務，致使書籍產銷零庫存，知識傳承不絕版，目前已開闢以下書系：

一、BOD 學術著作—專業論述的閱讀延伸
二、BOD 個人著作—分享生命的心路歷程
三、BOD 旅遊著作—個人深度旅遊文學創作
四、BOD 大陸學者—大陸專業學者學術出版
五、POD 獨家經銷—數位產製的代發行書籍

BOD 秀威網路書店：www.showwe.com.tw
政府出版品網路書店：www.govbooks.com.tw

永不絕版的故事・自己寫・永不休止的音符・自己唱